ALENTEJO, ALÉM-MAR

Influências e tradição na cozinha

VÍTOR SOBRAL

APRESENTAÇÃO DE J. A. DIAS LOPES

ALENTEJO, ALÉM-MAR

Influências e tradição na cozinha

FOTOGRAFIAS DE LUNA GARCIA

ADMINISTRAÇÃO REGIONAL DO SENAC NO ESTADO DE SÃO PAULO
Presidente do Conselho Regional: Abram Szajman
Diretor do Departamento Regional: Luiz Francisco de A. Salgado
Superintendente Universitário e de Desenvolvimento: Luiz Carlos Dourado

EDITORA SENAC SÃO PAULO
Conselho Editorial: Luiz Francisco de A. Salgado
　　　　　　　　　Luiz Carlos Dourado
　　　　　　　　　Darcio Sayad Maia
　　　　　　　　　Lucila Mara Sbrana Sciotti
　　　　　　　　　Marcus Vinicius Barili Alves

Editor: Marcus Vinicius Barili Alves (vinicius@sp.senac.br)

Coordenação de Prospecção e Produção Editorial: Isabel M. M. Alexandre (ialexand@sp.senac.br)
Supervisão de Produção Editorial: Pedro Barros (pedro.barros@sp.senac.br)

　　Fotografias: Luna Garcia | www.estudiogastronomico.com.br
　　Edição de Texto: Pedro Barros
　　Preparação de Texto: Fátima Couto e Johannes Bergman
　　Revisão de Texto: Cleber Siqueira, Isaura Kimie Imai Rozner, Izabel Cristina Rodrigues e Rinaldo Milesi
　　Projeto Gráfico, Capa e Editoração Eletrônica: Antonio Carlos De Angelis
　　Impressão e Acabamento: Cromosete Gráfica e Editora Ltda.

Gerência Comercial: Marcus Vinicius Barili Alves (vinicius@sp.senac.br)
Supervisão de Vendas: Rubens Gonçalves Folha (rfolha@sp.senac.br)
Coordenação Administrativa: Carlos Alberto Alves (calves@sp.senac.br)

Proibida a reprodução sem autorização expressa.
Todos os direitos desta edição reservados à
EDITORA SENAC SÃO PAULO
Rua Rui Barbosa, 377 – 1º andar – Bela Vista – CEP 01326-010
Caixa Postal 1120 – CEP 01032-970 – São Paulo – SP
Tel. (11) 2187-4450 – Fax (11) 2187-4486
E-mail: editora@sp.senac.br
Home page: http://www.editorasenacsp.com.br

© Vítor Sobral, 2011
© J. A. Dias Lopes, 2011, para o texto de apresentação

Dados Internacionais de Catalogação na Publicação (CIP)
(Câmara Brasileira do Livro, SP, Brasil)

Sobral, Vítor
　　Alentejo, além-mar : influência e tradição na cozinha / Vítor Sobral ; apresentação de J. A. Dias Lopes. – São Paulo : Editora Senac São Paulo, 2011.

　　ISBN 978-85-396-0100-4

　　1. Alentejo 2. Alentejo (Portugal) – Descrição 3. Alentejo (Portugal) – História 4. Alentejo (Portugal) – Usos e costumes 5. Culinária portuguesa 6. Gastronomia – Alentejo (PT) 7. Sobral, Vítor I. Lopes, J. A. Dias. II. Título

11-02575　　　　　　　　　　　　　　　　　　　CDD-641.59469

Índice para catálogo sistemático:
　　1. Culinária portuguesa　　641.59469

Sumário

NOTA DO EDITOR 7 • PREFÁCIO 9 • O COZINHEIRO COMPLETO | J. A. DIAS LOPES 11 • O CHEF NA TRIBUNA: PRINCÍPIOS, IDEIAS E OPINIÕES DO COZINHEIRO PORTUGUÊS VÍTOR SOBRAL 23 • AS RECEITAS DE VÍTOR SOBRAL 43 • RECEITAS BASE 199 • DICAS 206 • MINHA HISTÓRIA NO BRASIL 213 • ÍNDICE DE RECEITAS 223

Nota do editor

Diferentemente de outros europeus, o português Vítor Sobral não descobriu o Brasil em férias e sim a trabalho, para onde já veio mais de cem vezes. O chef foi convidado para ministrar palestras, comandar *workshops*, participar de festivais e até inaugurou uma filial do seu restaurante Tasca da Esquina, em São Paulo. De toda essa experiência, resultou *Alentejo, além-mar: influências e tradição na cozinha*.

Cozinheiro de grande referência, Sobral pratica a culinária de fusão, porém, circunscrita aos países de língua portuguesa. Das viagens a Moçambique, Angola, Cabo Verde, Goa e Macau, incorporou ingredientes e receitas à sua técnica culinária eminentemente portuguesa (do Alentejo, para ser mais exato). Nas andanças pelo Brasil, Sobral entrou em contato com inúmeras cozinhas regionais, e o resultado é evidente nas receitas ilustradas neste livro – amplo uso de farofas e frutas, além de outros ingredientes típicos de nossa terra.

Publicado pelo Senac São Paulo, *Alentejo, além-mar: influências e tradição na cozinha* retrata o trabalho de um dos grandes nomes da gastronomia mundial, além do rico intercâmbio cultural entre Portugal e Brasil ao longo de mais de cinco séculos.

Prefácio

Normalmente os prefácios nunca são lidos.

Para compreender este livro, é obrigatório ler o prefácio.

Grande parte das pessoas não faz o que gosta. Considero-me uma pessoa feliz por muito cedo ter descoberto a minha vocação e ter conseguido atingir os objetivos profissionais que pretendia.

Tive o privilégio, muito cedo, de começar a viajar profissionalmente, e daí retirar influência e conhecimentos que foram definindo a minha matriz de cozinha. Tive oportunidade de visitar todos os continentes que tiveram influência portuguesa ou que falam português. O desafio do Senac São Paulo para que eu escrevesse este livro vai ao encontro da minha filosofia de trabalho.

Portugal tem uma cozinha regional fantástica e influenciou várias gastronomias que por si próprias tiveram uma grande evolução. A riqueza de países como o Brasil, Angola, Moçambique ou mesmo Macau, entre outros, é uma fonte de inspiração inesgotável.

Nunca me tinha verdadeiramente apercebido da forma como fui influenciado pelo Brasil até alguns anos atrás. Analisando os títulos das minhas criações, constato que comecei a usar fruta nas guarnições, nas confecções, na ligação dos molhos e em sua composição, de uma forma constante. As farofas surgiram naturalmente – de farinha de mandioca, pão de trigo, broa de milho… Ao viajar pelo interior do Brasil, tive oportunidade de conhecer a cozinha regional e me apaixonar por produtos como o bacuri, a mandioca, o palmito fresco, a mandioquinha, o jambu e muitos outros. Resumindo, hoje tudo isso faz parte da minha cozinha.

Este livro é exatamente o reflexo disso, e as receitas foram selecionadas (apesar de alguns produtos se repetirem muitas vezes) em função das influências que sofri desse Brasil que adoro.

Esta é a minha contribuição! Pelas amizades, pela grande riqueza da gastronomia e pelos produtos que esta terra nos oferece e que nem sempre são valorizados.

VÍTOR SOBRAL

O cozinheiro completo
J. A. DIAS LOPES

Quem sentir repulsa ao ver o sangue escorrer do pescoço de um porco abatido para nos fornecer alimento, ou achar que ele deveria ser tratado com menos crueldade, não pode assistir à cerimônia da sua matança em Portugal. É um ritual milenar, praticado especialmente nas regiões do Alentejo e de Trás-os-Montes, que envolve procedimentos obviamente cruéis. Alimentado com bolota, o fruto do sobreiro e da azinheira, durante os últimos seis meses de vida, para ganhar peso, ter carne saborosa e gordura suficiente, o animal é deixado em jejum de um dia para o outro. Passa a noite amarrado a uma árvore e, na manhã seguinte, um grupo de homens o retira dali, imobilizando-o e deitando-o em uma mesa baixa e forte. Seguram-no pelas patas traseiras e dianteiras e pelas orelhas.

Nesse momento, entra em cena o matador. Com uma faca fina e afiada, chamada de sangradeira, ele fura a jugular do porco. Os gritos do animal "atroam aos ares", como dizem os portugueses. "Dá para ouvir [...] na cidade vizinha", exagera uma personagem do livro *Em busca do prato perfeito*,[1] escrito pelo chef americano Anthony Bourdain. Um dos homens segura um alguidar de barro, colocado abaixo da cabeça do animal, para recolher o sangue que verte do pescoço. Mistura-o com vinagre para não coagular. Ingrediente precioso, será usado em diferentes receitas. A matança que inspirou esta descrição aconteceu no Alentejo, em princípios de 2010; o homem que sangrou o porco era Vítor Sobral, um dos mais talentosos chefs de cozinha de Portugal.

A cerimônia sempre acontece no inverno, entre o início de dezembro e meados de fevereiro, quando a temperatura baixa favorece a conservação das carnes. Salgadas, defumadas ou transformadas em subprodutos – presunto, linguiça, chouriço, paio, morcela, farinheira e cacholeira –, elas garantirão o sustento de famílias inteiras ao longo do ano. Apesar de condenada pela União Europeia (UE), por motivos sanitários, e restrita aos frigoríficos, os portugueses continuam a praticá-la no meio rural. Há séculos a matança tem sido para eles motivo de festa, de pretexto para reunir a família e estreitar laços afetivos, de reencontrar parentes e amigos que chegam de longe para a cerimônia

---

[1] São Paulo: Companhia das Letras, 2003.

comunitária. "A vaca é a nobreza, a cabra é a matança, a ovelha é a riqueza, mas o porco é o tesouro", filosofa o povo alentejano. "Com ele [o suíno], vêm a fartura da mesa e a abastança da despensa".[2] Aproveita-se tudo do porco, inclusive a cabeça e os pés. Orelhas, língua, nariz e rabo são iguarias. Na prática, só é "desperdiçado" o grito do animal no abate. Entretanto já teve utilidade. Na época da Santa Inquisição, servia para mostrar aos vizinhos que os donos da casa não eram judeus, pois comiam uma carne considerada impura e cujo consumo era vetado pelo capítulo 11 do Levítico, o terceiro livro do Pentateuco.

Feito o serviço, Vítor Sobral ajudou o também cozinheiro português Júlio Vintém, amigo de longa data, a preparar os acepipes do almoço comunitário: toucinho frito (torresmo) e sopa de cachola, à base dos miúdos e do sangue do porco, enriquecida com vinagre, alho, cravo, cominho e servida no prato sobre uma fatia de pão. No dia seguinte, os dois chefs desmancharam o porco. O animal primeiro foi cortado ao meio. As pernas dianteiras se destinaram aos cozidos e enchidos, especialmente o paio; as traseiras se converteram em presuntos; as carnes com mais sangue viraram chouriços; as magras, acrescidas de gordura, transformaram-se em linguiças; a costela, o entrecosto e o lombo ficaram dois dias em alguidares, temperadas com sal, alho moído, massa de pimentão e água fria, antes de serem levadas ao fogo. E aí por diante. Vítor Sobral enfrenta com o mesmo desembaraço os animais do mar. No Peixe em Lisboa de 2010, terceira edição do mais importante evento gastronômico português, ele desmanchou um atum da espécie rabino ou judeu (*Katsuwonus pelamis*) que pesava 100 quilos. A plateia lotada o aplaudiu de pé. Não era o maior peixe que já havia passado por suas mãos. Ele já tinha desmanchado um atum da espécie patudo (*Thunnus albacares*) de 326 quilos.

A naturalidade de Vítor Sobral ao matar o porco e desmanchar o atum poderia sugerir que é um cozinheiro à moda antiga. Nada mais equivocado. Na verdade, ele é um cozinheiro completo, "de cabo a rabo", como reza a expressão popular derivada de uma velha sentença portuguesa. Sempre imprime um toque de reinvenção e contemporaneidade às

---

[2] Maria de Lourdes Modesto, Afonso Praça, Nuno Calvet, *Festas e comeres do povo português* (Lisboa: Verbo, 1999).

suas criações. A propósito, no passado se dizia "de Cabo (Cidade do Cabo, na África do Sul) a Rabá (capital do Marrocos). Na preparação da comida, o cozinheiro completo sabe fazer de tudo, do trabalho simples ao requintado. Quantos cozinheiros atuais sabem torcer o pescoço de uma galinha? As facilidades da vida moderna os fizeram perder essa habilidade. Agora, a galinha é comprada no supermercado ou encomendada por telefone ou *e-mail*. Chega ao restaurante já limpa, eviscerada e depenada. Alguns se esqueceram até de como se tiram as espinhas do peixe. Demonstram a mesma limitação em relação ao boi, ao cordeiro, ao peru, à galinha, ao pato e ao coelho. Vítor Sobral, além disso, é um cozinheiro moderno, com sólida formação clássica. Domina a arte culinária "de cabo a rabo" ou, se preferirem, de Cabo a Rabá.

Entre outras habilitações, cursou a Escola Superior de Hotelaria e Turismo do Estoril, onde se matriculou aos 17 anos; especializou-se na École Lenôtre, na École Nationale Supérieure de Lyon e na Alain Ducasse Formation, todas na França; estagiou diversas vezes no

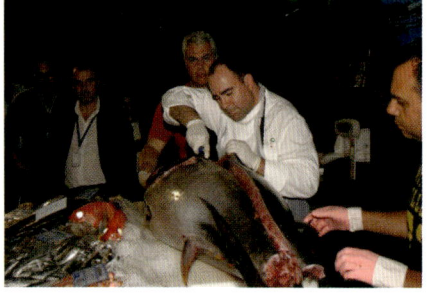
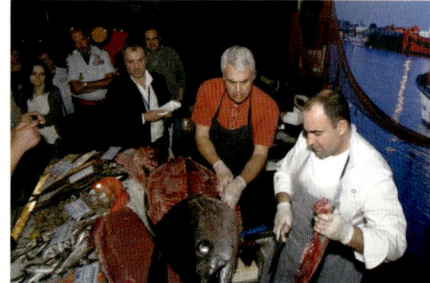

exterior; em 1999, recebeu o título de chef do ano, concedido pela Academia Portuguesa de Gastronomia; em 2006, concederam-lhe a comenda da Ordem do Infante Dom Henrique por seu empenho na divulgação internacional da culinária de Portugal. Há vários anos é consultor gastronômico do cardápio de bordo da TAP, e tem diversos livros publicados. Nascido em Cavadas, no concelho de Seixal, distrito de Setúbal, passou muito tempo da infância e da adolescência em Melides, no concelho de Grândola, na região do Alentejo, terra dos pais e avós. Gosta de recordar a segunda vivência, mais longa e enriquecedora. Pede briga com quem não o considerar alentejano. Seu caráter, efetivamente, moldou-se na região ampla e tranquila que ocupa quase um terço de Portugal, com baixa densidade populacional, povoada de intermináveis sobreiros, azinheiras, trigais, olivais, vinhedos e cidades pintadas de branco. Ali, é a natureza que cinzela as pessoas, conferindo-lhes paciência, lealdade, honestidade e disposição de luta. "Ser alentejano não é um dote, é um dom", afirmam seus habitantes. "Não se nasce alentejano, é-se alentejano."

No entanto Vítor Sobral manteve a ousadia da gente de Seixal, a terra onde os irmãos Vasco e Paulo da Gama construíram as embarcações para a histórica viagem até a Índia, de 1498, que mudou a história da navegação e do mundo. Enquanto um ficava em Lisboa, preparando a expedição desbravadora, o outro comandava os carpinteiros e calafates na construção das naus. Estêvão da Gama, pai de Vasco e Paulo, era comendador do Seixal. Não por acaso, Vítor Sobral tem espírito cosmopolita. Viaja sem parar, a fim de conhecer o patrimônio culinário dos outros continentes. Mas garante que sua cozinha nunca deixará de ser portuguesa, apesar do toque de contemporaneidade e reinvenção presente em cada prato que cria, e das influências forasteiras. Muitos dos aromas e sabores dela realmente vêm da infância e da juventude no Alentejo. Entretanto as andanças intermináveis, impulsionadas pelo espírito desbravador e curioso, converteram Vítor Sobral no mais importante chef da lusofonia – o conjunto de identidades entre os países de língua portuguesa. À procura de ingredientes e preparos, já esteve em Angola, Brasil, Cabo Verde,

Guiné-Bissau, Macau, Moçambique, Goa, Damão e Diu, Timor Leste, São Tomé e Príncipe. Misturou no seu fogão os costumes e técnicas alimentares dessas nações.

Em Angola, encantou-se com a folha de batata-doce, o peixe seco e a caldeirada de cabrito com quiabo. Experimentou os sabores dos guisados e os adaptou à sua cozinha. No Brasil, o país mais visitado, impressionou-o a diversidade gastronômica. Hoje, trabalha com as nossas mandioquinha, mandioca, batata-doce e palmito. A forma de preparar a farofa, a técnica de ligar os molhos com leite de coco, a mistura de fruta com salgados, as diversas maneiras de usar o feijão são marcas do Brasil no seu fogão. Entretanto, como sempre, nunca deixou de imprimir nas receitas a própria marca. Sim, ele aprendeu a fazer farofa no Brasil, mas não a prepara somente com mandioca. Utiliza pão de trigo, centeio, milho e, em certas situações, frutos secos. As farofas não são comuns em Portugal. Na Guiné-Bissau, recebeu a maior lição de vida. Surpreendeu-se com a gente fantástica, de poucos recursos, porém com engenho para a cozinha, como em muitos países pobres. O povo utiliza o caju e o amendoim para ligar os molhos e dispõe de uma extraordinária diversidade de frutas aciduladas que incorpora à cozinha. Em Macau, assimilou os caldos. Em Moçambique, que tem grande diversidade cultural, com um pouco de chinês e indiano misturado ao português e ao africano, absorveu as especiarias, os molhos ligados com fruta e as misturas inusitadas. Nunca esquecerá a qualidade dos mariscos e a forma como os fazem no país.

Vítor Sobral pratica a culinária de fusão, uma maneira de cozinhar baseada em texturas, aromas, sabores e ingredientes internacionais, que os navegadores lusitanos lançaram na Europa quando começaram a trazer produtos de natureza exótica que iam descobrindo – e a espalhá-los pelo mundo. No livro *A aventura das plantas: e os descobrimentos portugueses*,[3] José Mendes Ferrão mostra como se deu esse vaivém. Os sucessores de Vasco da Gama – cuja monumental viagem à Índia foi movida pela busca da pimenta e de outras especiarias do Oriente – promoveram um intenso intercâmbio

[3] Lisboa: Chaves Ferreira, 2005.

de sementes e mudas desde o século XV, quando fincaram bandeira nas ilhas da Madeira e de Porto Santo, e descobriram o arquipélago de Cabo Verde. Transformaram esses territórios em laboratórios naturais de experiências botânicas e agrícolas. As plantas que vingavam e se mostravam produtivas eram transportadas adiante. Na obra *Navigation de Lisbonne á l'île de São Tomé par un pilote portugais anonyme*, conservada no acervo do Arquivo Nacional da Torre do Tombo, em Lisboa, que contém a narrativa, notas e comentários de uma viagem realizada provavelmente em 1545, o autor anônimo menciona a existência, em Cabo Verde, de laranjeiras, cidras, limoeiros, romeiras e figos "de boa qualidade" de origem lusitana, e de "palmeiras que dão coco", procedentes do Oriente. Refere-se ainda a legumes e verduras, dizendo que se desenvolvem bem, embora em alguns casos não sejam ideais para semear no ano seguinte, tornando-se necessária a vinda de novas sementes.

Portugal fez um troca-troca universal. Espalhou pelos continentes legumes, verduras e frutas que já tinha: aipo, alface, amêndoa, beterraba, figo, couve, maçã, marmelo, melão, pera, pêssego, rabanete, etc.; encontrou na América e difundiu no mundo abacate, abacaxi, amendoim, amora, batata, baunilha, cacau, caju, girassol, goiaba, mandioca, mandioquinha, maracujá, milho, papaia, tabaco, tomate, etc.; introduziu no Novo Continente, e nos demais, riquezas do Oriente: arroz, banana, carambola, laranja, limão, coqueiro, fruta-pão, jaca, lichia, manga, mexerica, etc.; isso sem falar nas especiarias de vários quadrantes: canela, cravo, noz-moscada, pimenta-do-reino, pimentas dedo-de-moça, cumari, malagueta, etc. Aliás, sempre que visita o Brasil, Vítor Sobral retorna a Lisboa, onde reside atualmente, levando na mala pacotes de mandioquinha, pela qual é apaixonado, e saquinhos com as nossas pungentes *Capsicum*, chamadas piri-piri entre os portugueses, em favor das quais desenvolve apostolado. Não entende como o Brasil, dispondo de tantas pimentas naturais, de intensos sabores e hierárquicas ardências, consome tanto Tabasco e demais molhos industriais estrangeiros.

Nem por isso Vítor Sobral renunciou à "cozinha dos cinco sentidos" que o consagrou e foi tema do seu livro

A cozinha dos sentidos,[4] no qual defende a ideia de que a comida deve atiçar simultaneamente o paladar, a visão, o olfato, o tato e mesmo a audição. Com essa filosofia, criou receitas famosas no Terreiro do Paço, seu antigo restaurante em Lisboa, como o bacalhau cozido em azeite, migas soltas de grelos e couve portuguesa; os fígados de aves com pera e mandioca; o peito de pato corado com purê de maçã e nabo e vinagrete de chocolate; e a raia cozida em azeite com tomate seco, azeitonas e espinafres. Hoje, à frente da Tasca da Esquina, igualmente em Lisboa, cuja filial em São Paulo acaba de abrir, privilegia outro conceito de restauração. Prepara, em visão moderna, petiscos e pratos de outros tempos, com preços atraentes. As receitas dos sentidos, porém, continuam. "Sempre quis provocar emoções nas pessoas", explica. "Isso já está bem definido no que faço, e não há mais como me afastar desse modo de ser."

É o primeiro cozinheiro profissional da família. Todos os outros são amadores. Seu pai, Eduardo, aposentado da Siderurgia Nacional de Portugal, onde trabalhou durante

---

4   Lisboa: Casa das Letras, 2001.

tasca da esquina

45 anos como técnico de transportes, sabe fazer petiscos deliciosos e, segundo o filho, "cozinha bem quando quer". A mãe, dona Antónia, é cozinheira de mão-cheia. "Prepara talentosamente até arroz de alho, com a óbvia simplicidade da receita", diz Vítor Sobral. O prato forte de dona Antónia é galinha de fricassé, na qual a carne é cortada em pedaços e servida com um molho à base de gemas e suco de limão, misturado ao fundo do cozimento da ave. Filho único, o cozinheiro completo teve a vocação despertada na infância. Nascido em 1967, aos 7 ou 8 anos de idade ajudava a mãe. "No dia 21 de janeiro, data do seu aniversário, eu o colocava para trabalhar", conta dona Antónia. "Untava as formas, batia os ovos, etc. Uma coisa na qual saiu a mim é não ter preguiça para nada."

Aos 13 anos o garoto começou a cozinhar. A família e os vizinhos ficaram sabendo da sua vocação para a arte do forno e fogão. A mãe e o pai o apoiaram. Algumas pessoas desaprovaram. Cozinheiro não era uma profissão nobre. Ele, porém, foi em frente. Hoje, todos se orgulham de Vítor Sobral. Aos 17, como já se sabe, começou a aprender cozinha na Escola Superior de Hotelaria e Turismo do Estoril. Nunca parou, exceto em 1991, por um período de três meses, quando ficou hospitalizado, recuperando-se dos ferimentos causados pela explosão de um botijão de gás. Dona Antónia é personagem forte em sua vida. Vive com o marido e a mãe, d. Luíza, em uma casa acolhedora na localidade de Alquiveiros, perto de Melides, no Alentejo litoral. Revela grande habilidade manual, pinta bem, escreve com inspiração, inclusive poemas para o filho cozinheiro. Um dos poemas de sua lavra, intitulado *Mensagem*, termina assim: "Meu filho, muito te amo/Ver-te feliz é meu sonho/És a esperança que tomo/Num abraço sem tamanho". Em casa, no seu Portugal amado e agora no Brasil, que o recebe de braços abertos e onde coleciona amigos, Vítor Sobral nunca deixou de ser uma estrela em ascensão.

O chef na tribuna
Princípios, ideias e opiniões do cozinheiro português Vítor Sobral

COMO DEFINE A SUA COZINHA?

V. S. Ela foi muito influenciada pelas viagens internacionais que realizei, sobretudo aos países de língua portuguesa. Mas tem presente a matriz da culinária regional lusitana. Adaptei a técnica de outras culturas à minha filosofia de cozinha. Por exemplo, aprendi no Brasil a fazer farofa. Entretanto não a faço somente com farinha de mandioca. Junto com minha equipe, procuro respeitar os ingredientes, nos seus sabores e texturas, e introduzir novas técnicas. Ao mesmo tempo, porém, empenho-me em descobrir sabores e texturas desconhecidas ou em utilizar os produtos de outra forma. O objetivo é criar uma surpresa final.

É UMA COZINHA MODERNA?

V. S. Acredito que sim. Mas não integro à cozinha molecular, em voga no mundo, e sim à atual. Não cometeria o equívoco de fazer um creme e esferificar as amêijoas de tanta qualidade que temos em Portugal, talvez as melhores do mundo. Ser moderno é ter cuidado com os cozimentos, dominar plenamente essa técnica e utilizar os mecanismos tecnológicos ao nosso dispor. Hoje, sabemos que o peixe está cozido quando o seu interior chega à temperatura de 54 °C, e o da carne a 62 °C. A modernidade também passa pela consciência na construção dos menus. Temos que ter atenção aos produtos muito calóricos e tentar fazer pratos da maneira mais equilibrada possível. Sigo esses fundamentos e, por isso, julgo que minha cozinha é moderna.

DE QUE MANEIRA SURGEM OS SEUS PRATOS?

V. S. Tenho duas maneiras de criá--los. Uma é em conjunto com a minha equipe. Encontramo-nos, por exemplo, diante de uma situação na qual precisamos harmonizar vários vinhos com pratos diferentes. O que fazemos? Provamos o vinho, alguns ingredientes e vamos determinando o que se harmoniza bem com o quê, e fechamos o menu. Chamo isso de criação temática. A outra forma de criação tem muito a ver com aquilo que provo em almoço de família, numa viagem ou quando encontro um ingrediente no mercado que me chama a atenção. Habitualmente, o raciocínio seguido é transformar a minha ideia no conceito de cozinha que ao longo dos anos tenho desenvolvido.

TEVE ALGUMA INFLUÊNCIA, INSPIROU--SE EM ALGUM CHEF AO LONGO DA CARREIRA?

V. S. Não posso negar que outros cozinheiros me influenciaram. Penso que a aprendizagem deve ser constante. Quando temos oportunidade de visitar restaurantes pelo mundo fora, sofremos influências. Se comemos um alimento preparado por um colega, há sempre uma ideia a reter, e aprende-se sempre alguma coisa. Mas não houve um chef determinado. Desde criança, nunca tive ídolos. Normalmente, na infância e na juventude colocamos pôsteres dos nossos ídolos nas paredes do quarto. Comigo isso nunca aconteceu. As minhas influências começaram na família e na região onde vivi, continuaram na escola de hotelaria e, sobretudo, nas viagens pela Europa, onde conheci a maior parte dos restaurantes contemplados com uma, duas e três estrelas do Guia Michelin. Nesse período, também participei de congressos, festivais, encontros, e tive oportunidade de acompanhar a importante evolução da gastronomia na época. Portanto, a minha forma de ver a cozinha e de pensar recebeu influências de várias pessoas, de um conjunto de situações e experiências. Assim criei, ajudado pela equipe, minha matriz de cozinha. A título de curiosidade, o livro que mais consultei até hoje foi o *Cozinha tradicional portuguesa*, de Maria de Lurdes Modesto.

QUAIS OS CHEFS QUE MAIS ADMIRA?

V. S. Inicialmente, o catalão Santi Santamaria, pelo trabalho que fez e por ter tido uma postura contra a corrente. Da mesma forma, admiro seu conterrâneo Ferran Adrià, pela visão e dimensão que deu à cozinha no mundo atual. Ele elevou a imagem do chef a um patamar que só os franceses haviam conseguido. Não posso deixar de lembrar o francês Alain Ducasse, pelo trabalho realizado e por sua vertente empresarial. Sou igualmente fã de outro francês, Michel Bras, apesar de sua cozinha ser muito simples esteticamente. Depois, existem chefs de outras latitudes, com os quais já tive oportunidade de estar algumas vezes. É o caso de Daniel Boulud, francês radicado há muitos anos nos Estados Unidos. Ele tem um grande conhecimento e um grande valor por aquilo que conseguiu fazer em solo americano.

Horizonte; Teresa Paim, em Salvador; Mônica Rangel, em Visconde de Mauá; Ana Bueno, em Paraty; entre muitos outros.

HÁ ALGUM NOME BRASILEIRO EM SUA LISTA?

V. S. Se falar do Brasil, país com o qual tenho maior contato e onde possuo mais amigos na cozinha, posso citar vários nomes. Em São Paulo, considero Alex Atala um chef muito importante. Ele representa uma mais-valia cultural para o país. Na mesma cidade, sou fã de Tsuyoshi Murakami. Pratica a grande cozinha japonesa. Outro japonês que admiro, por ter uma cozinha com alma e técnica primorosas, é André Saboró Matsumoto, do Recife. Também não esqueço a enorme influência que Laurent Suaudeau e Emmanuel Bassoleil, em São Paulo, e Claude Troisgros, no Rio de Janeiro, exerceram na cozinha brasileira. Lembro-me ainda de Paulo Martins, de Belém do Pará, recentemente falecido, com quem mais aprendi sobre cultura brasileira. Finalmente, respeito os trabalhos de Rafael Despirite e Bella Masano, em São Paulo; Flávia Quaresma, no Rio de Janeiro; Ivo Faria, em Belo

COMO VÊ O FUTURO DA SUA COZINHA?

V. S. Acho que vai estar idêntica ao que é hoje, continuando a definição recebida há cerca de quinze anos. Não quero ser pretensioso. Mas assim será a minha cozinha nos próximos anos. O chamado "sentido de Ratatouille", através do qual as pessoas procuram os sabores, os aromas da infância de que o mundo tecnológico na maior parte das vezes nos priva, faz a evolução da gastronomia passar muito pela emoção. A simplicidade da cozinha leva as pessoas a entenderem com mais facilidade o prato que estão a degustar e a se surpreenderem com ele. Devemos praticar uma cozinha evoluída com um conceito de modernidade, porém o mais simples possível. Sigo isso há cerca de quinze anos. Julgo ser esse o caminho de todas as culinárias. Desse modo, podemos dizer que as ousadias químicas da cozinha molecular, surgidas na Espanha e proibidas na Itália, estão no fim.

JÁ USOU ALGUM PRODUTO QUÍMICO?

V. S. Os produtos químicos comercializados pelos espanhóis nunca me fascinaram. Os únicos que utilizo são ágar-ágar e lecitina de soja, pois conheço a origem de cada um.

A COZINHA MOLECULAR TEM DIFICULDADE DE ENTRAR EM NOSSA CASA, PELA COMPLEXIDADE DE EXECUÇÃO. É IMPORTANTE QUE A ARTE CULINÁRIA SEJA TRANSMISSÍVEL?

V. S. O mais possível. Os chefs que sempre estão a se comunicar com o público, a fazer livros ou dar receitas para a imprensa ou televisão precisam ter dois cuidados. Se o público é profissional, a linguagem pode ser mais técnica; do contrário, não adianta muito estar a ensinar pratos que depois as pessoas não conseguem interpretar ou fazer. Tem que haver da parte do chef a percepção de separar as duas coisas. Muitos caem no erro de não fazer distinções, por questão de vaidade, e apesar de serem excelentes cozinheiros, o público não os entende. Essa é uma preocupação que me acompanha ao longo da carreira. Na cozinha molecular, porém, a dificuldade é imensa. Sem o domínio da sua técnica complexa e a parafernália de instrumentos requeridos, ninguém a prepara.

O COZIMENTO A VÁCUO E O USO DO NITROGÊNIO LÍQUIDO APRESENTAM VANTAGENS EM RELAÇÃO À COZINHA DAS NOSSAS MÃES E AVÓS?

V. S. Procuro separar os dois. O vácuo é hoje uma técnica de cozimento que para nós, chefs, é de muita valia. Podemos ir para casa e deixar uma peça de carne a cozinhar a noite toda, e quando voltamos ao restaurante ela está pronta e no ponto. Outra coisa importante é que, tenha 1 ou 100 quilos de peso, o resultado final é sempre o mesmo. Caso me perguntassem se não preferia ter um forno a lenha, como o da minha avó, que depois de cozer o pão colocava a carne ali e ficava a noite toda a cozinhar, eu diria que sim. A questão é que hoje isso não é possível. Nesse sentido, o vácuo é vantajoso. Já o nitrogênio líquido julgo ser coisa para a indústria. Não acho que faça falta na cozinha. Os recursos químicos, em geral, não cabem na cozinha. Não faz sentido. Numa das últimas aulas que dei no Brasil, as pessoas estavam muito entusiasmadas com essa história dos químicos. Mostrei que com os produtos existentes no Brasil, frutas, legumes, é possível criar texturas e ligar todos os molhos sem um único pó. Há ingredientes suficientes para isso, sobretudo no Brasil. Tendo uma maçã, posso fazer algumas coisas: grelhar, fritar, corar, transformá-la em purê e até comê-la crua, temperada ou simplesmente misturada. A propósito: detesto filmes de ficção científica; não gosto do que está acima da realidade, e isso de alguma forma se aplica à minha cozinha.

circo do que propriamente cozinha. Não podemos esquecer o sentido da arte culinária, a fórmula que os alimentos têm, a qual devemos trabalhar para surpreender e dar prazer ao cliente. Por isso, para mim a criação tem limites. Não podemos fazer tudo, a todo custo. Do contrário, um dia destes estaremos comendo no restaurante, dentro de uma tigela, uma cobra de verdade que se mexerá ao receber um caldo quente por cima. Apesar de muito surpreendente, será completamente absurdo. Criatividade e bom senso devem andar de mãos dadas.

HÁ LIMITES PARA A CRIAÇÃO CULINÁRIA?

V. S. Julgo que sim. Costumo dizer que, quando perdemos nossa criatividade, o melhor é recordar o que as nossas mães e avós cozinhavam. Há situações em que não podemos abusar dela. A criatividade tem um campo limitado, em minha opinião. Vi, nos últimos anos, colegas fazerem cardápios ou notas de dólar em papel comestível, para consumo da clientela, sorvetes com nitrogênio dentro de balões, e muitas outras coisas que para mim são descabidas. Isso é mais

É IMPORTANTE SER DIFERENTE NA COZINHA?

V. S. Sim, acho muito importante. Cada cozinheiro precisa desenvolver o seu estilo e a sua matriz de cozinha. Aproveito para dizer que não considero importante os chefs serem prima-donas e terem a cultura, como a maior parte dos cozinheiros franceses, de tratar mal as pessoas da cozinha. Não concordo nada com isso. A cozinha para mim é um lugar bastante humano, e o trabalho do cozinheiro vence muito pela equipe que tem, pela habilidade de passar aos outros o conhecimento e a capacidade de se fazer compreender. A cozinha vive basicamente das pessoas, e o componente humano é muito importante para o nosso trabalho.

POR QUE ENVEREDOU PELO CAMINHO DA LUSOFONIA?

V. S. Isso tem igualmente a ver com a minha personalidade. Julgo que podemos copiar os outros naquilo que não temos. Se eu pensar que sou uma pessoa nacionalista, que fui reconhecido nesse sentido, se tenho em Portugal produtos fantásticos, uma cultura gastronômica com raízes fabulosas, uma cozinha regional incrível e, além disso, sou de um país que de alguma forma espalhou essa cultura pelos quatro cantos do mundo, existe uma série de países de língua portuguesa que têm uma matriz forte, o que é que eu vou copiar? Aquilo que no fundo é meu. Se pensarmos numa cozinha de fusão, os portugueses a fazem há quinhentos ou seiscentos anos; se eu for para a Ásia, tenho referências em Goa, Macau e Timor; se visitar a América do Sul, encontro o Brasil, com uma riqueza incalculável de produtos e técnicas utilizadas na Bahia de um jeito completamente diferente do de Belém do Pará, porque os produtos e as influências locais são diversos; se for para a África, existem também influências impressionantes e significativas de um país a outro. Então, acho que, conseguindo interpretar bem a cultura desses lugares, juntamente com a portuguesa atual, tenho uma fonte de inspiração inesgotável.

QUAIS AS INFLUÊNCIAS PORTUGUESAS QUE PERMANECEM NA COZINHA BRASILEIRA?

V. S. Vejo isso de uma forma particular. Quando os portugueses chegaram ao Brasil, encontraram índios que dispunham de uma técnica de cozimento muito parecida com o grelhado. Eles levaram para a terra descoberta o estufado, o guisado, o assado e o frito. Tudo isso se espalhou por todo o território. A feijoada é hoje considerada o prato mais emblemático da cozinha regional brasileira. Mas a forma de fazer o refogado, depois juntar o caldo, cozer as carnes à parte e depois adicioná--las ao preparado são técnicas do dia a dia da cozinha dos portugueses.

Percebo que a técnica da cozinha regional brasileira é semelhante por todo o território, e as mudanças são pelo clima, pelos produtos e por fatores socioeconômicos. Os portugueses levaram para a culinária brasileira a base da técnica de sua cozinha. Por exemplo: no século XVI já se fritava no Brasil da mesma forma de hoje. O pastel é um bom exemplo. Todos pensam que foi levado ao Brasil pelos chineses ou japoneses, mas não. Temos sua técnica em Portugal desde o século VIII ou IX.

QUANDO COMEÇOU A SE INTERESSAR PELA CULINÁRIA BRASILEIRA?

V. S. Os primeiros contatos que tive com ela foram por meio de brasileiros que viviam em Portugal. Estive no Brasil pela primeira vez há dezoito anos, e, ao longo das muitas viagens profissionais realizadas, percebi com alguma facilidade que a matriz da sua cozinha era muito semelhante à do meu país, e as grandes diferenças estavam efetivamente nos produtos. Pensei assim: um país com essa dimensão deve ter uma culinária regional de uma riqueza incalculável. Ao longo dos anos, comprovei essa ideia e nunca mais deixei de estudá-la e considerá-la uma fonte inesgotável de inspiração. Já fui ao Brasil mais de cem vezes.

QUAL A COZINHA REGIONAL QUE MAIS O IMPRESSIONA?

V. S. Há duas bastante interessantes, a de Minas Gerais e a do Pará. Mas não posso deixar de reverenciar a do Nordeste, sobretudo a da Bahia e a de Pernambuco.

CITE OS INGREDIENTES QUE O FASCINAM.

V. S. A mandioca, pela qual tenho um encanto especial, assim como a grande variedade de pimentas, a ponto de viajar sempre com elas. Depois, um dos fatores que marcaram bastante a minha cozinha atual é a forma como os brasileiros misturam suas frutas, por sinal fantásticas, com os salgados. Há também produtos dos quais gosto muito: a mandioquinha, o palmito, a couve--manteiga, a castanha-do-pará, o feijão--preto e, além das frutas, todos aqueles ingredientes do Pará, o bacuri, o açaí, o tucupi, o jambu, etc. Do mar, gosto muito

das ostras, das lulas e do camarão, que, na minha opinião, são muito bons. Se falarmos na carne bovina, sem dúvida a do Brasil é excelente. Nos últimos anos, também venho encontrando e achando muito boa a de cordeiro.

EM QUE PONTO DE EVOLUÇÃO SE ENCONTRA A ALTA COZINHA BRASILEIRA?

V. S. Sinceramente, acho que os seus grandes cozinheiros estão um pouco confusos. Têm medo de assumir a sua identidade e as raízes em geral. Quanto à experiência e à técnica, evoluíram muito, devido à melhor formação profissional. Infelizmente, foram poucos os que já conseguiram promover a cozinha nacional no mundo. Alex Atala faz um grande trabalho. Quando os grandes chefs perceberem que os turistas visitam o Brasil para comer as coisas nacionais e conhecer a cultura e produtos não encontrados em nenhuma parte do mundo, irão valorizar mais as suas cozinhas regionais. Voltando aos chefs cujo trabalho admiro, os franceses Suaudeau e Troisgros foram os primeiros a valorizar os ingredientes brasileiros. Aproveitaram a técnica trazida da Europa e a adaptaram aos produtos do país. Ao longo dos anos, sempre promoveram o que é nacional. Já vi Troisgros no mercado Ver-o-Peso, de Belém do Pará, com bastante vontade e determinação, à procura de novidades para utilizar nas suas receitas. Penso que esse caminho precisa ser seguido por todos, sobretudo pelos mais jovens. É importante eles conhecerem a cozinha regional do seu país e poderem de alguma forma fazê-la evoluir com uma técnica internacional. Não é justo ter vergonha, tantas vezes explícita, de tão grande riqueza. Em um país com inúmeras pimentas, como é possível existir Tabasco por todo lado? Falta mais nacionalismo à cozinha brasileira.

E O QUE DIZER DA ALTA CULINÁRIA PORTUGUESA?

V. S. Cerca de 90% dos chefs que estão hoje no auge se preocupam com o nacionalismo. Praticam uma cozinha muito marcada pelos produtos portugueses e a cozinha regional. Mas também há um fenômeno alimentado pela comunicação social, pois a gastronomia está na moda. É a necessidade de notícias constantes.

Às vezes se promovem pessoas que não têm capacidade nem técnica para serem o que são e estarem onde estão. Existe um ditado português: o azeite vem sempre ao de cima. Penso que em aproximadamente cinco anos a cozinha portuguesa, quando houver um maior esclarecimento geral de todos os seus intervenientes, terá um caminho perfeitamente definido e estabilizado. E com uma vantagem em relação às outras cozinhas europeias, que é ser completamente desconhecida. Isso significará uma mais-valia para nós.

COMO CHEGOU AO CONCEITO DA TASCA DE ESQUINA?

V. S. De uma forma estranha. Teve muito a ver com a minha paixão pela capital portuguesa. No grande evento gastronômico Peixe em Lisboa, realizado na cidade, percebi que tinha uma grande popularidade junto do público. Ele adorava me ver cozinhar e conversar comigo. E, quando digo comigo, isso se estende à minha equipe. Concluí que nossa próxima casa precisava ser um espaço onde o contato humano com os clientes fosse o mais próximo possível. Percebi também, finalmente, que os portugueses valorizam muito ambientes descontraídos e pouco formais. Por esse conjunto de razões nasceu a Tasca da Esquina assim como ela é hoje, um restaurante informal, com uma cozinha onde o produto do dia é privilegiado, simples e sempre com a preocupação de seduzir o cliente.

COM QUEM APRENDEU A COZINHAR?

V. S. Com minha mãe. Lembro-me de estar uma vez com ela e fazer sozinho um pargo no qual misturei uma série de especiarias, alho, salsa, enfim, não recordo exatamente tudo o que usei. Muito cedo senti ter algum jeito para harmonizar os ingredientes. O pargo foi ao forno e ficou delicioso. Minha mãe até perguntou como eu o tinha preparado. Como a receita era intuitiva, tive dificuldade de explicar.

SOFREU ALGUM PRECONCEITO DOS OUTROS MENINOS, JÁ QUE NA ÉPOCA A COZINHA DOMÉSTICA ERA REDUTO DA MULHER?

V. S. Na minha família havia o hábito de os homens cozinharem, sobretudo os

petiscos. E faziam isso bem. No Alentejo, existe uma cozinha dividida entre os sexos. A dos petiscos cabe aos homens; a do dia a dia compete às mulheres. Além disso, muitas vezes são os homens que fazem o pão. É muito pesado amassar. Foi com homens, no caso os meus avôs, que aprendi a arte do pão. Devido a esse aprendizado, fazer massas é uma coisa para a qual tenho um dom especial.

SONHAVA EM TER SUCESSO PROFISSIONAL?

V. S. Nunca pensei ter a notoriedade que consegui no meu país como cozinheiro, embora sempre trabalhasse para isso acontecer. Tenho oito livros publicados, vou a caminho do nono e sou coautor de mais seis. Com 23 anos de profissão, já lancei todas essas obras. Era uma coisa inimaginável quando comecei.

O QUE SE COMIA NA SUA CASA?

V. S. Toda a minha família é do Alentejo, no sul de Portugal, onde há uma grande diversidade culinária. A região sofreu influência romana, mourisca e da cultura portuguesa ao longo dos séculos. Também existe enorme diferença social, e logo uma cultura à mesa em função do bolso de cada família. A minha era de classe média, com certo poder aquisitivo. Nos dias festivos, como na matança do porco, na Páscoa e no Natal, eu me recordo de que as mulheres começavam a preparar os salgados e doces dias antes; que a mesa estava posta três ou quatro dias antes; e que a minha alegria de manhã, quando acordava, era poder desfrutar de tudo aquilo.

QUAL O PRATO INESQUECÍVEL DA SUA FAMÍLIA?

V. S. Não existe nada em casa dos meus pais que eu não goste de comer. Mas o que peço normalmente à minha mãe para fazer, sempre que me pergunta, são pratos comuns na família: galinha de fricassé, arroz de cabidela, coelho estufado com tomate, ou mesmo frito. Sempre que vou ao Alentejo aproveito bastante. Em Lisboa, é muito difícil encontrar coelho ou galinha caipira, como se diz no Brasil, com a qualidade das que tenho em casa dos meus pais.

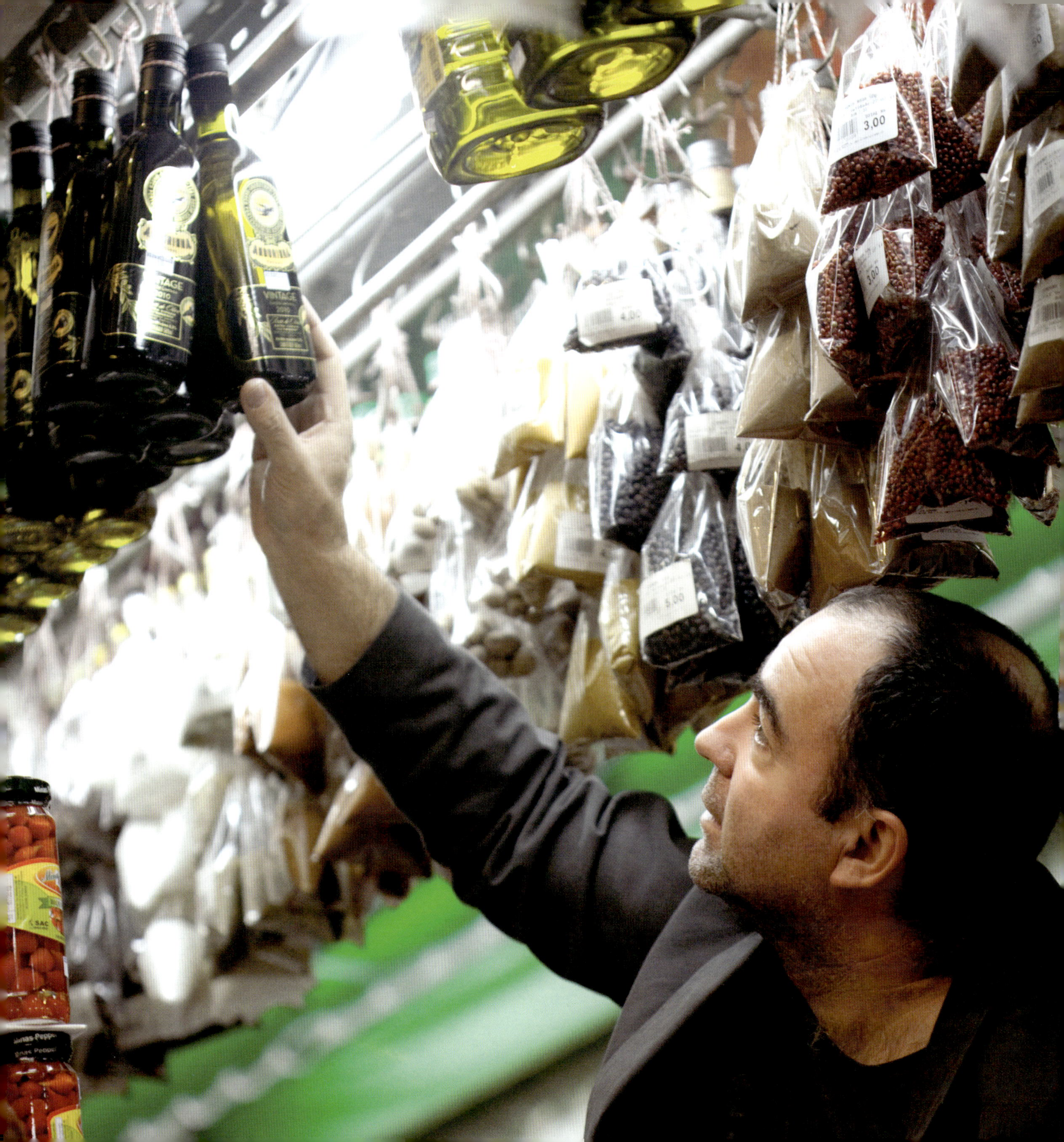
VINTAGE
3,00

SE PRECISASSE ESCOLHER CINCO
INGREDIENTES PARA LEVAR A UMA ILHA
DESERTA, QUAIS SERIAM?

V. S. O primeiro era o azeite. Os outros, alho, queijo, vinho e um peixe, ou melhor, um rodovalho.

POR QUE SE APAIXONOU PELO AZEITE?

V. S. Em tese, não precisamos de gordura para cozinhar. Mas ela dá sabor e conduz calor. Por isso, sempre deve estar à nossa disposição na cozinha. Gosto do azeite por ser a melhor das gorduras. Além disso, seu sabor rico tem muito a ver comigo e com meu paladar. Aplico uma técnica culinária em que a gordura de base é sempre o azeite. Ele se tornou fundamental na minha cozinha. Com ele finalizo os molhos, emulsões e vinagretes. Desenvolvi uma série de formas de ligar e criar texturas à base de azeite. Se eu fizer uma carne assada ou estufada, tenho a preocupação de cozinhar ao mesmo tempo, com o produto base, ingredientes que no final do cozimento possam ser ligados com azeite cru e resultarem no molho. É a minha gordura de eleição, tanto para iniciar os cozidos quentes como para finalizar os quentes e os frios.

QUAL O MAIOR DESAFIO QUE ENFRENTA HOJE?

V. S. O esforço que realizo para internacionalizar a minha cozinha. É um desafio de levá-la, com minha equipe, para fora de Portugal. Conto que isso aconteça em breve, enquanto tenho vida e força para isso.

COMO CHEF CONSULTOR DA TAP, ACREDITA TER CONTRIBUÍDO PARA OS PASSAGEIROS COMEREM MELHOR A BORDO?

V. S. Meu trabalho de quase uma década na TAP é muito interessante porque chega a muitas pessoas, cerca de 5 milhões por ano. Tenho me esforçado para melhorar a comida de bordo da empresa, tarefa que não é fácil. A maior parte das pessoas desconhece que parte da comida embarcada é preparada no dia anterior, refrigerada e depois regenerada dentro do avião. Procuro utilizar sempre produtos e confecções que resistam a esse circuito. Outra das minhas lutas foi retirar todos os ingredientes industrializados, porque ao serem aquecidos transmitem um cheiro desagradável. Essa etapa consegui ganhar. Outra batalha vencida foi introduzir a sopa a bordo. Juntamente com o departamento de *marketing*, demorei algum tempo para convencer a tripulação. Hoje, a sopa é um sucesso, além de ser um produto que faz parte da nossa cultura. Resumindo, o grande desafio do trabalho na TAP foi transformar a cozinha de bordo numa cozinha mais atraente e diversificada.

O QUE MAIS GOSTA DE COZINHAR?

V. S. Há alguns anos, se me perguntassem isso, eu teria dificuldade de responder. Provavelmente diria que gosto de fazer tudo. Hoje, tenho certeza absoluta de que gosto mais de cozinhar os produtos do mar.

SE NÃO FOSSE COZINHEIRO, QUE PROFISSÃO ESCOLHERIA?

R. Sou cozinheiro por opção. Muitas pessoas caem na cozinha por acidente de percurso. Eu não. Fui para a escola de hotelaria, depois veio a parte dos estágios, a formação fora de Portugal, sobretudo na França. Entretanto há duas profissões que eu gostaria de ter, caso não fosse cozinheiro: juiz de direito e publicitário.

João amava Teresa que amava Raimundo
que amava Maria que amava Joaquim que amava Lili
que não amava ninguém.

João foi para os Estados Unidos, Teresa para o convento,
Raimundo morreu de desastre, Maria ficou para tia,
Joaquim suicidou-se e Lili casou com J. Pinto Fernandes
que não tinha entrado na história.

... comeu minhas roupas, meus lenços, minhas camisas. ... c
metros e metros de gravatas. ... comeu a medida de meus sa
o número de meus sapatos, o tamanho de meus chapéus.
minha altura, meu peso, a cor de meus olhos e de meu
... comeu meus remédios, minhas receit

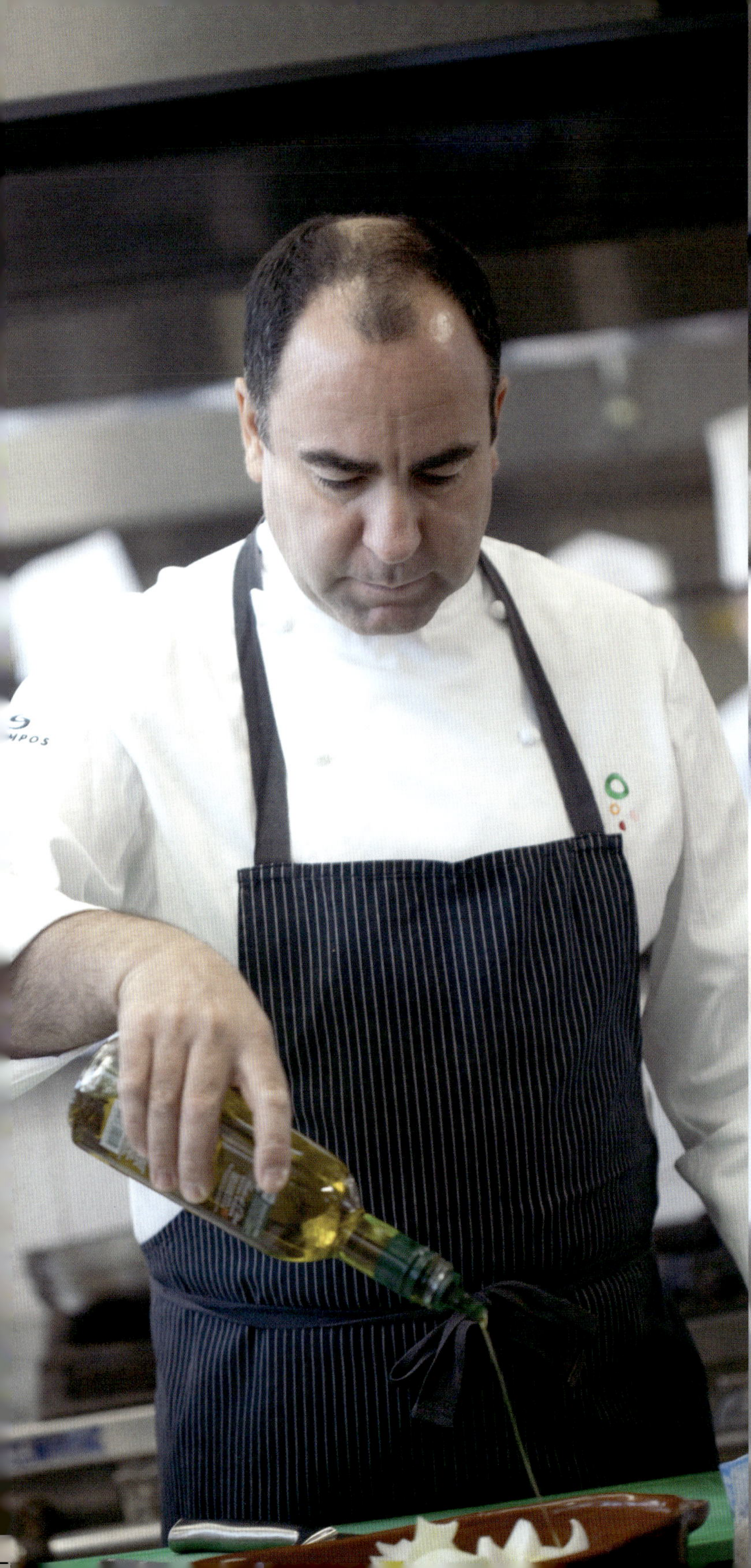
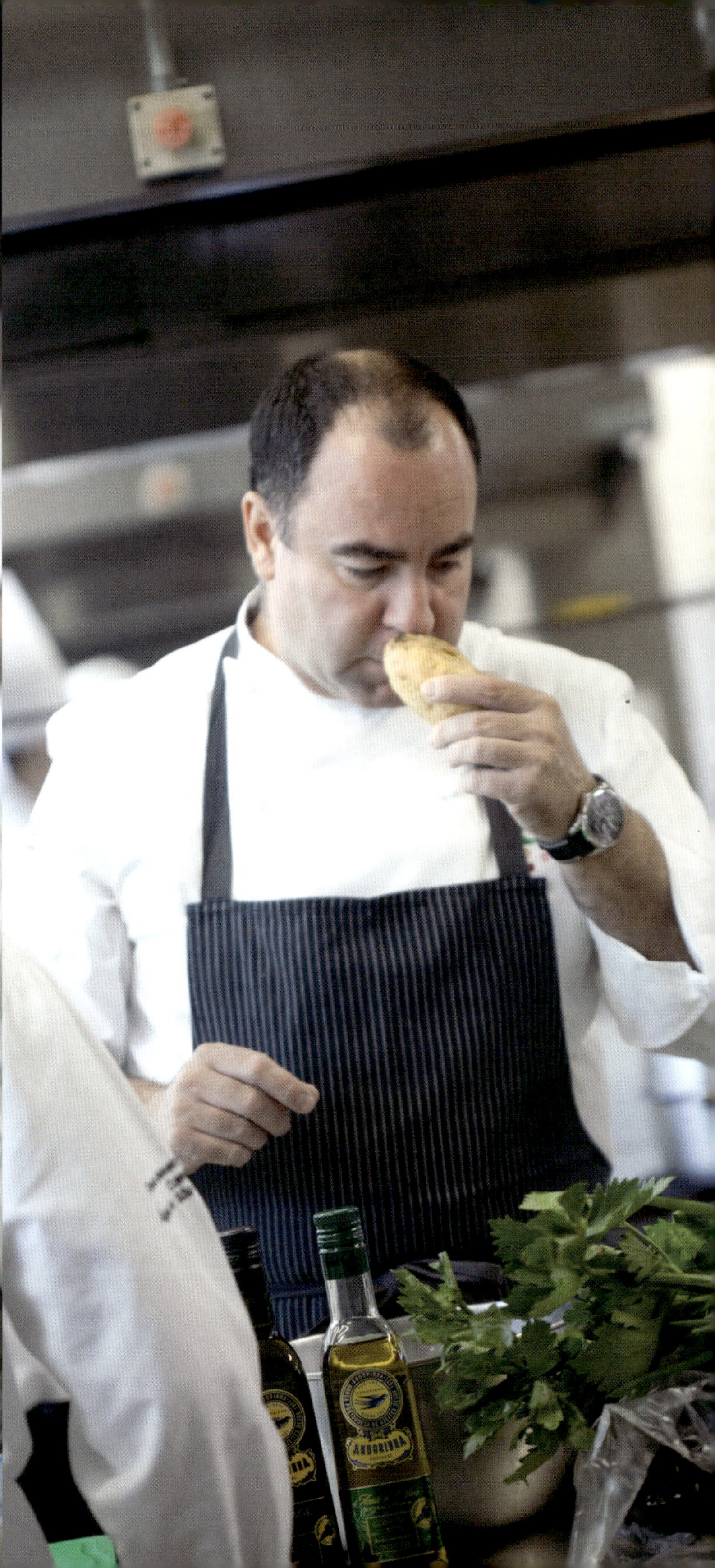

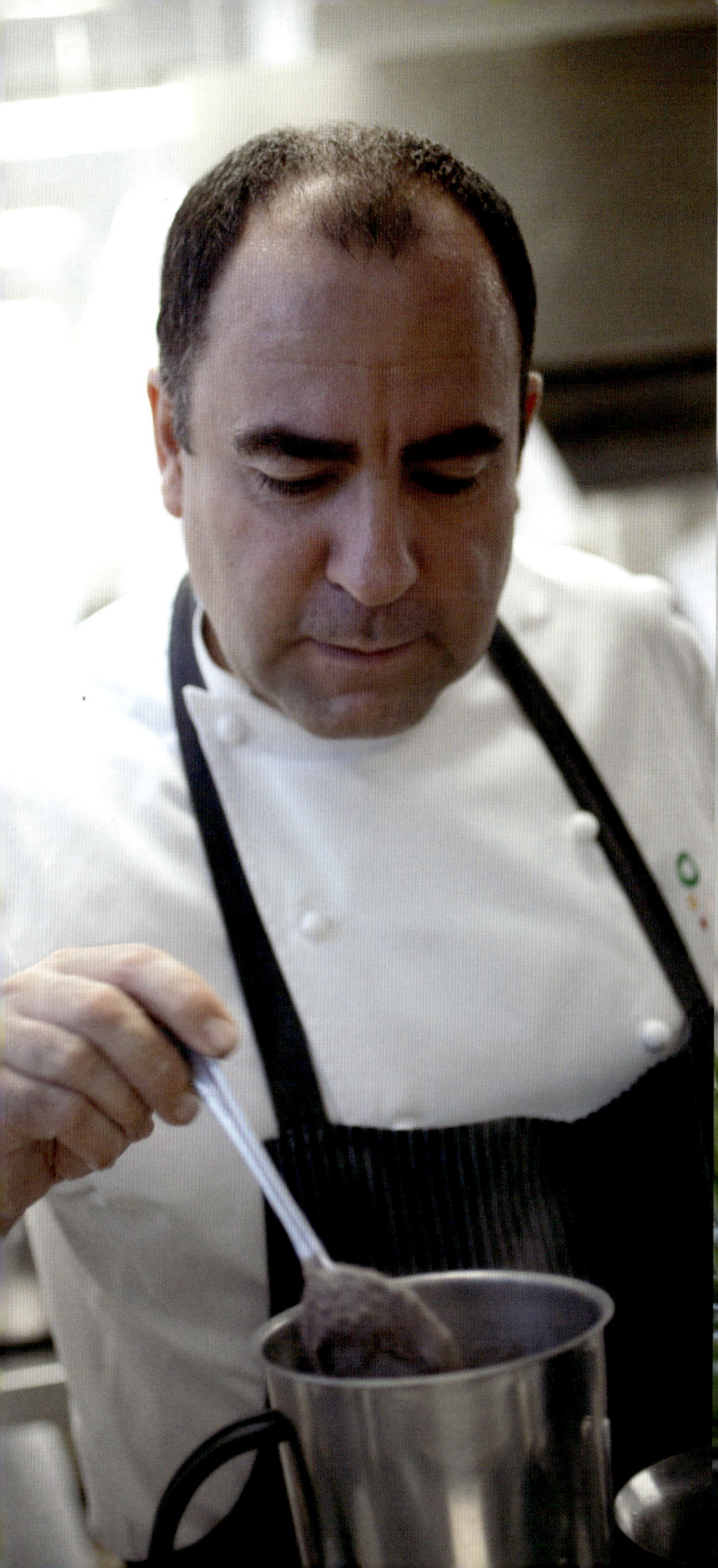

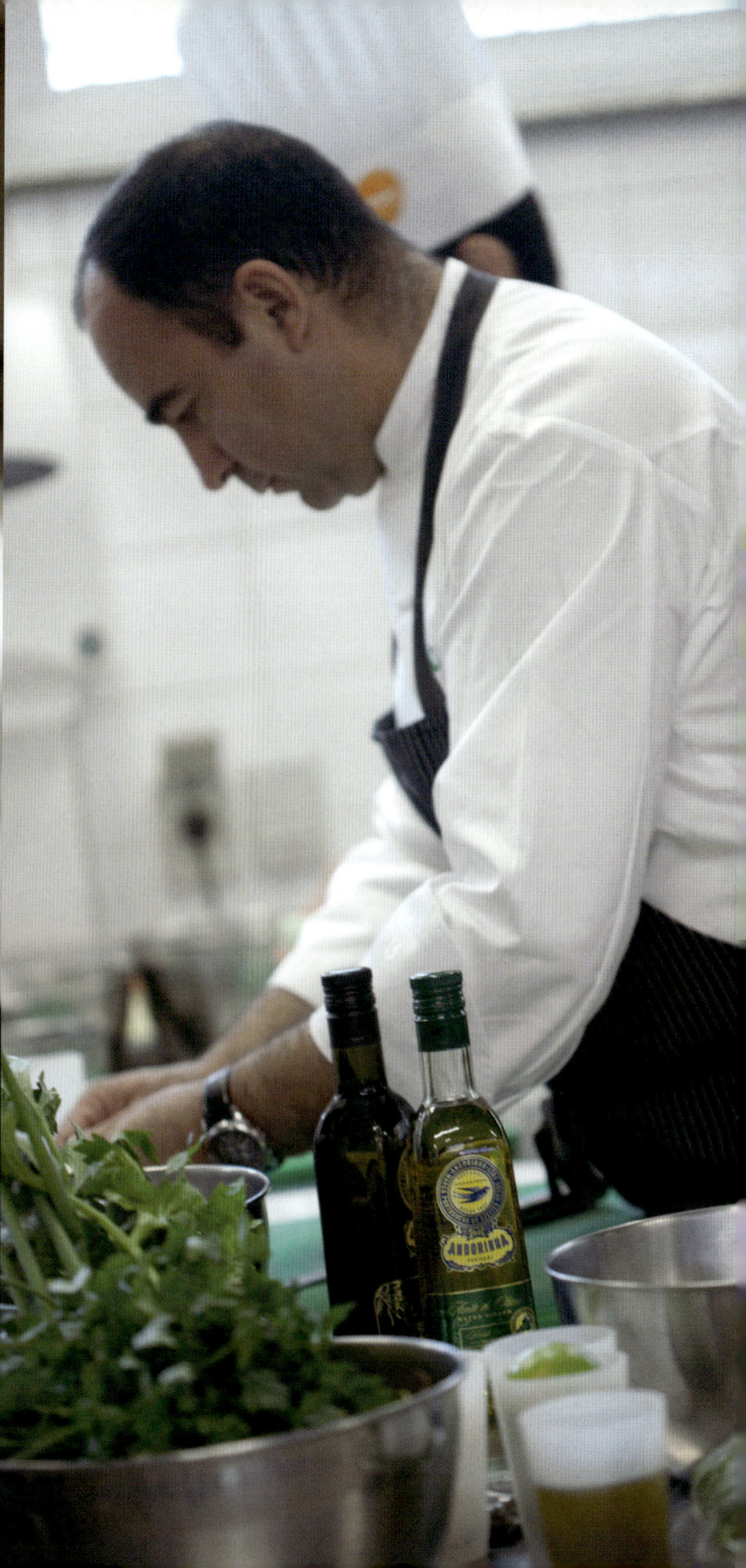
ANDORINHA

Hortelã-da-ribeira.

As receitas de
Vítor Sobral

Canja de galinha caipira
gengibre, ravióli de gema
(10 PORÇÕES)

INGREDIENTES

Canja

Asas de galinha	1 kg
Alho picado	6 dentes
Cebola picada	350 g
Louro	1 folha
Gengibre fatiado	1 c. sopa
Azeite virgem extra	0,5 dl
Sal marinho tradicional	q.b.
Pimenta-do-reino	q.b.
Água	1,8 l

Raviólis

Massa fresca	300 g
Gemas de codorna	20 unid.
Farinha	q.b.
Sal marinho tradicional	q.b.
Caldo de galinha	q.b.
Limão (suco)	q.b.

Guarnição

Raviólis	20 unid.
Abacate cortado em cubos	80 g
Folhas de manjericão	20 unid.
Gengibre cortado à juliana	1 c. sopa

PREPARO

Puxe as asas de galinha com o alho, o louro, a cebola em um fio de azeite. Adicione o gengibre, acrescente a água, deixe ferver e tempere com sal.
Por fim, coe o caldo, passando pelo chinois, leve de novo ao fogo e corrija os temperos, se necessário.

Tempere as gemas de codorna com sal e suco de limão e deixe descansar por 15 minutos. Em seguida polvilhe a bancada com farinha e estique a massa. Coloque sobre esta as gemas de ovo temperadas, cubra com outra folha de massa, cole as bordas e corte em formato de ravióli.
Cozinhe em caldo de galinha.

Guarneça com raviólis, juliana de gengibre, cubos de abacate e folhas de manjericão.

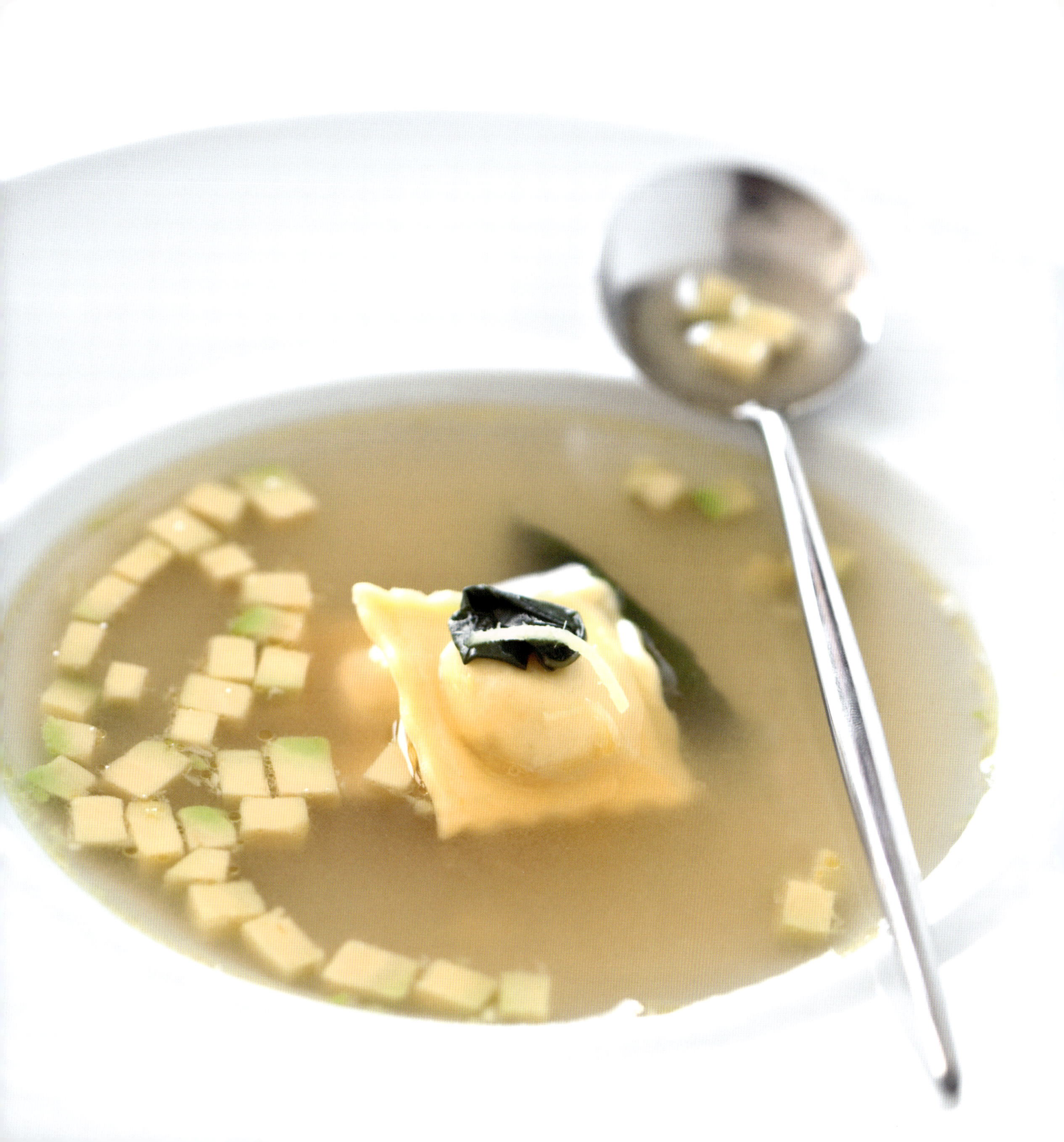

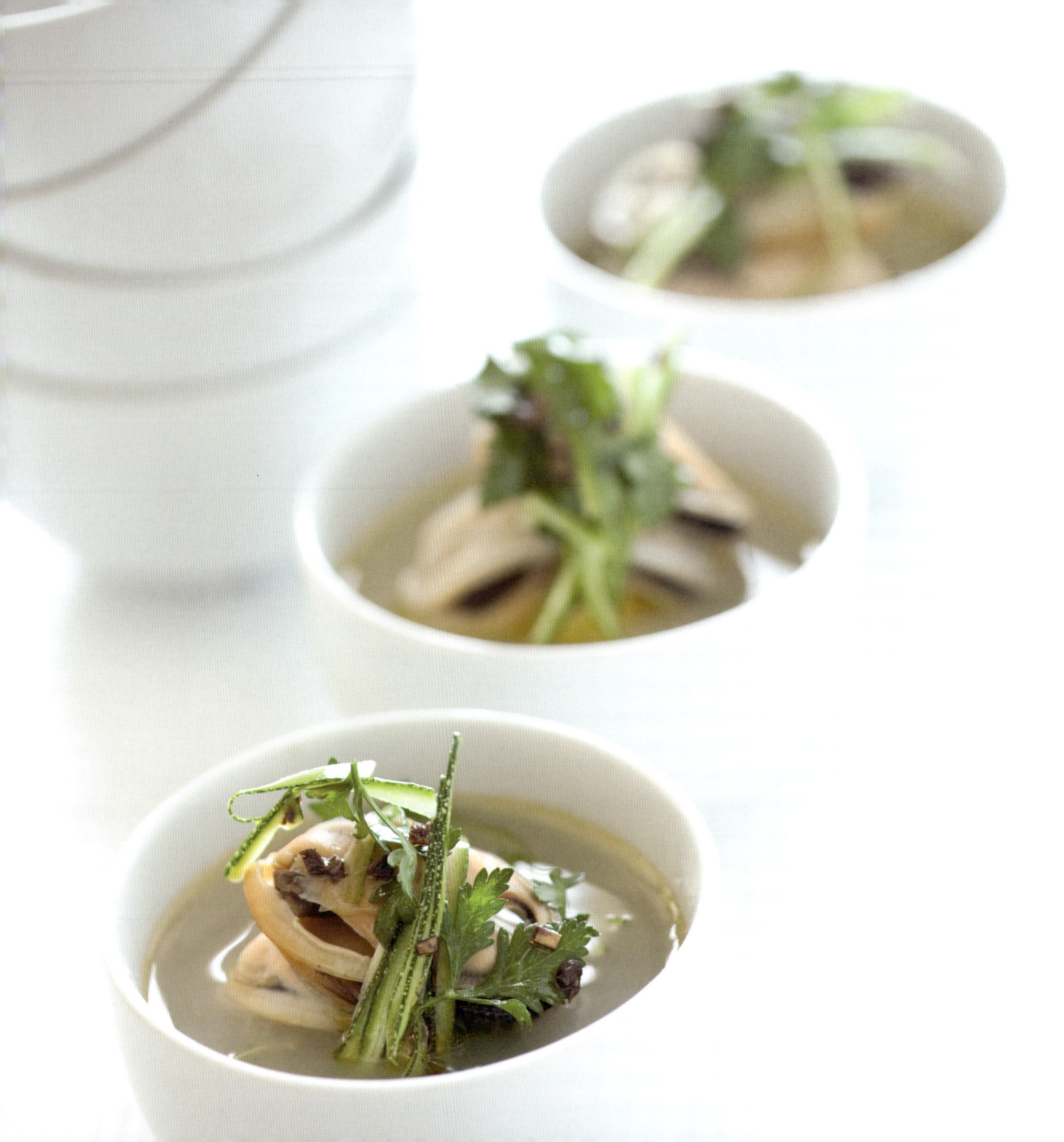

Caldo de mexilhão
gengibre, tomate seco e abobrinha
(10 PORÇÕES)

INGREDIENTES

Mexilhão com casca limpo	1,5 kg
Cebola picada	350 g
Alho picado	6 dentes
Gengibre picado	1 c. sopa
Azeite virgem extra	1 dl
Vinho espumante	3 dl
Caldo de peixe	1 l
Louro	1 folha
Talos de salsa	q.b.
Tomilho	q.b.
Pimenta-da-jamaica	q.b.
Sal marinho tradicional	q.b.

Guarnição

Abobrinha cortada à juliana	200 g
Tomate seco picado	50 g
Salsa em folha	1 c. sopa
Sumo de limão	1 dl

PREPARO

Aloure a cebola e o alho em azeite, em fogo brando.
Quando estiverem cozinhados, adicione o gengibre, o tomilho, o louro e os talos de salsa. Junte o espumante e deixe levantar fervura.
Junte o mexilhão. Quando este abrir, retire-o do preparado e separe-o das conchas e reserve o miolo. O miolo será acrescentado inteiro depois que o caldo for coado.
Complete o caldo existente com o caldo de peixe quente.
Passe pelo chinois.
Leve novamente ao fogo e tempere com sal e pimenta-da-jamaica.

Marine com suco de limão todos os ingredientes por 5 minutos e guarneça o caldo.

Caldo de tucupi
garoupa e amêijoas
(10 PORÇÕES)

INGREDIENTES

Caldo

Cebola picada	250 g
Alho picado	5 dentes
Banana cortada em rodelas	300 g
Tucupi	6 dl
Caldo de peixe	1,2 l
Azeite virgem extra	0,5 dl
Sal marinho tradicional	q.b.
Pimenta-do-reino moída na hora	q.b.

Guarnição

Garoupa cortada em cubos grandes	1,5 kg
Lombo de lavagante em rodelas ou cavaca escaldada	800 g
Amêijoas	1,5 kg
Quiabo escaldado cortado em rodela grossa	20 unid.
Alho-poró cortado à juliana	250 g
Salsa em folha	3 c. sopa
Sal marinho tradicional	q.b.
Pimenta-malagueta em pó	q.b.

PREPARO

Refogue a cebola e o alho em azeite, junte o caldo de peixe e o tucupi, a banana e deixe ferver. Verifique o sal e corrija, se necessário. Tempere com a pimenta-do-reino moída na hora e deixe ferver por 7 a 8 minutos.

Tempere o peixe com o sal e a malagueta. Deixe repousar por 30 minutos.
Adicione o peixe ao preparado anterior juntamente com as amêijoas, tampe e deixe cozinhar por 2 a 3 minutos.
Junte os ingredientes restantes da guarnição e retifique os temperos.

NOTAS
O lavagante pode ser substituído por cavaca escaldada, e as amêijoas por vôngoles.

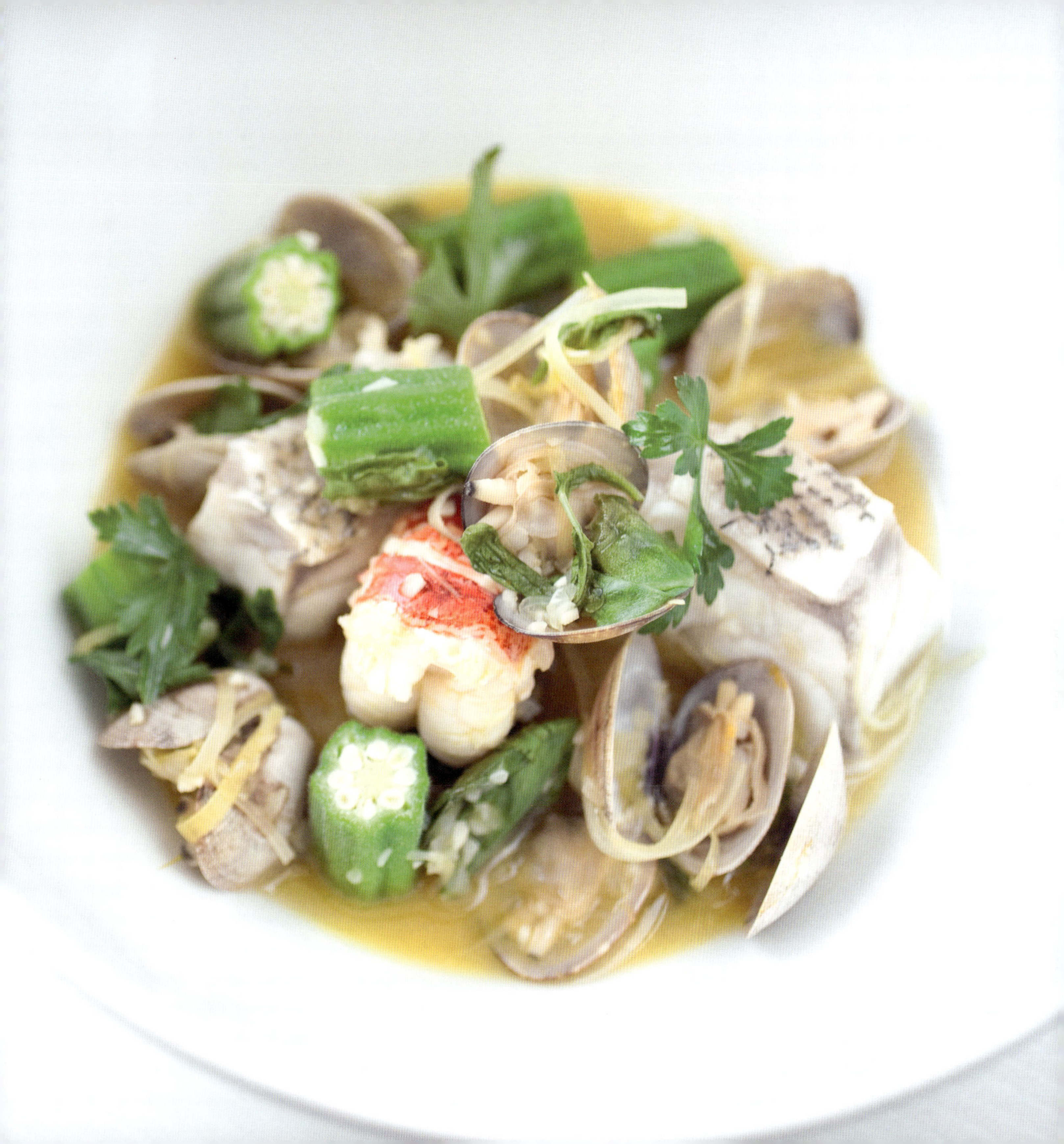

Creme de espinafres
berbigão e mandioca
(10 PORÇÕES)

INGREDIENTES

Creme
Espinafres em folhas	700 g
Alho laminado	5 dentes
Cebola em cubos	200 g
Alho-poró em cubos	140 g
Miolo de abobrinha italiana em cubos	600 g
Caldo de galinha	1,5 l
Azeite virgem extra	0,5 dl
Sal marinho tradicional	q.b.
Pimenta-do-reino moída na hora	q.b.

Guarnição
Mandioca em cubos	400 g
Alho laminado	4 dentes
Caldo de galinha	1,5 dl
Berbigão	1,5 kg
Cebolinha picada	1 c. sopa
Anis estrelado	1 unid.
Cravos	3 unid.
Azeite virgem extra	0,5 dl
Sal marinho tradicional	q.b.

PREPARO

Prepare um fundo em azeite com alho, cebola e alho-poró. Junte a abobrinha, tampe e deixe suar. Molhe com caldo de galinha e deixe cozinhar.
Triture o preparado, passe pelo chinois (se necessário junte mais um pouco de caldo) e leve de novo ao fogo.
Tempere com sal marinho e pimenta-do-reino e deixe levantar fervura. Leve ao liquidificador juntamente com as folhas de espinafres, triture e corrija os temperos.

Aloure o alho e a mandioca em azeite, junte o caldo de galinha, deixe ferver tampado em fogo brando.
À parte numa panela, cozinhe o berbigão com um pouco de água. Retire o berbigão das conchas e reserve. Reserve também o caldo em que cozinharam.
Quando a mandioca estiver cozida, adicione o caldo do berbigão.
Junte as especiarias e deixe ferver por 10 min. Corrija os temperos e leve ao processador de alimentos para triturar.
No momento de servir, misture os berbigões reservados.

Sirva o creme finalizando com o preparado de mandioca com o berbigão. Salpique com a cebolinha e regue com um fio de azeite.

NOTA
O berbigão pode ser substituído por vôngole.

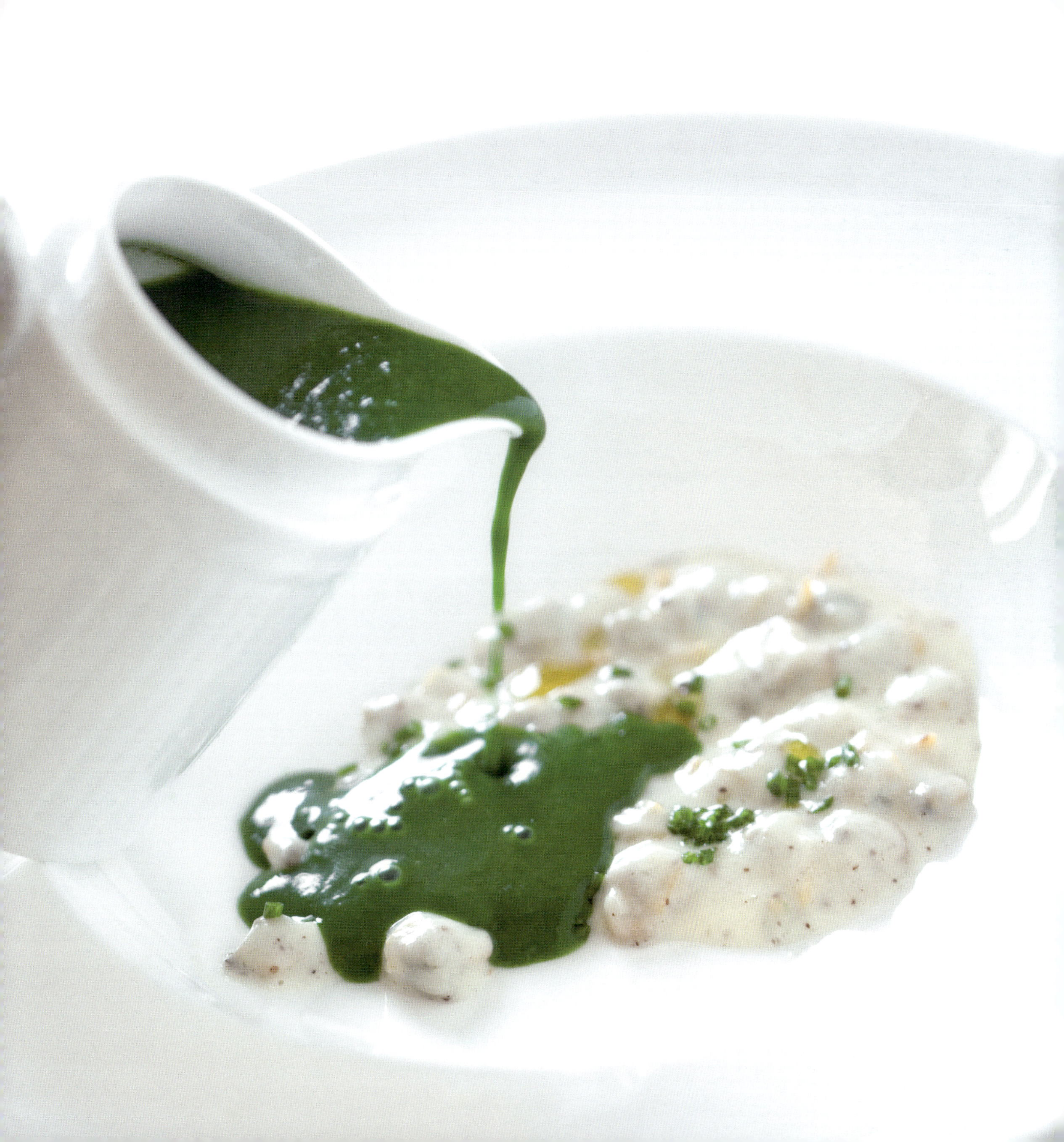

Creme de feijão preto
abacate e tomate seco
(10 PORÇÕES)

INGREDIENTES

Feijão preto cozido	1 kg
Cebola picada	250 g
Alho laminado	5 dentes
Azeite virgem extra	0,5 dl
Tomate fresco pelado em cubos	300 g
Caldo de galinha	1 l
Bacon cortado em cubos	50 g
Louro	1 folha
Sal marinho tradicional	q.b.

Guarnição
Tomate seco em juliana	60 g
Coentros juliana	100 g

Emulsão de abacate
Abacate	200 g
Gengibre picado	1 c. chá
Sumo de limão	0,5 dl
Azeite virgem extra	1 dl
Flor de sal	q.b.

PREPARO

Leve ao fogo uma panela com um pouco de azeite e puxe o bacon cortado em cubos. Junte a cebola e o alho, a folha de louro e o tomate em cubinhos. Deixe amaciar e adicione o feijão-preto cozido.

Adicione o caldo de galinha e deixe que cozinhe em fogo baixo. Retire a folha de louro, triture tudo e passe pelo chinois.

Leve ao fogo e corrija os temperos.

Descasque o abacate e tempere com suco de limão e flor de sal.

Triture o abacate no liquidificador com o gengibre e emulsione com azeite virgem extra.

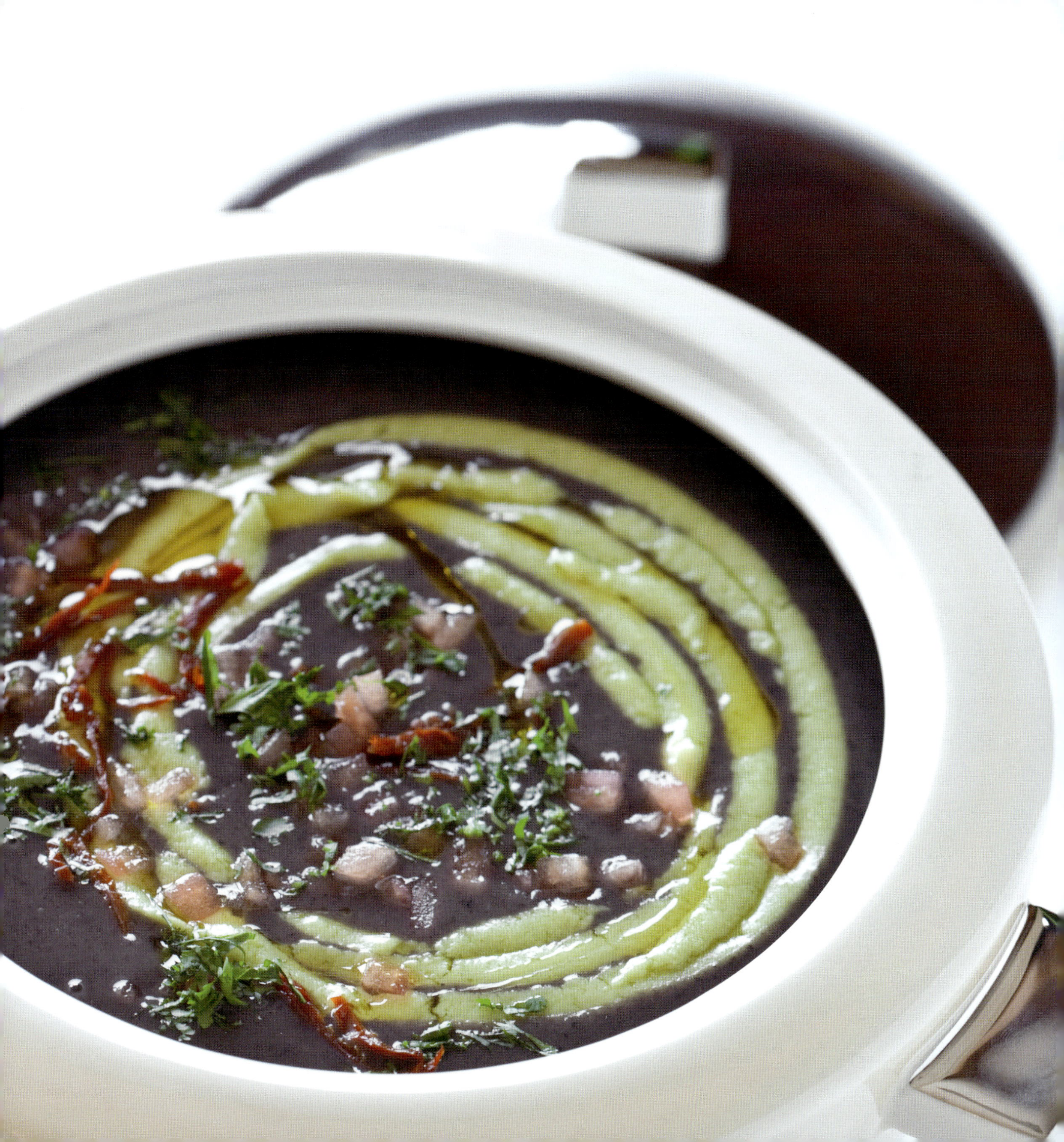

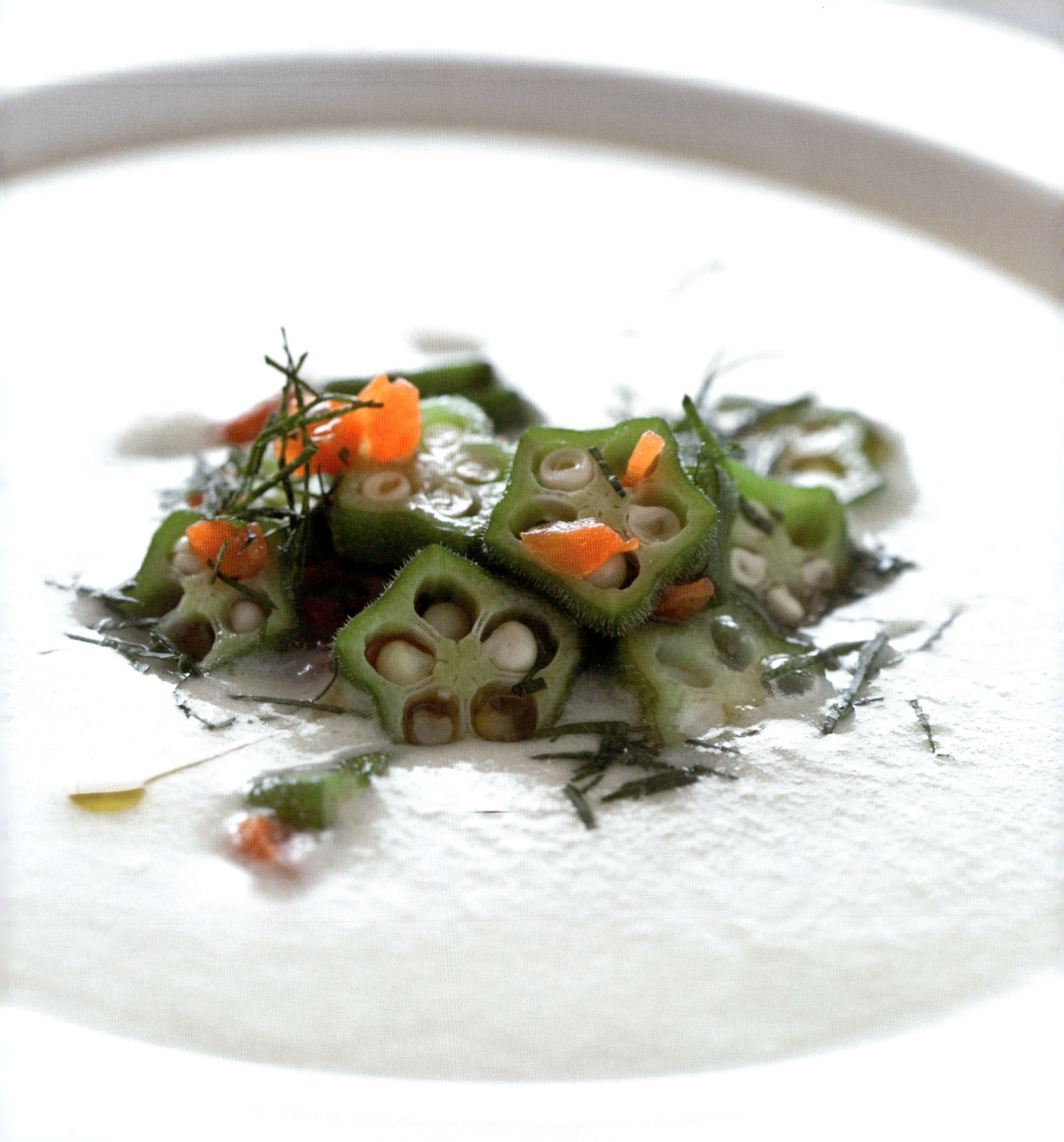

Creme de frango
coco e quiabos
(10 PORÇÕES)

INGREDIENTES

Creme

Frango (peito)	600 g
Batata	500 g
Alho-poró em cubos	100 g
Azeite virgem extra	0,5 dl
Caldo de frango	1,8 l
Leite de coco	4 dl
Pimenta-do-reino	q.b
Sal marinho tradicional	q.b

Guarnição

Quiabos escaldados	200 g
Pimentões vermelhos em cubos descascados	100 g
Azeite virgem extra	q.b.
Salsa picada	1 c. sopa
Sal marinho tradicional	q.b.

PREPARO

Faça um fundo com o azeite e o alho-poró e deixe suar um pouco.
Adicione a batata, frango e o caldo de frango.
Deixe cozinhar lentamente.
Quando cozido, triture e coe no chinois.
Leve de novo ao fogo e adicione o leite de coco.
Corrija os temperos.

Corte os quiabos em rodelas, e salteie em azeite.
Adicione os pimentões vermelhos em cubos.
Perfume com salsa e tempere com sal.

Creme de mandioca
coco e caviar
(10 PORÇÕES)

INGREDIENTES

Creme

Mandioca descascada em cubos	1 kg
Cebola em cubos	250 g
Alho	q.b.
Alho-poró em cubos	100 g
Caldo de galinha	2 l
Azeite virgem extra	0.5 dl
Leite de coco	2 dl
Sal marinho tradicional	q.b.
Pimenta-do-reino moída na hora	q.b.

Guarnição

Caviar sevruga	40 g
Limão-taiti (suco)	1 c. sopa
Gengibre picado	1 c. chá
Cebolinha picada	1 c. sopa
Azeite virgem extra	1 c. sopa

PREPARO

Prepare um fundo de azeite com alho, cebola e alho-poró.

Junte a mandioca, molhe com o caldo, tape e deixe cozinhar.

Triture o preparado no liquidificador.

Leve ao fogo até levantar fervura, junte o leite de coco e tempere com sal e pimenta-do--reino.

Tempere o caviar com o azeite, o suco de limão-taiti, o gengibre e a cebolinha.

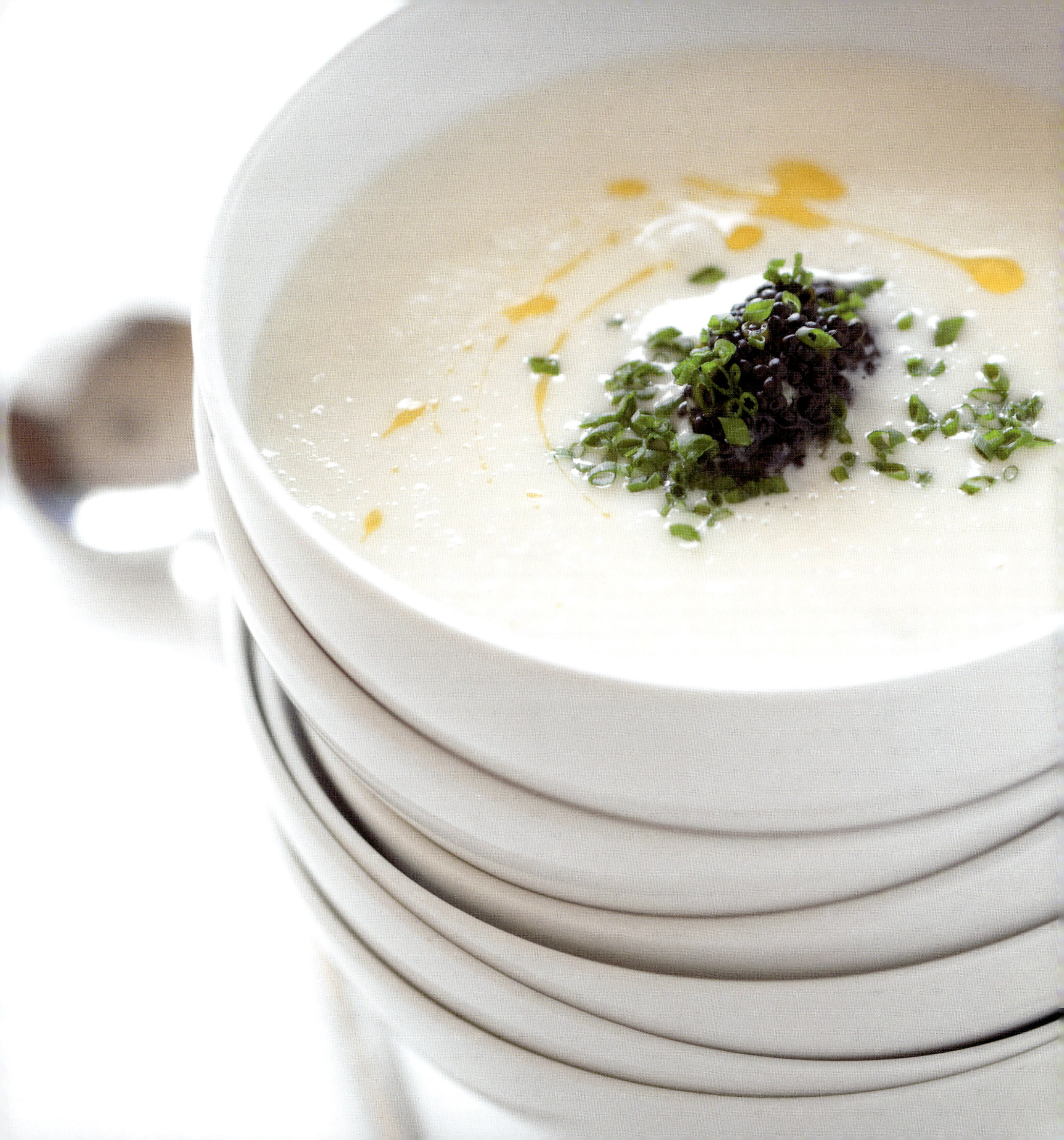

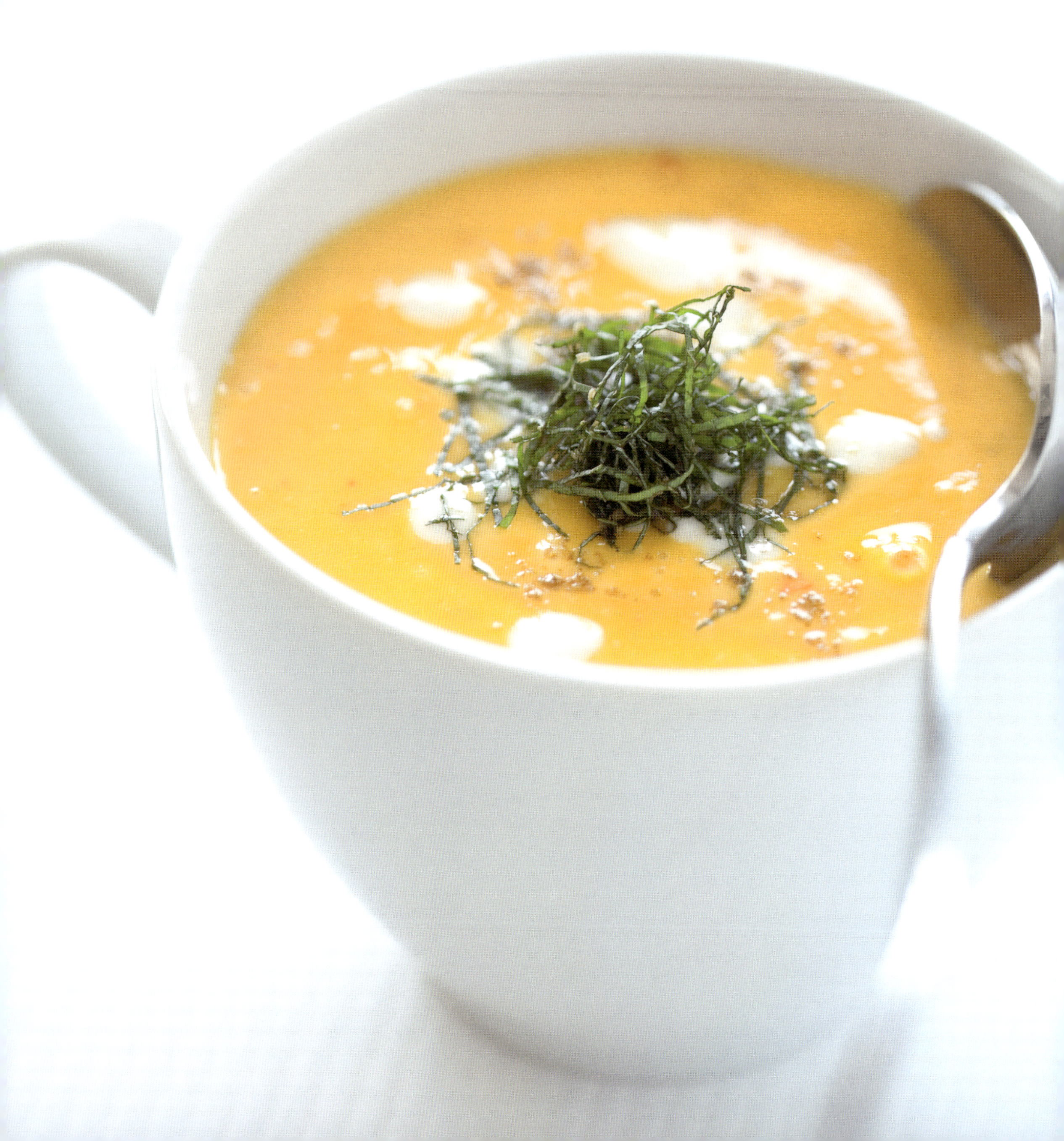

Sopa fria de manga
iogurte e hortelã-pimenta
(10 PORÇÕES)

INGREDIENTES

Mangas maduras	5 unid.
Gengibre	5 g
Iogurte natural	3 dl
Azeite virgem extra	0,5 dl
Caldo de galinha frio	1,5 l
Hortelã-pimenta	20 folhas
Pimenta-malagueta fresca	q.b.
Mostarda em grão	q.b.
Cominho em pó	q.b.
Sal marinho tradicional	q.b.

PREPARO

Descasque as mangas, corte a polpa em cubos e triture com parte do caldo num liquidificador.
Aqueça o azeite e quando este estiver quente, adicione o gengibre picado em cubos, a mostarda em grão, o cominho e a pimenta-malagueta fresca picada. Deixe alourar de 2 a 3 minutos, adicione o restante do caldo de galinha.
Quando levantar fervura, acrescente a manga batida e deixe ferver de novo.
Tempere com sal e adicione 2,5 dl de iogurte. Deixe ferver por mais 5 minutos.

Espere esfriar e sirva a sopa com o iogurte restante. Finalize salpicando a hortelã-pimenta e cominho em pó.

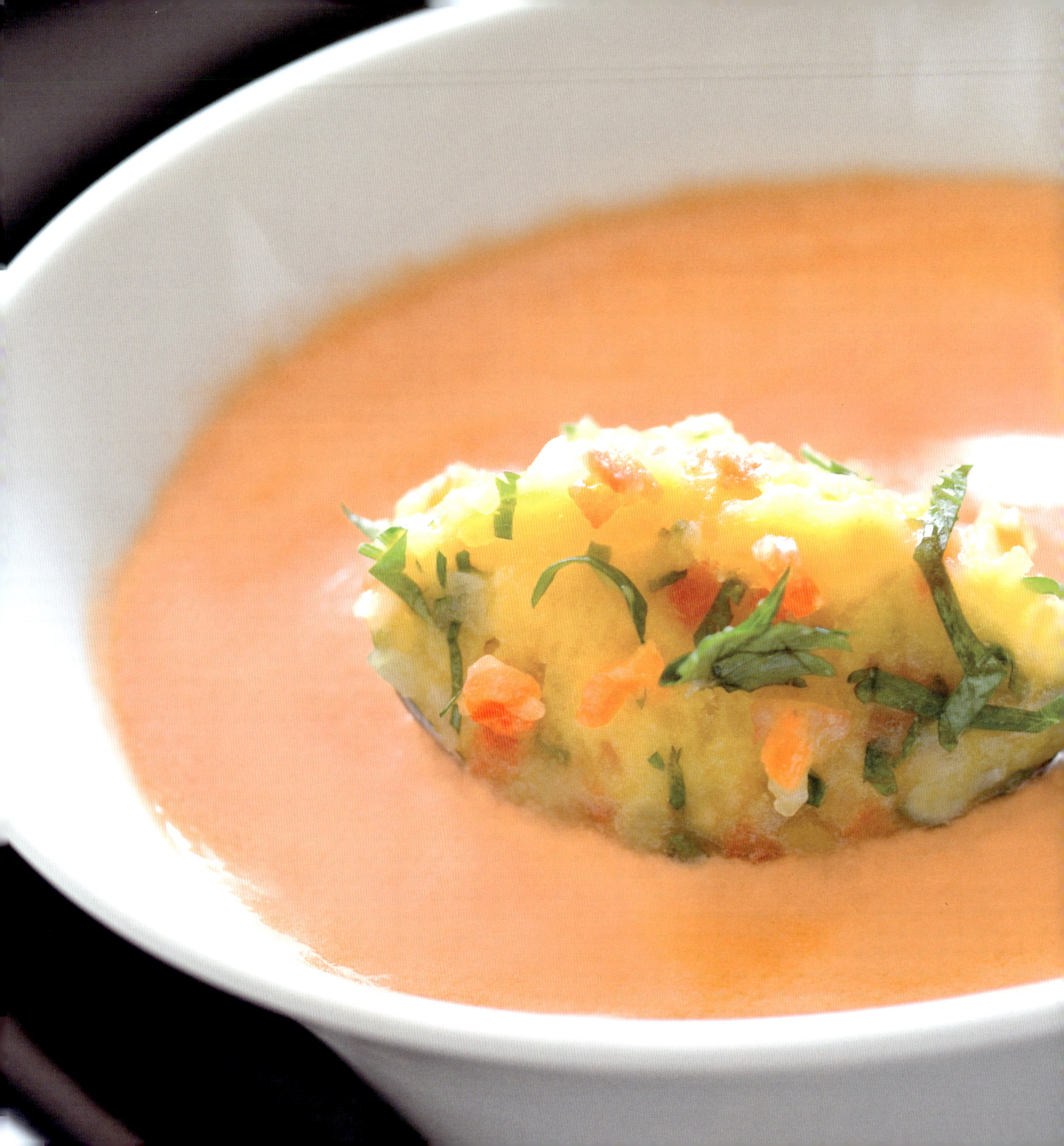

Sopa fria de tomate
mandioquinha e coentro
(10 PORÇÕES)

INGREDIENTES

Para a sopa
Tomate pelado sem sementes	2 kg
Cebola escaldada	200 g
Alho escaldado	5 dentes
Azeite virgem extra	1 dl
Vinagre de vinho branco	0,5 dl
Flor de sal	q.b.
Pimenta-preta moída na hora	q.b.

Guarnição
Mandioquinha cozida	300 g
Cebola picada (muito fina)	100 g
Tomate fresco pelado picado	150 g
Pimentão vermelho descascado em cubos	80 g
Coentros picados	2 c. sopa
Azeite virgem extra	½ dl
Vinagre	1 c. sopa
Sal marinho tradicional	q.b.
Cominho em pó	q.b.

PREPARO

Coloque todos os ingredientes no liquidificador e emulsione de forma a obter um creme homogêneo.
Tempere com flor de sal e pimenta moída na hora.

Esmague a mandioquinha com a ajuda de um garfo e misture com todos os ingredientes. Sirva com a sopa.

Alhada de camarão
(10 PORÇÕES)

INGREDIENTES

Camarão 21/30 descascados com a cauda	1,1 kg
Palmitos frescos em cubos	100 g
Alhos com casca	150 g
Louro	1 folha
Água	1 l
Sal marinho tradicional	150 g

Molho
Azeite virgem extra	2 dl
Vinagre de vinho branco	0,8 cl

Farofa
Farinha de mandioca crua	250 g
Manteiga fresca	50 g
Flor de sal	q.b.
Cebolinha picada	1 c. sopa

PREPARO

Salgue o camarão durante 1 hora e lave bem antes de escaldar.

Leve a água ao fogo, junte o palmito e o alho com casca e com as pontas cortadas, tempere com sal e deixe ferver até estarem cozidos. Retire e reserve ambos. Reserve também o caldo de cozimento.

Escalde levemente o camarão junto com o louro no caldo reservado. Retire o camarão e reserve, desprezando o louro. Reserve também o caldo.

Leve ao liquidificador o palmito e os alhos cozidos já descascados, o azeite virgem, o vinagre e o caldo reservado, e bata até obter uma mistura homogênea. Verifique o tempero e corrija, se necessário.

Coloque o camarão nesse molho e reserve.

Torre a farinha no forno a 180 °C até ficar dourada, retire, envolva com a manteiga e tempere com flor de sal. Por fim, acrescente a cebolinha.

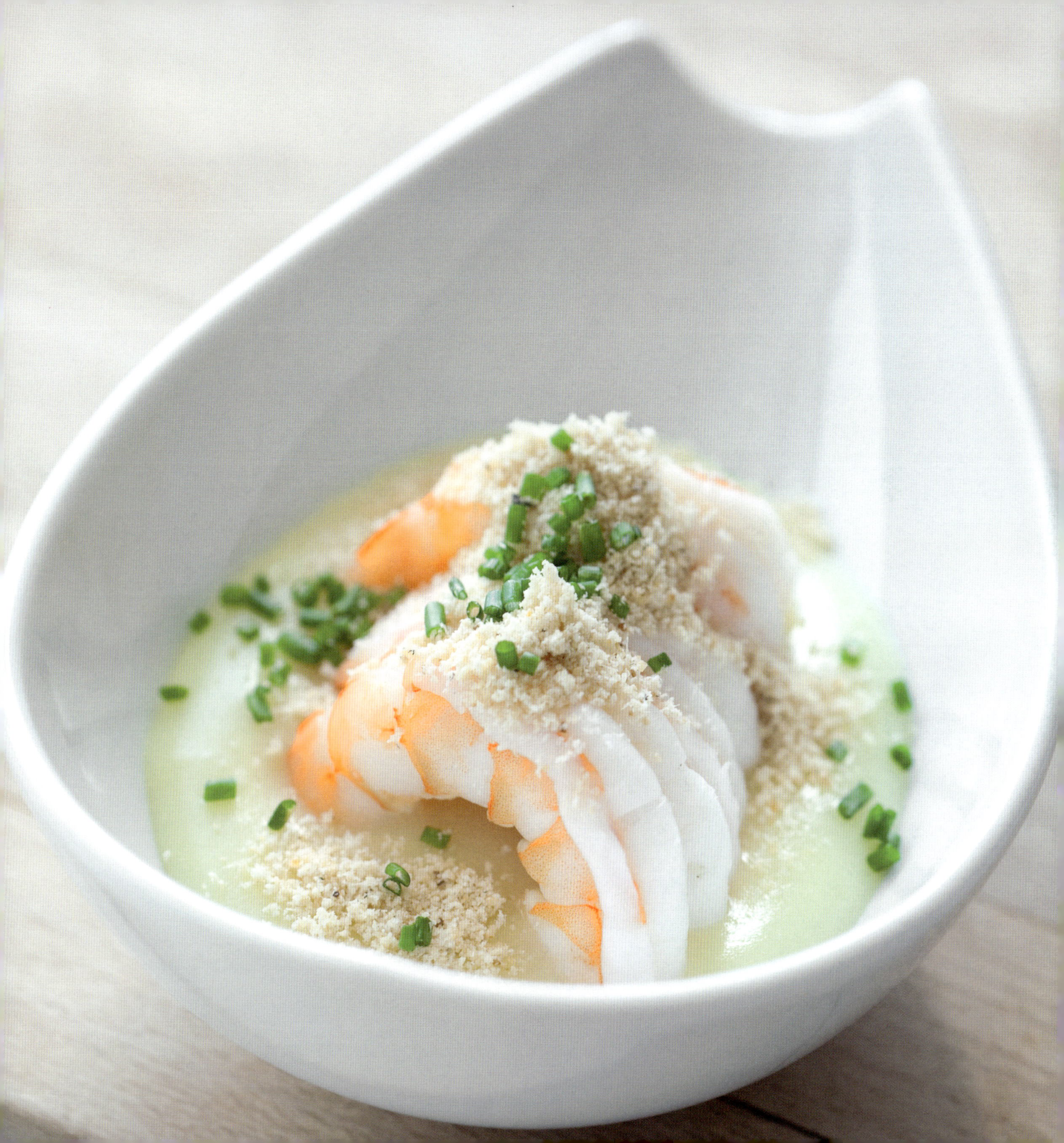

Almôndegas de novilho
molho de tomate e goiaba
(10 PORÇÕES)

INGREDIENTES

Carne de novilho picada	1 kg
Linguiça portuguesa defumada	150 g
Alho picado	30 g
Azeite virgem extra	0,5 dl
Salsa picada	1 c. sopa
Gema	2 unid.
Ovo inteiro	1 unid.
Pão amanhecido ralado	200 g
Sal marinho tradicional	q.b.

Molho de tomate

Tomate sem pele e sem sementes	800 g
Goiaba em pedaços	200 g
Bacon em cubos	50 g
Alho laminado	10 g
Cebola picada	120 g
Azeite virgem extra	0,5 dl
Vinho branco	1,5 dl
Caldo de galinha	2,5 dl
Hortelã	20 folhas
Louro (folha)	1 unid.
Pimenta-da-jamaica	3 grãos
Sal marinho tradicional	q.b.

PREPARO

Refogue a linguiça defumada e o alho em azeite
Retire do fogo e coloque numa tigela.
Acrescente as gemas de ovo, o ovo, o pão ralado, o sal, a salsa, a carne de novilho e misture bem.
Forme pequenas almôndegas e frite em óleo quente.

Prepare um fundo em azeite virgem com bacon, cebola, alho e louro, molhe com o vinho branco e junte o tomate e a goiaba, tampe e deixe estufar.
Junte o caldo de galinha deixe levantar fervura, retire a folha de louro, bata no liquidificador e coe no *chinois*.
Leve de novo ao fogo.
Tempere com sal e pimenta e deixe apurar.

Junte as almôndegas ao molho de tomate e goiaba e deixe ferver durante 5 minutos. Por fim junte as folhas de hortelã.

NOTA
Sirva com arroz de especiarias.

Arroz de lagosta e caranguejo
perfumado com aviú

(10 PORÇÕES)

INGREDIENTES

Caranguejo em miolo	500 g
Filés de lagosta	1 kg
Aviú	1 c. chá
Arroz carolino	600 g
Cebola picada	200 g
Alho picado	5 dentes
Pimentão vermelho descascado picado	½ unid.
Tomate pelado cortado em cubos	200 g
Caldo de peixe	1,8 l
Vinho branco	2 dl
Azeite virgem extra	1 dl
Leite de coco	2 dl
Alfavaca	q.b.
Salsa picada	q.b.
Chicória-do-pará	q.b.
Sal marinho tradicional	q.b.

PREPARO

Faça um fundo em azeite com a cebola, o alho e o aviú.
Adicione o pimentão, o tomate, o arroz e molhe com o vinho branco.
Junte o caldo de peixe e deixe cozinhar o arroz. Quando estiver quase cozido, junte o caranguejo e a lagosta em pedaços, temperados previamente com sal.
Por fim retifique os temperos, junte o leite de coco e deixe ferver por 3 a 4 minutos.
Perfume com as ervas aromáticas.

NOTAS
Sirva em prato fundo.
O arroz carolino pode ser substituído por arroz de sushi.

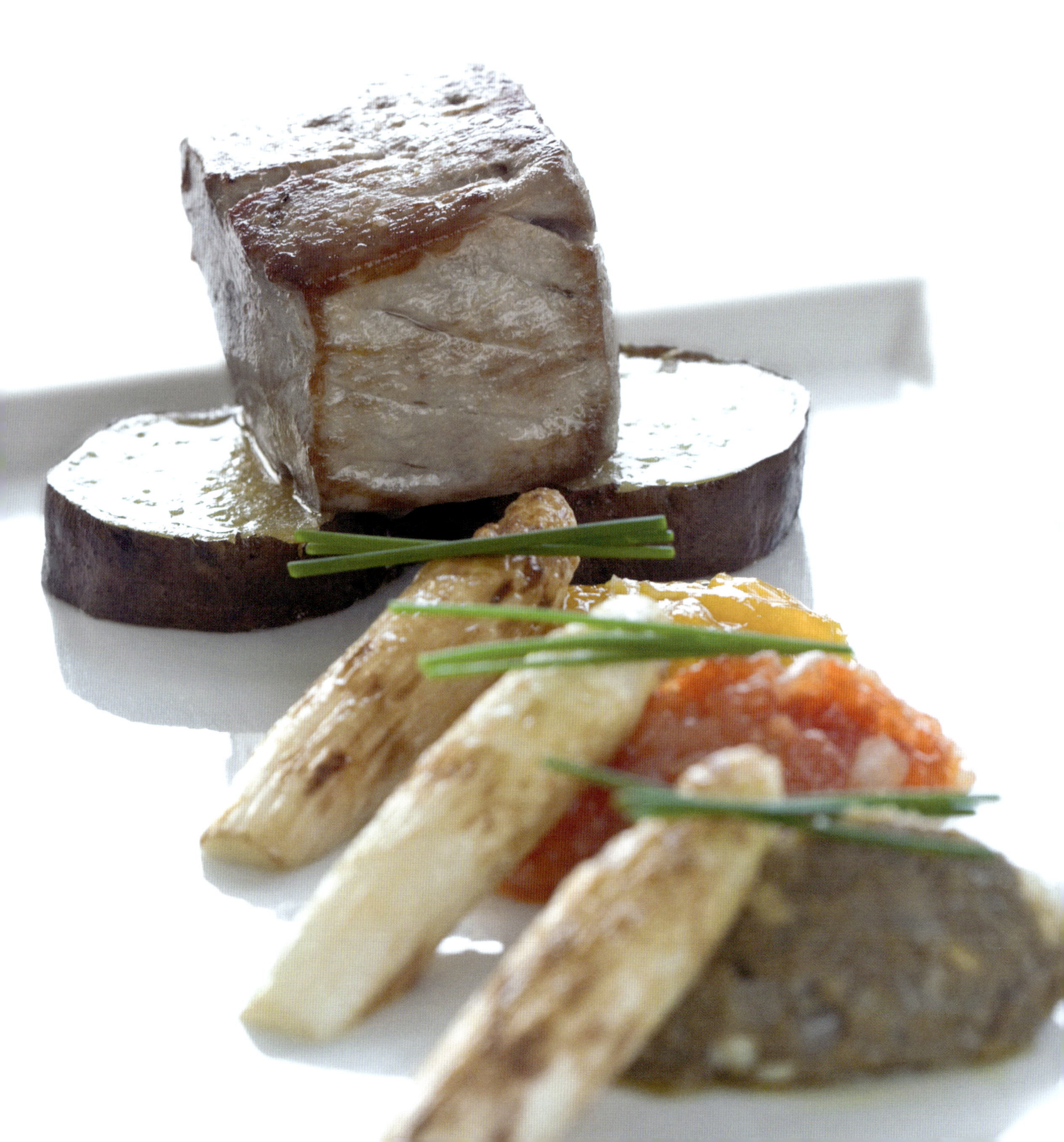

Atum corado
batata-doce de forno
(10 PORÇÕES)

INGREDIENTES

Atum (filé limpo)	1,8 kg
Azeite virgem extra	0,3 dl
Sal marinho tradicional	q.b.
Pimenta-do-reino moída na hora	q.b.

Guarnição
Batata-doce (com casca)	1 kg
Aspargos brancos	1 kg
Cebolinha em hastes (para enfeitar)	10 g
Azeite virgem extra	0,3 dl
Sal marinho tradicional	q.b.

Compota de manga
Manga cortada em cubos	250 g
Alho laminado	3 dentes
Alho-poró picado	60 g
Pimenta-malagueta fresca pequena	1 unid.
Açúcar	25 g
Azeite virgem extra	0,5 dl
Suco de limão	0,5 dl
Sal marinho tradicional	q.b.

Compota de tomate
Cebola picada	250 g
Alho laminado	5 dentes
Tomate pelado fresco	350 g
Gengibre picado	1 c. chá
Pimentão vermelho picado	180 g
Suco de tomate	6 dl
Azeite virgem extra	0,5 dl
Vinho branco	0,5 dl
Sal marinho tradicional	q.b.

Compota de azeitona
Azeitona verde descaroçada	0,5 kg
Cebola picada	80 g
Alho picado	1 c. chá
Coentro em folha	80 g
Vinho branco	0,5 dl
Azeite virgem extra	0,5 dl

PREPARO

Tempere o atum com sal e pimenta moída na hora e doure em azeite.

Tempere a batata-doce com sal, mantendo a casca, e leve a assar em forno aquecido a 180 °C durante 1 hora. Retire a casca e reserve. Descasque os aspargos, escalde em água fervente temperada com sal, escorra bem e doure em azeite.

Refogue em azeite, o alho, o alho-poró e a pimenta-malagueta.
Junte o açúcar, deixe caramelizar e acrescente a manga. Deixe cozinhar lentamente até obter uma textura de compota.
Por fim, perfume com um pouco de suco de limão e tempere com sal.

Refogue em azeite o pimentão, o alho e a cebola.
Molhe com o vinho branco e deixe ferver. Junte o tomate e deixe cozinhar por alguns minutos.
Molhe com o suco de tomate, junte o gengibre picado e deixe reduzir até obter uma textura de compota. Tempere com sal.

Refogue em azeite o alho e a cebola. Junte a azeitona, molhe com vinho branco e deixe ferver até atingir uma textura espessa. Deixe esfriar e emulsione com o coentro previamente escaldado.

Decore com a cebolinha cortada.

Atum corado
coentro e abobrinha
(10 PORÇÕES)

INGREDIENTES

Lombos de atum	1,8 kg
Vinagre de arroz	0,5 dl
Azeite virgem extra	2 dl
Pimenta de moinho	q.b.

Molho

Cebola picada	250 g
Alho picado	5 dentes
Pimentão vermelho pelado em cubos	½ unid.
Tomate pelado em cubos	250 g
Leite de coco	3 dl
Caldo de peixe	2 dl
Vinho branco	1 dl
Gengibre picado	1 c. chá
Castanha-do-pará picada	100 g
Camarão seco	1 c. sob.
Azeite de dendê	1 c. sopa
Pimenta de moinho	q.b.
Coentro fresco picado	2 c. sopa
Azeite virgem extra	2 dl
Sal marinho tradicional	q.b.

Guarnição

Rodelas de abobrinha	20 unid.
Raspa de limão	q.b.
Azeite virgem extra	0,3 dl
Sal marinho tradicional	q.b.
Pimenta-do-reino moída na hora	q.b.

PREPARO

Corte o atum em pedaços uniformes. Tempere com sal, pimenta e vinagre de arroz e deixe repousar por 10 minutos. Doure em azeite.

Refogue em azeite de oliva e azeite de dendê a cebola, o gengibre, o alho e a castanha-do--pará. Refresque com o vinho branco. Adicione o caldo e o camarão seco e deixe ferver por 7 a 8 minutos. Junte o leite de coco e deixe cozinhar até que o molho fique com uma textura espessa. Bata tudo no liquidificador. Leve de novo ao fogo e adicione o pimentão e o tomate. Verifique o tempero e corrija, se necessário, e perfume com o coentro picado.

Tempere a abobrinha com sal e pimenta. Doure em azeite e quando estiver cozida perfume com as raspas de limão.

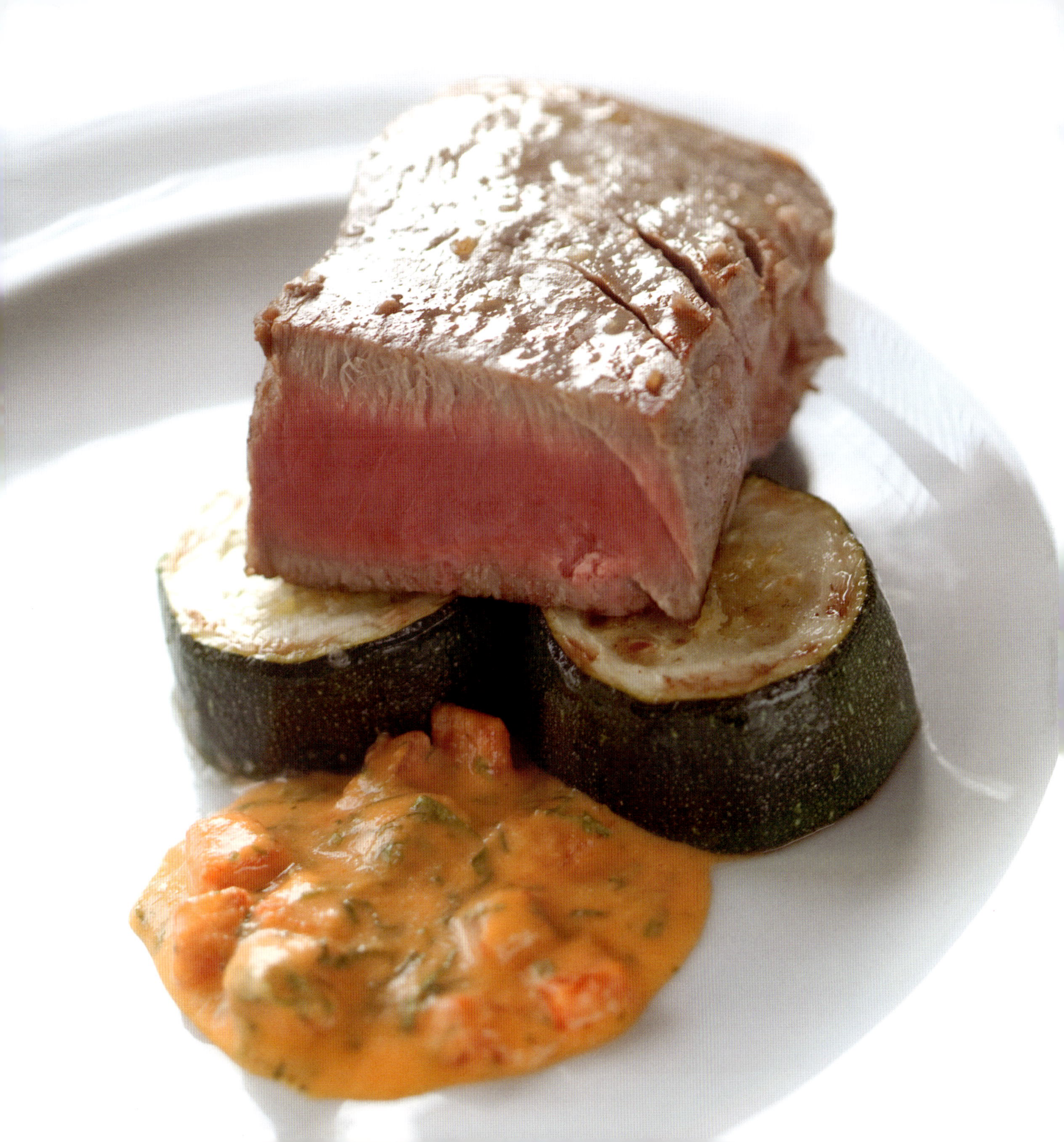

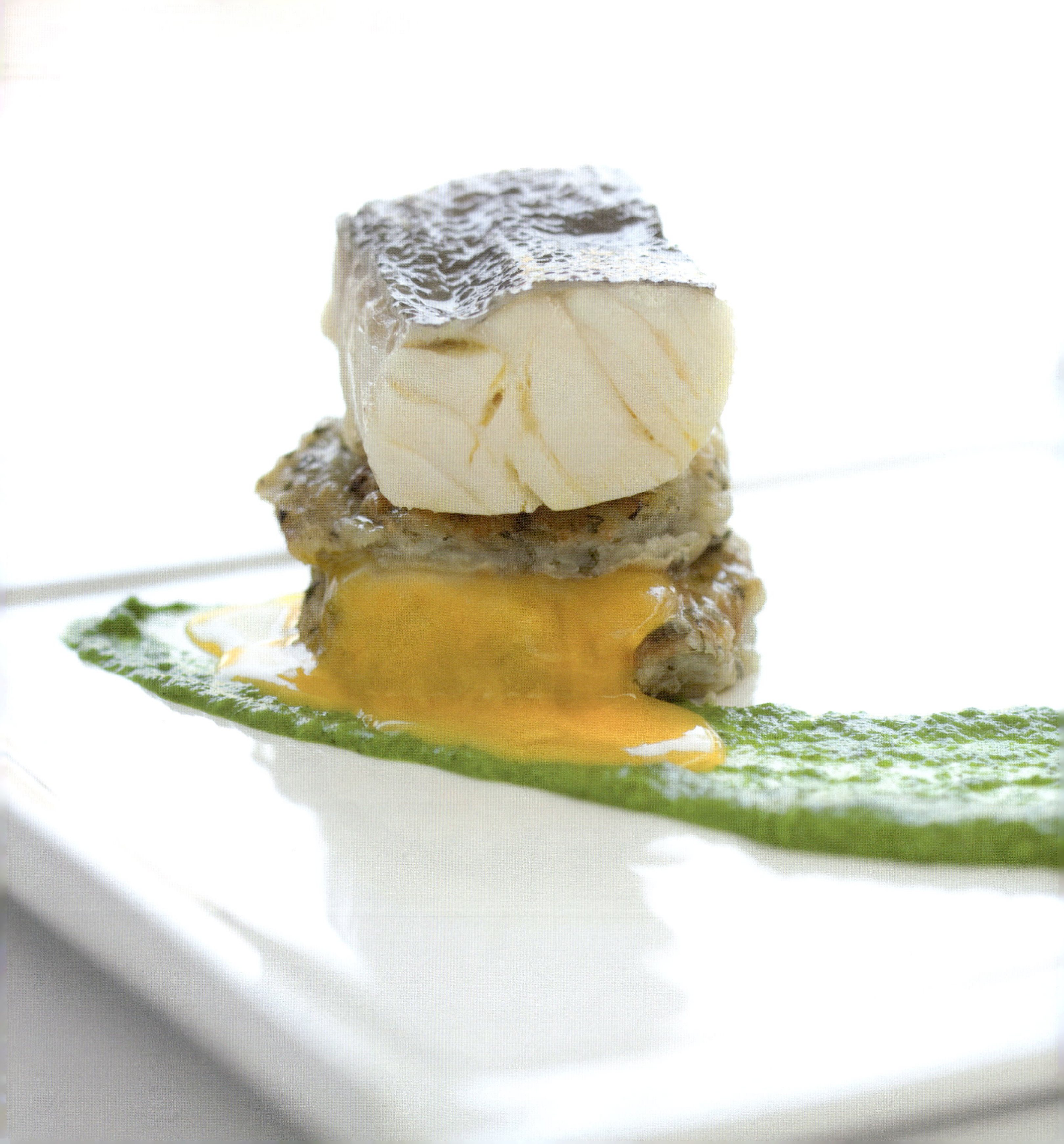

Bacalhau com gema de ovo
creme de cebola

(10 PORÇÕES)

INGREDIENTES

Bacalhau

Bacalhau demolhado em posta	10 unid.
Azeite virgem extra	3 dl
Louro	1 folha

Gemas

Gemas	10 unid.
Vinagre de vinho branco	5 dl
Água	5 dl
Sal marinho tradicional	100 g

Rosti de batata

Batata ralada para fritar	1,2 kg
Sal marinho tradicional	q.b.
Fécula de batata	q.b.
Claras em neve	3 unid.
Coentro picado	30 g

Creme de cebola

Cebola cortada em quatro	300 g
Alho laminado	2 dentes
Azeite virgem extra	1 dl
Vinho branco	0,5 dl
Salsa escaldada	100 g
Flor de sal	q.b.

PREPARO

Coloque o bacalhau para confitar no azeite e no louro numa assadeira coberta com papel--alumínio, em forno preaquecido a 150 °C, durante 20 a 25 minutos aproximadamente.

Coloque as gemas numa solução de água, vinagre e sal durante 2 horas.

Misture a batata com as claras, a fécula e o coentro. Tempere com sal.
Numa frigideira leve a aquecer azeite e quando este estiver quente adicione o preparado anterior, deixe criar crosta, vire com auxílio de um prato, deixe dourar do outro lado. Leve ao forno preaquecido a 150 °C durante 15 minutos.
No momento de servir abra o *rösti* e coloque a gema.

Refogue a cebola em metade do azeite, junte o alho e refresque com vinho branco. Deixe cozinhar. Triture a cebolada com o azeite restante e a salsa.
Tempere com a flor de sal.

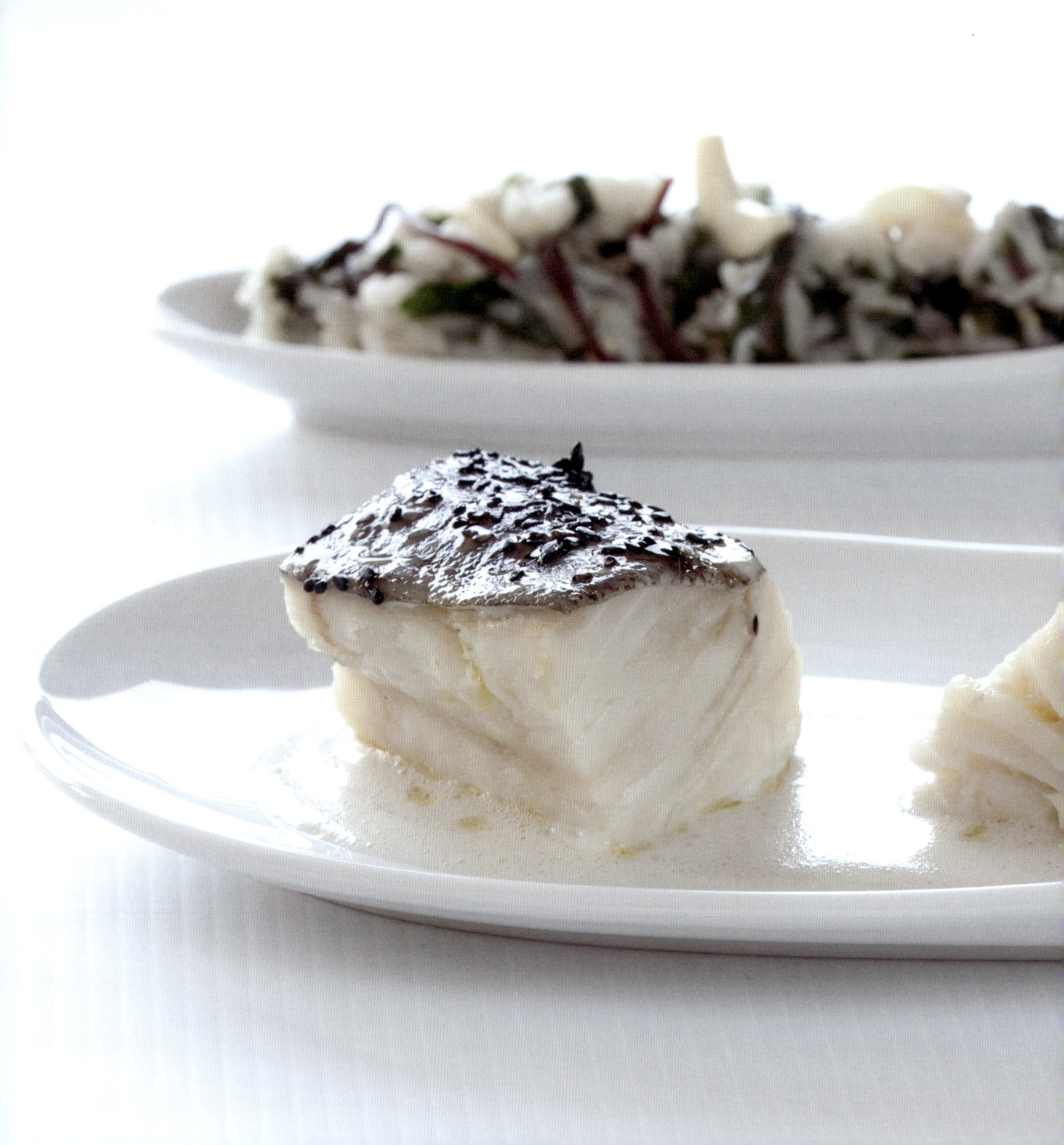

Bacalhau de forno
arroz de espinafres e palmito
(10 PORÇÕES)

INGREDIENTES

Bacalhau demolhado em postas altas	10 unid.
Leite de coco	2 dl
Limão (suco)	1 unid.
Gergelim preto	125 g
Azeite virgem extra	1 dl
Pimenta-do-reino moída na hora	q.b.

Arroz

Arroz carolino	600 g
Espinafres vermelhos	600 g
Palmito fresco laminado	300 g
Cebola picada	200 g
Alho laminado	3 dentes
Salsa picada	2 c. sopa
Caldo de bacalhau	1,8 l
Azeite virgem extra	0,5 dl
Sal marinho tradicional	q.b.
Pimenta-do-reino moída na hora	q.b.

PREPARO

Separe as postas de bacalhau junto à espinha. Coloque numa assadeira juntamente com o leite de coco, o suco de limão, azeite e o gergelim. Tempere com a pimenta-do-reino, cubra com papel-alumínio e leve ao forno aquecido a 150 °C durante 20 a 25 minutos. Retire do forno, separe as postas de bacalhau e reserve.
Leve ao fogo o molho que restou na assadeira e com a ajuda de um *fouet* emulsione-o.

Doure em azeite a cebola e o alho. Adicione o arroz e o caldo.
Quando o arroz estiver meio cozido, tempere com sal e pimenta-do-reino moída na hora e junte o palmito. No final do cozimento, junte a salsa e misture o espinafre.

NOTAS

Para obter o caldo, ferva as espinhas do bacalhau em água com 1 cebola, 1 folha de louro e 1 dente de alho. O arroz carolino pode ser substituído por arroz de sushi, e os espinafres vermelhos por espinafres verdes.

Bacalhau lascado
molho de moqueca
(10 PORÇÕES)

INGREDIENTES

Bacalhau lascado	1,5 kg

Creme

Miolo de abobrinha em cubos	150 g
Palmito fresco em rodelas	150 g
Alho laminado	3 dentes
Vinho branco seco	1 dl
Azeite virgem extra	0,5 dl
Noz-moscada	q.b.
Sal marinho tradicional	q.b.

Molho

Cebola laminada	180 g
Alho laminado	5 dentes
Pimentão vermelho descascado cortado em cubos	1 unid.
Tomate sem pele e sem semente cortado em cubos	250 g
Creme de abobrinha e palmito	2 dl
Caldo de peixe	q.b.
Leite de coco	2 dl
Azeite virgem extra	1 dl
Azeite de dendê	0,5 dl
Pimenta-malagueta	q.b.
Cebolinha picada	q.b.
Sal marinho tradicional	q.b.

Farofa

Farinha de mandioca torrada	400 g
Azeite de dendê	1½ c. sopa

PREPARO

Coloque 2,2 kg de bacalhau em forno preaquecido a 150 °C durante 20-25 minutos, tampado com folha de alumínio. No final, lasque o bacalhau e reserve.

Doure em azeite o alho, o palmito e a abobrinha. Molhe com o vinho e tempere com a noz-moscada e o sal. Tampe e deixe cozinhar lentamente.
Bata o creme no liquidificador até obter uma mistura homogênea e retifique temperos.

Aqueça o azeite de oliva e o azeite de dendê. Acrescente a cebola, o alho e o pimentão e refogue.
Adicione o leite de coco, com o creme de palmito e abobrinha e o caldo de peixe. Misture bem para que fique homogêneo. Adicione o tomate, a pimenta-malagueta e deixe ferver. Verifique o sal e retifique, se necessário. Por fim, perfume com a cebolinha.

Aqueça o dendê. Adicione a farinha até que ela fique solta. Sirva a farofa com as lascas de bacalhau e o molho.

NOTA
Os 2,2 kg de bacalhau em posta deverão dar, aproximadamente, 1,5 kg de bacalhau lascado (depois de retirar espinhas e pele)

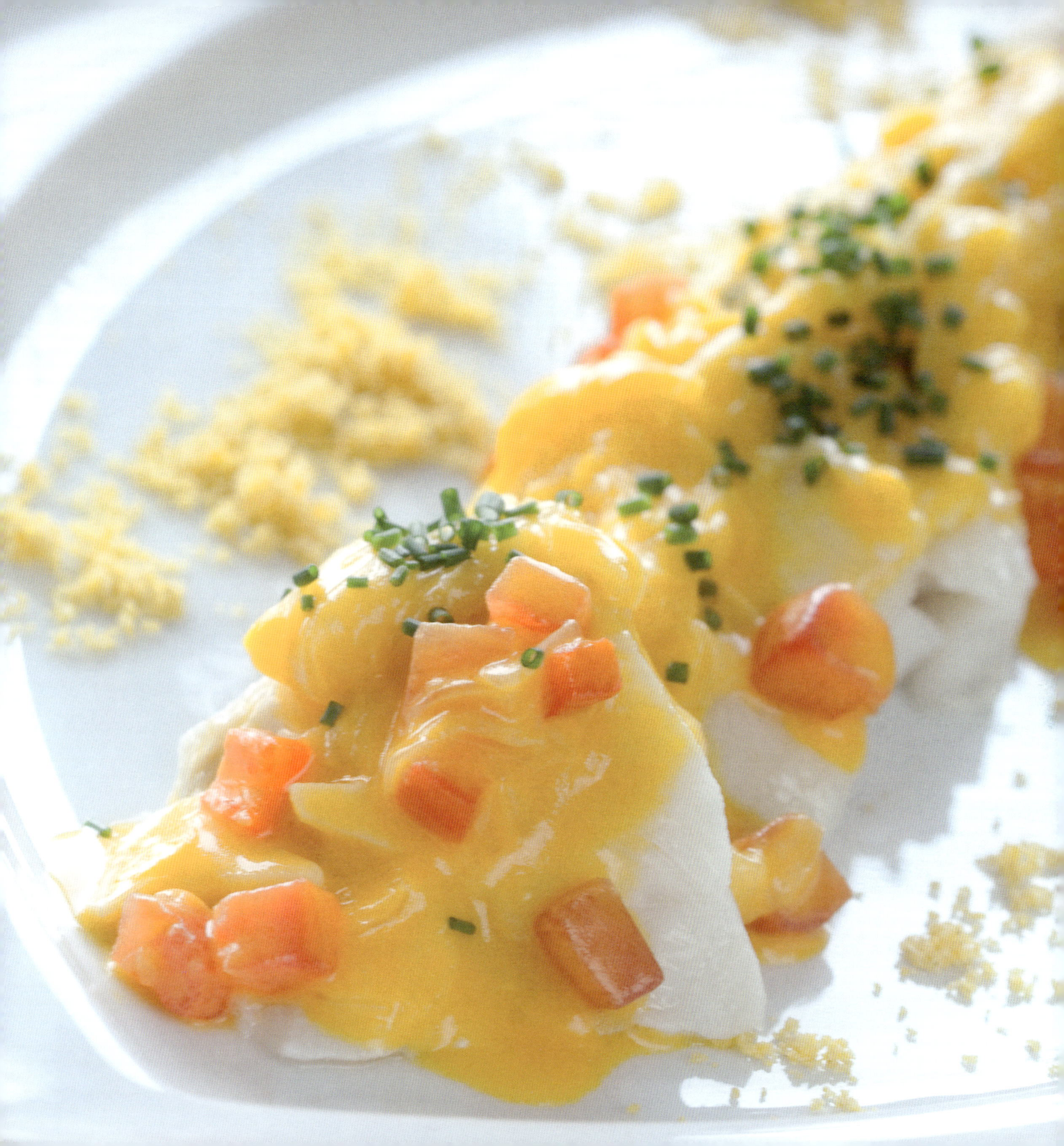

Bife do lombo
farofa de manga
(10 PORÇÕES)

INGREDIENTES

Lombo de novilho	2 kg
Azeite virgem extra	1 dl
Sal marinho tradicional	q.b.
Pimenta-preta moída na hora	q.b.

Farofa de manga

Farinha de mandioca torrada	500 g
Manga em cubos	600 g
Alho laminado	6 dentes
Tomate sem pele e sem sementes em cubos	200 g
Azeite virgem extra	0,5 dl
Pimenta-malagueta	q.b.
Alecrim	q.b.
Sal marinho tradicional	q.b.

Redução de laranja

Laranja (suco)	1 l
Pimenta-da-jamaica picada	q.b.

PREPARO

Corte a carne em bifes de aproximadamente 200 g cada. Tempere com sal e pimenta moída na hora e doure em azeite.

Doure em azeite o alho, a manga e o tomate. Junte a malagueta, o alecrim e a farinha de mandioca.
Misture bem, tempere com sal e retire do fogo quando a farofa estiver solta.

Coloque o suco e a pimenta numa caçarola, leve ao fogo e deixe reduzir até obter uma textura de xarope.

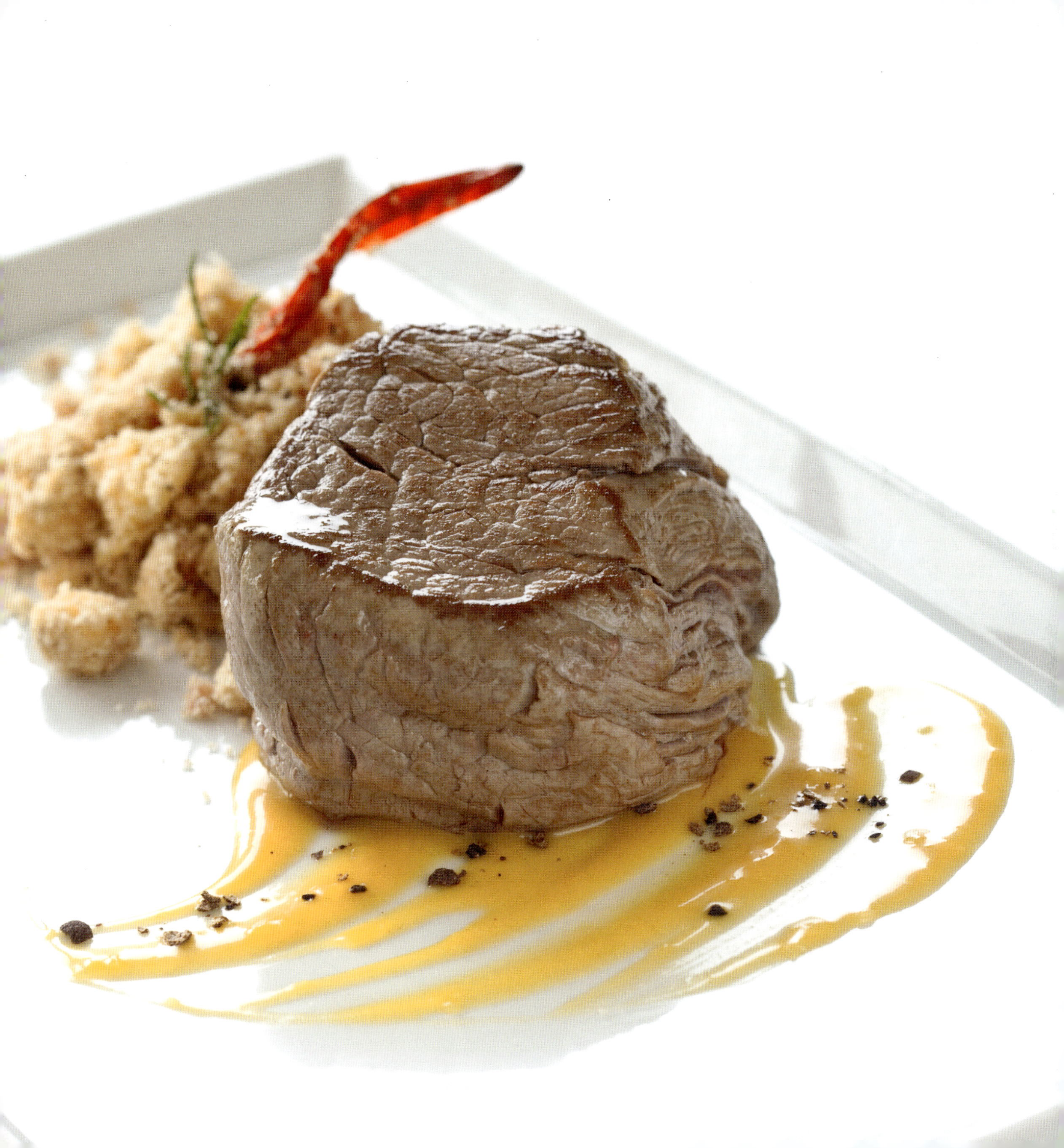

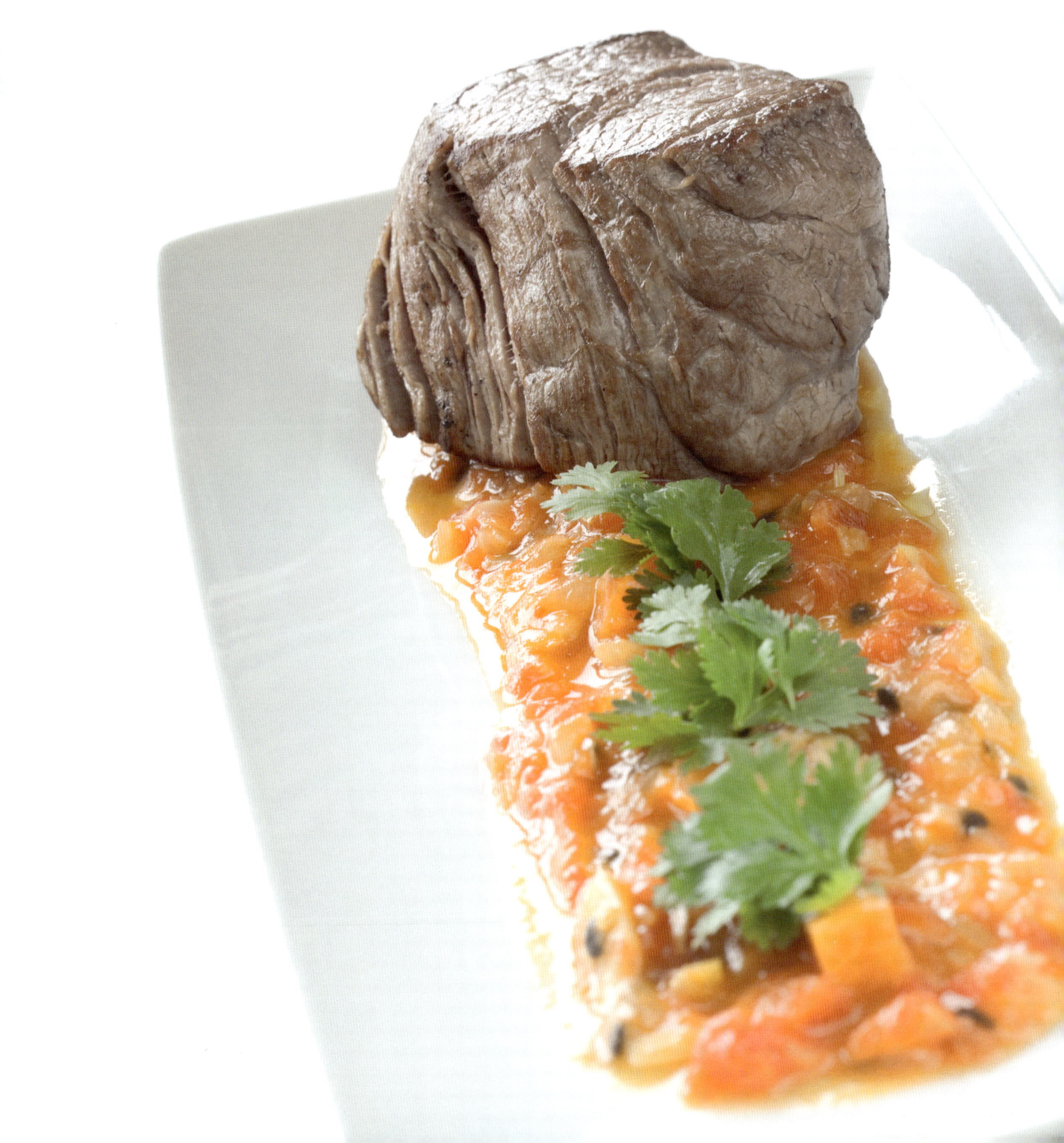

Bife do lombo
molho de tomate e maracujá
(10 PORÇÕES)

INGREDIENTES

Carne
Bife de lombo de vaca	2 kg
Azeite virgem extra	0,5 dl
Sal marinho tradicional	q.b.
Pimenta-do-reino moída na hora	q.b.

Molho
Alho laminado	20 g
Alho-poró em cubos	150 g
Cebola picada	100 g
Tomate sem pele e sem sementes	400 g
Polpa de maracujá	2 dl
Abóbora em cubos	250 g
Azeite virgem extra	1 dl
Sal marinho tradicional	q.b.
Pimenta-do-reino moída na hora	q.b.
Coentro em folha	2 c. sopa

PREPARO

Corte a carne em bifes de 200 g cada. Tempere com sal marinho e pimenta moída na hora e doure em azeite.

Prepare um fundo com 0,5 dl de azeite e doure o alho, a cebola e o alho-poró. Junte o tomate e deixe estufar. Acrescente a polpa de maracujá e deixe levantar fervura. Tempere com sal marinho e pimenta moída na hora, guarneça com os cubos de abóbora e deixe ferver por 2 a 3 minutos.
No momento de servir acrescente o azeite restante e retifique temperos.
Aromatize com as folhas de coentro.

Bóbó de camarão
O meu bobó
(10 PORÇÕES)

INGREDIENTES

Camarão tamanho 21/30	30 unid.
Mandioca descascada e cortada em cubos	1 kg
Tomate sem pele e sem sementes cortado em cubos	300 g
Cebola picada	200 g
Alho picado	5 dentes
Alho-poró picado	100 g
Gengibre picado	15 g
Azeite de dendê	0,5 dl
Azeite virgem extra	0,5 dl
Caldo de camarão	q.b.
Leite de coco	3 dl
Sal marinho tradicional	q.b.

Guarnição (opcional)

Alho laminado	3 dentes
Cebola picada	100 gr
Tomate picado	150 gr
Pimenta-malagueta fresca	q.b.
Suco de limão	1 dl
Azeite virgem extra	0,5 dl

Farofa de coentro

Farinha de mandioca torrada	300 gr
Coentro escaldado	40 gr
Azeite virgem extra	0,5 dl
Sal marinho tradicional	q.b.

CONFECÇÃO

Cozinhe a mandioca em água, escorra-a e reserve-a.
Salgue os camarões durante 25 minutos.
Puxe a cebola, o alho-poró, o gengibre e o alho na mistura dos azeites.
Adicione o tomate e molhe com um pouco de caldo de camarão. Junte a mandioca cozida. Deixe ferver em fogo baixo até a mandioca se desfazer parcialmente. Se necessário, molhe aos poucos com o caldo de camarão.
Por fim, adicione o leite de coco e triture no liquidificador.

Leve novamente ao fogo, retifique temperos e deixe ferver de 3 a 4 minutos. Guarneça com alho, cebola, tomate e pimenta-malagueta (opcional).
Doure os camarões em 0,5 dl de azeite e refresque com o suco de limão.

Triture tudo no processador de alimentos.

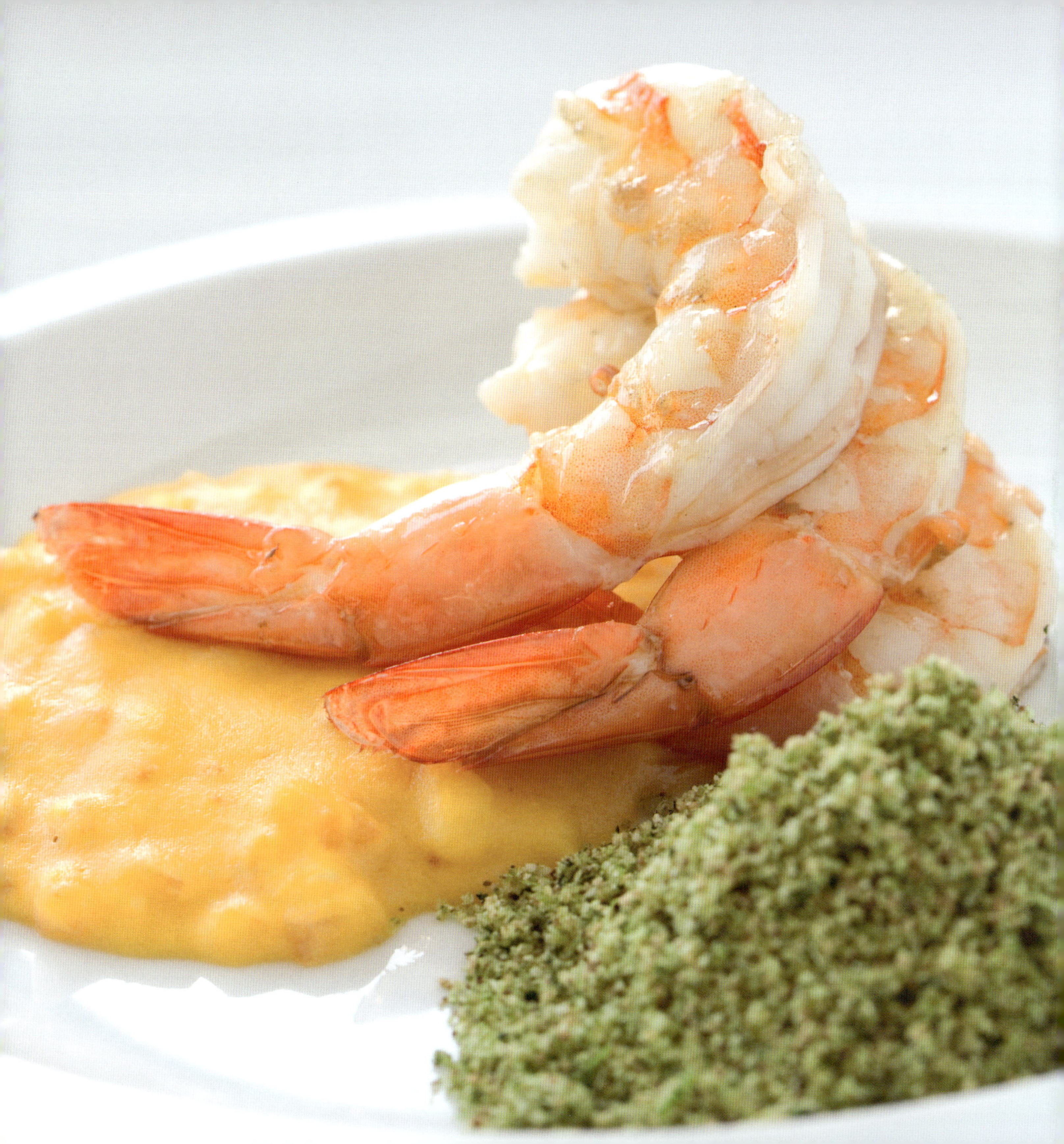

Bochecha de porco preto
farofa de espinafres

(10 PORÇÕES)

INGREDIENTES

Bochechas
Bochechas de porco preto	1,3 kg
Massa de pimentão	20 g
Alho picado	4 dentes
Vinho branco	1 dl
Banha de porco	q.b.
Louro	1 folha
Sal marinho tradicional	q.b.
Pimenta-do-reino moída na hora	q.b.

Purê
Cogumelos picados Paris	1 kg
Berinjelas	300 g
Alho picado	3 dentes
Cebola picada	150 g
Azeite virgem extra	0.5 dl
Vinho branco	1 dl
Azeite virgem extra	0.5 dl
Folhas de tomilho seco	q.b.
Sal marinho tradicional	q.b.
Pimenta-do-reino moída na hora	q.b.

Farofa de salsa
Alho laminado	2 dentes
Pão de trigo rústico	200 g
Azeite virgem extra	q.b.
Salsa bringida	30 g

Vinagrete
Cebola roxa picada	200 g
Tomate confitado picado ou tomate seco	30 g
Cebolinha picada	5 g
Salsa picada	5 g
Folhas de coentro	q.b.
Azeite virgem extra	1,5 dl
Vinagre de vinho tinto	0,5 dl
Flor de sal	q.b.

PREPARO

Confit
Coloque as bochechas de porco numa marinada com a massa do pimentão, o alho, o vinho branco, o louro, o sal e a pimenta moída na hora, durante pelo menos 24 h.
Retire as bochechas da marinada, escorrendo-as bem. Disponha-as numa assadeira, cubra-as com a banha e leve-as ao forno aquecido a 120 °C, deixando que asse durante 3 horas aproximadamente.

Asse as berinjelas com um fio de azeite e sal até que o interior se liberte. Retire o interior e reserve.
Salteie os cogumelos num fio de azeite virgem, junte o alho, a cebola e o tomilho, molhe com vinho branco e deixe-os reduzir. Coloque o preparado no liquidificador com um fio de azeite, junte o miolo das berinjelas reservado e triture de forma a obter uma pasta homogênea. Retifique temperos.

Para fazer a salsa bringida, escalda-se a salsa por 30 segundos em água fervente e arrefece-se, em seguida, com água e gelo. Aqueça o alho em azeite. Triture o pão no liquidificador, junte o azeite e a salsa.

Coloque a cebola e as ervas para marinar numa mistura de azeite com vinagre. No momento de servir, guarneça com o tomate. Envolva a cebola roxa com o vinagre e o azeite e deixe repousar durante 20 minutos. Envolva o restante dos ingredientes e tempere com flor de sal.
Acompanhe a bochecha com o purê e a farofa e sirva com vinagrete.

NOTA
Pode-se substituir as bochechas de porco por lombinho de porco. Neste caso, o tempo de cozimento passa para 1h30. A massa de pimentão pode ser substituída por pimentão em pó.

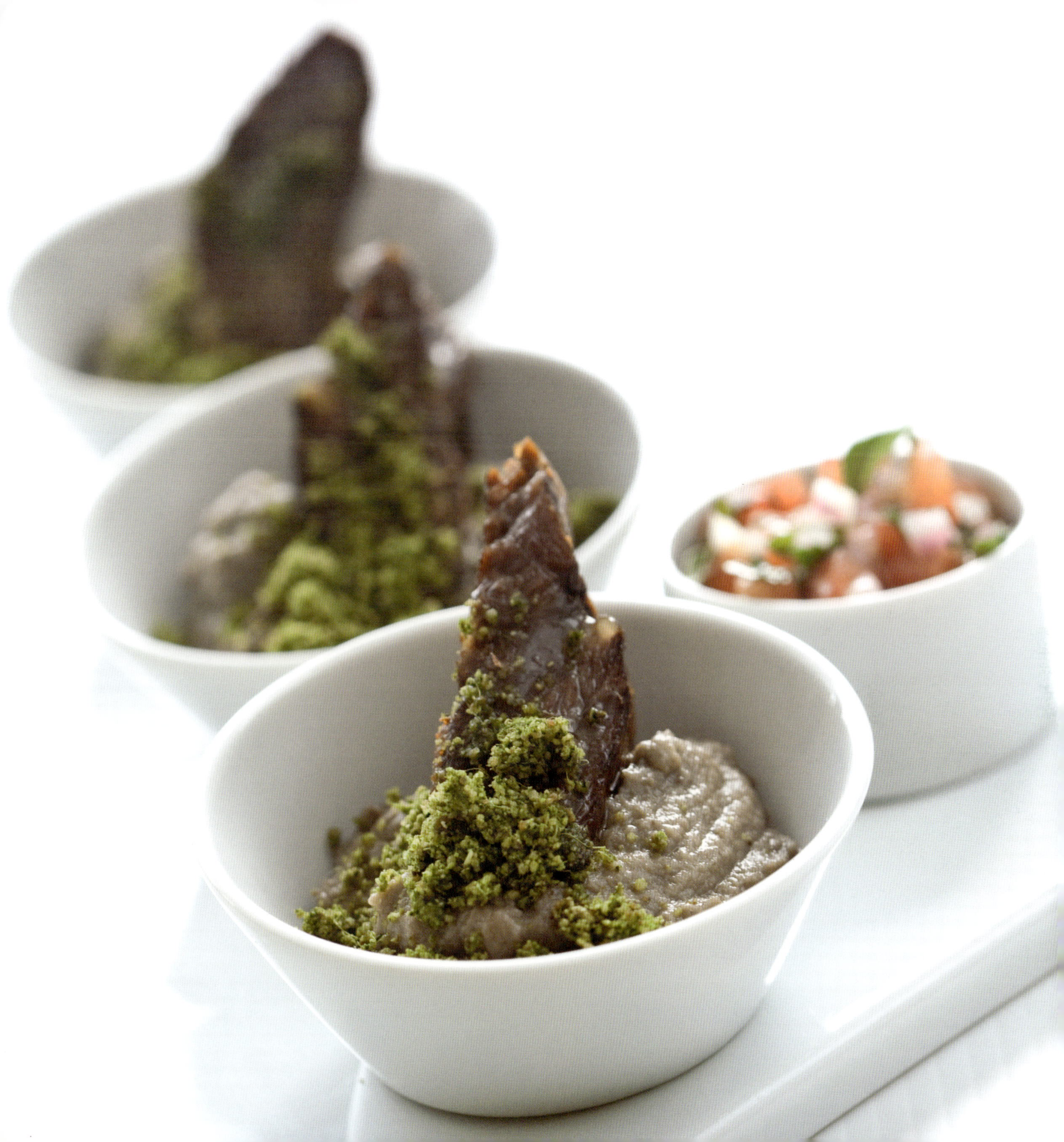

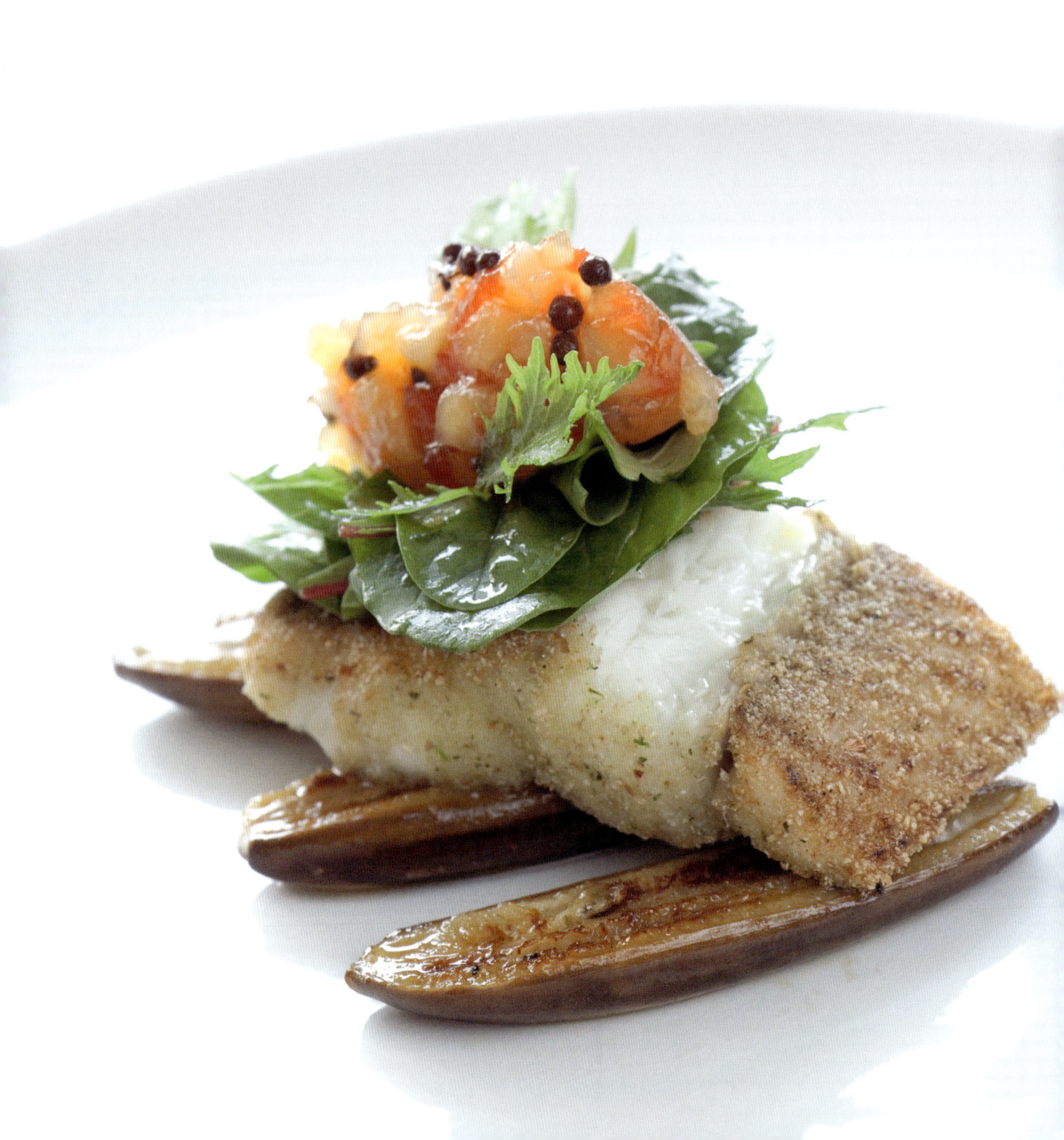

Cação empanado com mandioca
compota de maçã e tomate
(10 PORÇÕES)

INGREDIENTES		PREPARO
Cação fresco (postas)	2 kg	Triture todos os ingredientes com que vai empanar o peixe – a farinha, os grãos de coentro, o coentro fresco, a pimenta-malagueta e o alho – num processador de alimentos, até obter uma pasta homogênea, que servirá de crosta. Tempere as postas de cação com sal e pimenta, e barre-as com essa pasta. Doure as postas em azeite quente.
Farinha de mandioca grossa	100 g	
Coentro em grão	10 g	
Pimenta-malagueta	3 unid.	
Coentro fresco	10 g	
Alho picado	10 g	
Azeite virgem extra	q.b.	
Sal marinho tradicional	q.b.	
Pimenta-do-reino moída na hora	q.b.	
Compota		
Maçã verde	500 g	Refogue o alho em azeite, adicione o açúcar e deixe que derreta. Junte a maçã e o tomate, deixe ferver lentamente e vá refrescando com o vinho branco. Tempere com sal, pimenta-do-reino e pimenta de Sichuan.
Tomate pelado	200 g	
Alho picado	15 g	
Açúcar	50 g	
Vinho branco	0,5 dl	
Azeite virgem extra	0,5 dl	
Sal marinho tradicional	q.b.	
Pimenta de moinho	q.b.	
Pimenta de Sichuan em grão	6 unid.	
Salada		
Espinafre	200 g	Tempere o espinafre e a rúcula com flor de sal e azeite e misture bem.
Rúcula	100 g	
Azeite virgem extra	0,3 dl	
Flor de sal	q.b.	
Guarnição		
Banana-prata	15 unid.	Corte as bananas ao meio (no sentido do comprimento), tempere com sal e azeite e leve ao forno preaquecido a 150 °C durante 25 minutos.
Azeite virgem extra	0,3 dl	
Sal marinho tradicional	q.b.	

Caldeirada de cordeiro
maçã e quiabos
(10 PORÇÕES)

INGREDIENTES

Marinada

Alcatra de cordeiro	2 kg
Massa de pimentão	1 c. chá
Vinho tinto	1 dl
Tomilho	q.b.
Alecrim	q.b.
Sal marinho tradicional	q.b.
Pimenta-do-reino moída na hora	q.b.

Caldeirada

Tomate	700 g
Pimentões verdes em cubos	250 g
Pimentões vermelhos em cubos	250 g
Alho laminado	40 g
Cebola picada	500 g
Caldo de carne	4 dl
Azeite extra virgem	0,5 dl
Louro	1 folha
Vinho branco	q.b.

Guarnição

Maçã em cubos	3 unid.
Quiabos em metades	800 g
Pimentões verdes em cubos	1 unid.
Ervilha-torta escaldada	200 g

PREPARO

Coloque o cordeiro a marinar durante 3 horas em massa de pimentão, vinho tinto, tomilho, alecrim, sal e pimenta moída na hora.

Retire a carne da marinada, escorrendo-a bem. Doure-a num fio de azeite e reserve. À parte, faça um puxado em azeite com alho, cebola, pimentão e louro. Molhe com vinho branco, adicione o tomate e deixe apurar. Adicione o caldo de carne e deixe levantar fervura.
Triture essa mistura no liquidificador. Devolva à panela e leve novamente ao fogo.
Adicione a carne já dourada, perfume com folhas de alecrim e tomilho, deixe cozinhar até a carne ficar macia e retifique temperos. Não desligue o fogo.

Quando a carne estiver quase no ponto ideal de cozimento, acrescente todos os ingredientes da guarnição e deixe ferver por mais 6 a 7 minutos.

NOTA
A massa de pimentão pode ser substituída por pimentão em pó.

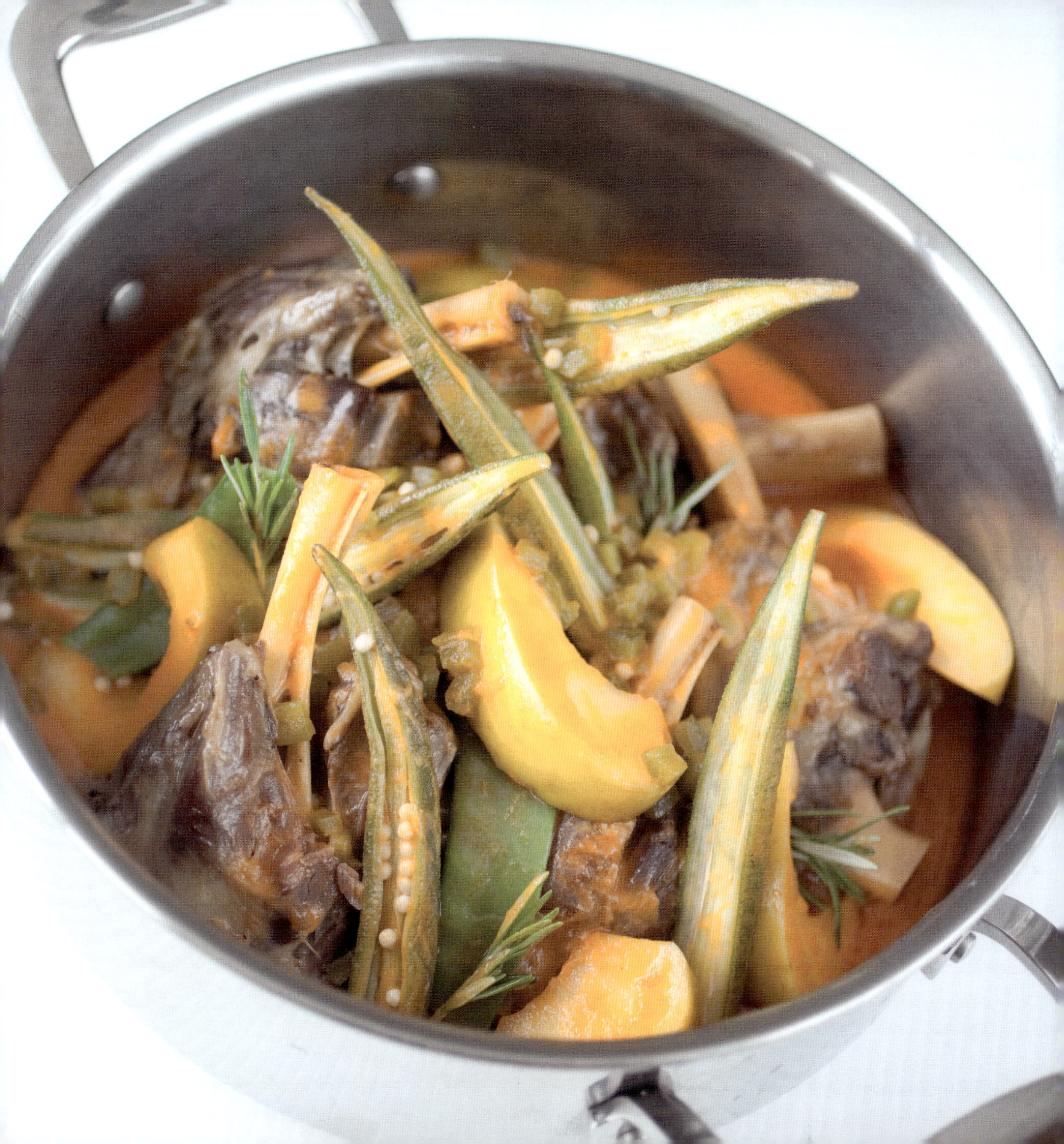

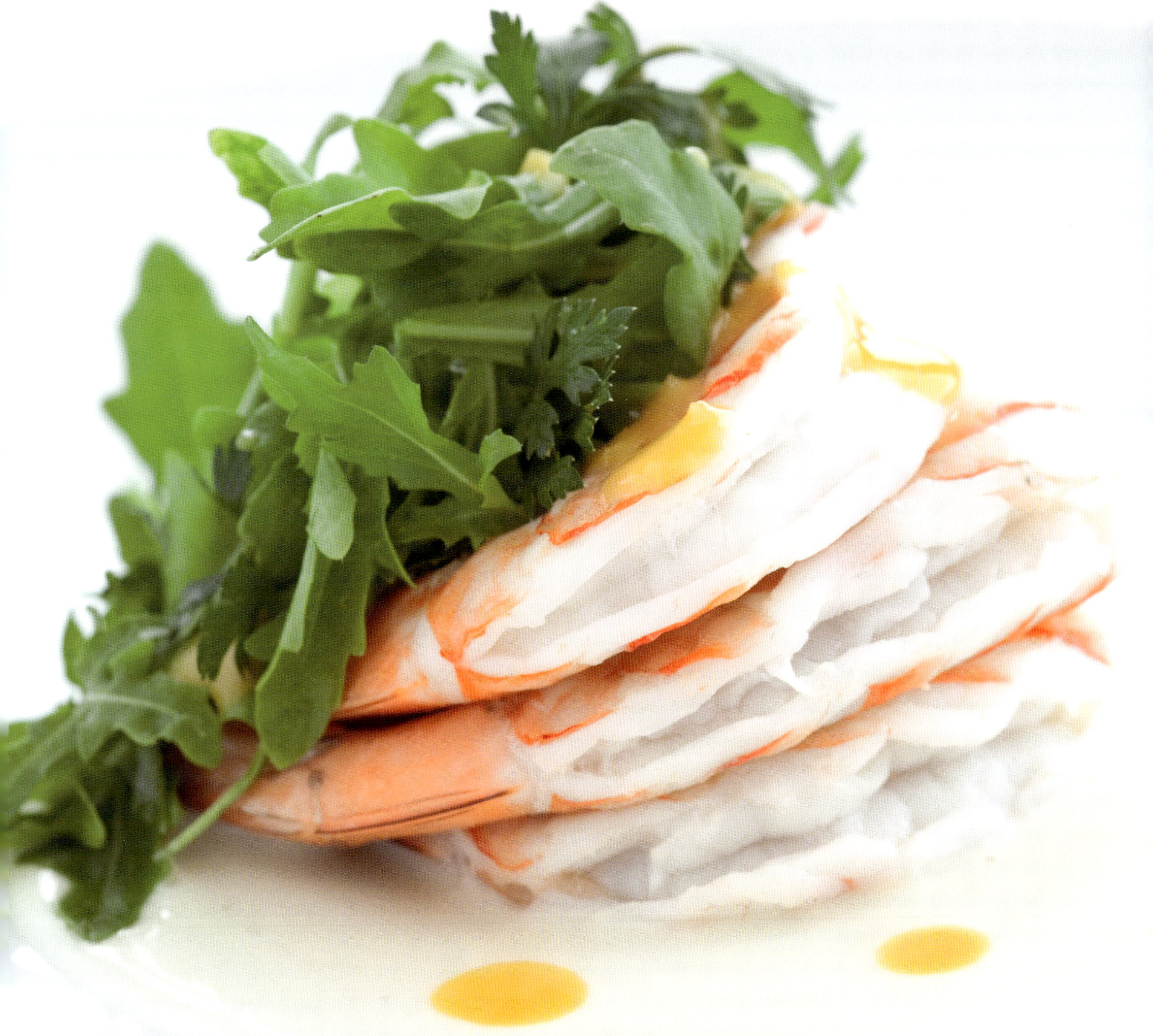

Camarão a vapor
vinagrete de maracujá
(10 PORÇÕES)

INGREDIENTES

Camarão 21/30 sem casca com a cauda	1,2 kg
Sal marinho tradicional	q.b.

Creme

Inhame cozido	150 g
Alho-poró em cubos	100 g
Vinho do Porto seco	0,5 dl
Vinho branco	1 dl
Azeite virgem extra	0,5 dl
Sal marinho tradicional	q.b.

Vinagrete de maracujá

Polpa de maracujá	1 dl
Cebola escaldada	50 g
Azeite virgem extra	3 dl
Mel	30 g
Flor de sal	q.b.
Pimenta-do-reino moída na hora	q.b.

Salada

Rúcula	300 g
Salsa em folha	2 c. sopa

PREPARO

Salgue o camarão durante 30 minutos. Leve para cozinhar ao vapor por 10 minutos a 85 °C.

Aloure o alho-poró no azeite, molhe com vinho branco, tampe e deixe ferver em fogo brando até que cozinhe.
Adicione o inhame e o Porto seco e deixe ferver por mais 2 a 3 minutos.
Tempere e leve ao processador de alimentos, batendo até obter uma mistura homogênea.

Ferva a polpa de maracujá com a cebola e o mel até que atinja uma textura espessa. Emulsione com azeite e tempere com flor de sal e pimenta moída na hora.

Sirva a salada como acompanhamento.

Camarão marinado
mandioca crocante
(10 PORÇÕES)

INGREDIENTES

Camarão 21/30	30 unid.
Suco de abacaxi	3 dl
Hortelã	q.b.
Flor de sal	q.b.
Azeite virgem extra	q.b.
Mandioca	1,2 kg
Sal marinho tradicional	q.b.
Óleo	q.b.
Pimentões vermelhos pelados	500 g
Azeite virgem extra	0,5 dl
Vinagre de vinho branco	0,5 dl
Sal marinho tradicional	q.b.
Melão cortado à brunoise	500 g
Salsa picada	q.b.
Vinagre balsâmico velho	q.b.

PREPARO

Descasque o camarão e tempere com flor de sal.
Triture a hortelã com o suco de abacaxi, e marine o camarão nesse preparado.
Escorra a marinada e doure o camarão em azeite.

Cozinhe a mandioca inteira, descasque e corte em rodelas. Frite-a em óleo e tempere com sal.

Corte os pimentões em cubos, leve ao forno com o azeite, o sal e o vinagre durante 1 hora a 150 °C.

Coloque 3 rodelas de mandioca por pessoa, sobreponha o pimentão, o camarão e finalize lateralmente com o melão, perfumando com salsa e o vinagre balsâmico.

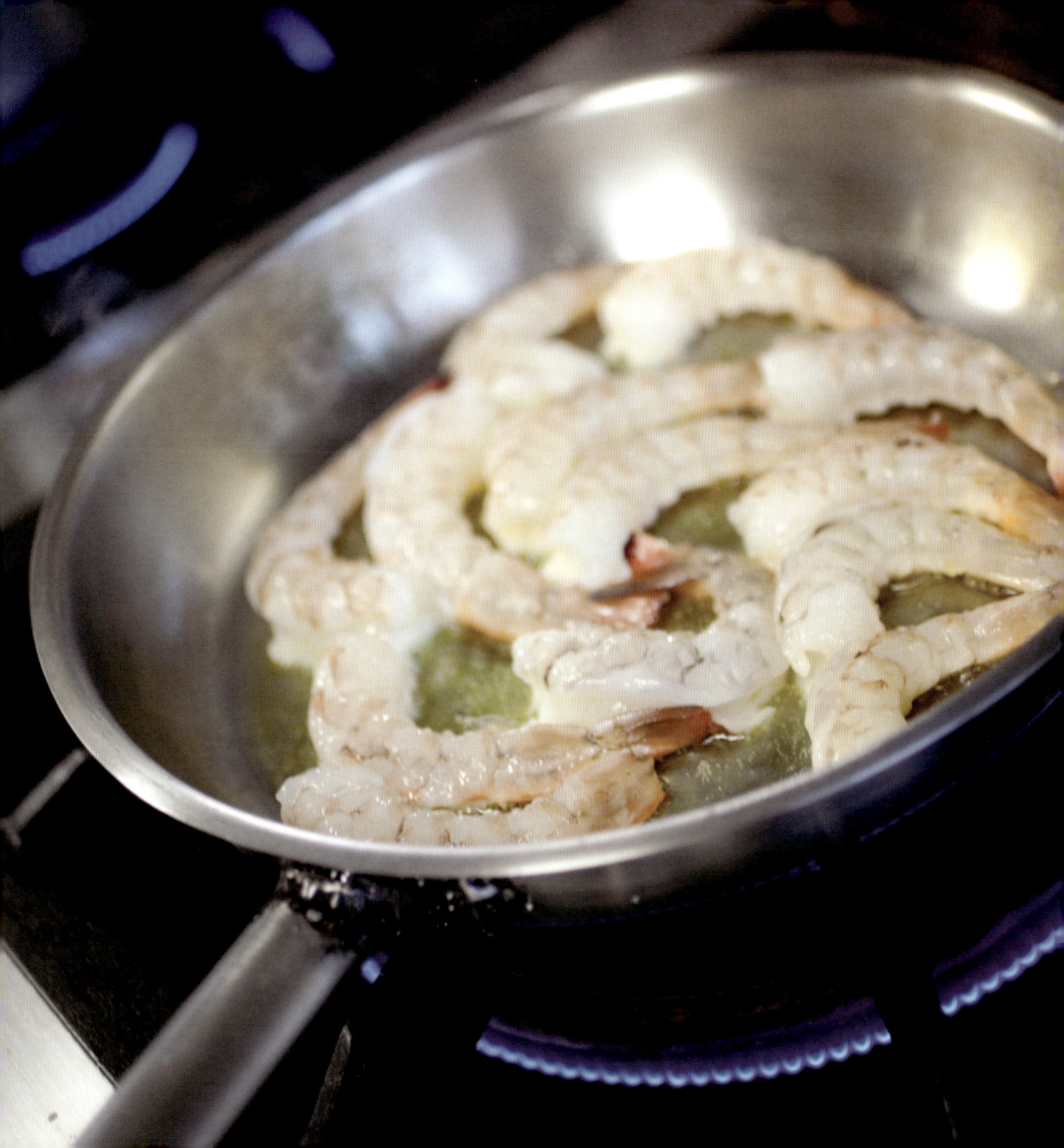

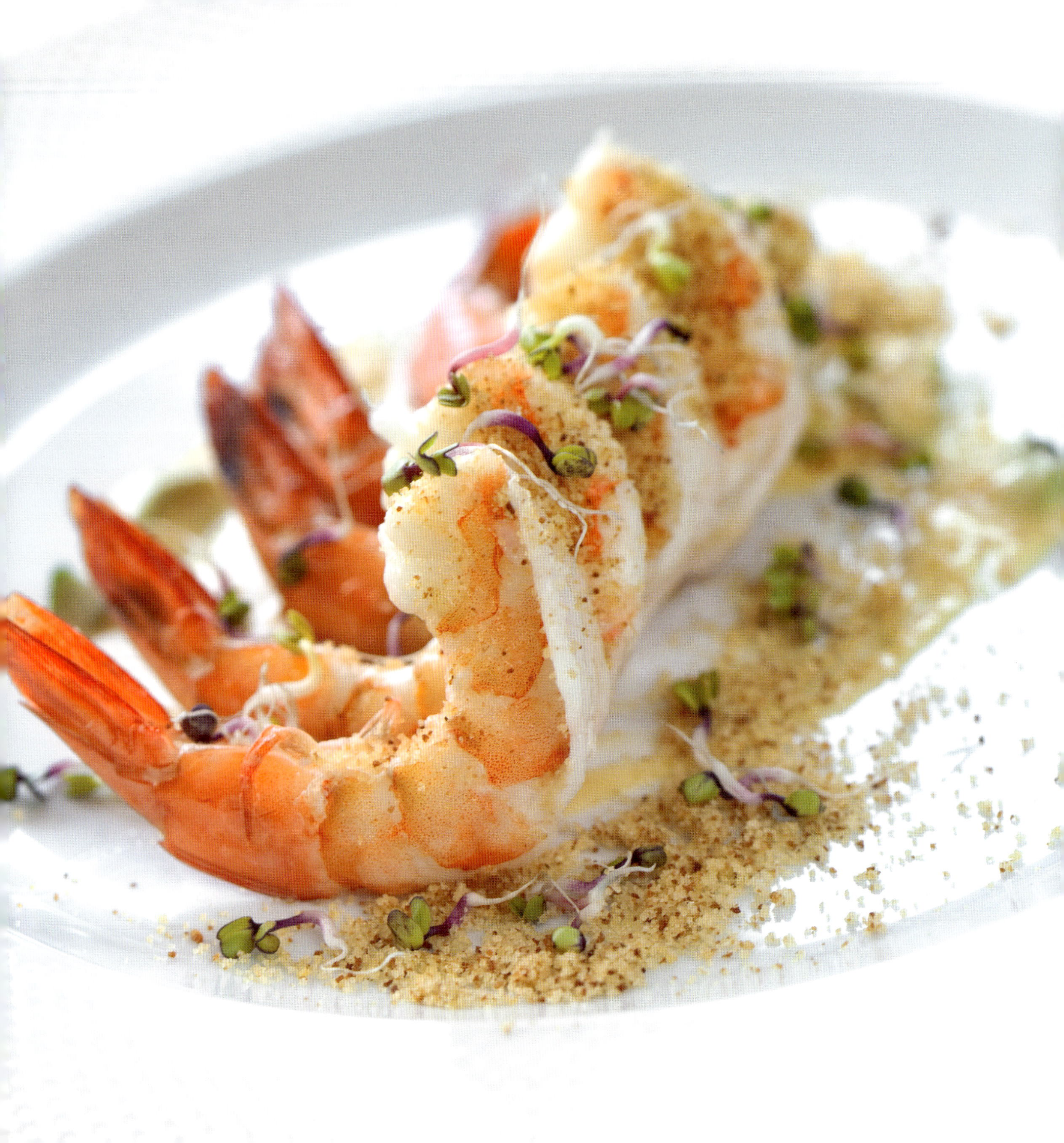

Camarão salteado
creme de manga e poejos
(10 PORÇÕES)

INGREDIENTES

Camarão 21/30	25 unid.
Alho grosseiramente laminado	2 dentes
Azeite virgem extra	1 dl
Louro	1 folha
Pimenta-malagueta	1 unid.
Sal marinho tradicional	q.b.

Creme de manga

Manga descascada cortada em cubos	250 g
Cebola picada	100 g
Alho laminado	3 dentes
Gengibre picado	10 g
Suco de limão	0,5 dl
Azeite virgem extra	0,5 dl
Poejos em folha	q.b.
Sal marinho tradicional	q.b.

Farofa

Broa de milho torrada	50 g
Alho cortado ao meio	3 dentes
Azeite virgem extra	q.b.
Brotos de rabanete	q.b.

PREPARO

Descasque o camarão deixando ficar a parte da cauda.
Tempere com sal, louro, a pimenta-malagueta e o alho laminado e deixe repousar por 20 minutos antes de cozinhar.
Doure o camarão em azeite.

Doure no azeite o alho, a cebola e o gengibre. Adicione a manga e deixe refogar um pouco. Molhe com o suco de limão, tempere com sal e bata tudo no liquidificador.
Por fim adicione o poejo.

Doure o alho em azeite, com a panela tampada, em fogo muito brando. Coloque o resultado no liquidificador. Adicione a broa de milho esmigalhada e bata tudo até obter uma mistura homogênea.
No final acrescente um pouco de azeite.

Finalize o prato com os brotos de rabanete e acompanhe com arroz branco.

Cataplana de camarão
leite de amêndoa

(10 PORÇÕES)

INGREDIENTES

Camarão 21/30	2 kg
Cebola cortada em cubos	200 g
Alho laminado	4 dentes
Batata-doce cortada em cubos	350 g
Tomate pelado sem sementes cortado em gomos	300 g
Leite de amêndoa (ver abaixo)	3 dl
Vinho branco	2 dl
Azeite virgem extra	0,5 dl
Caldo de camarão	6 dl
Azeite de dendê	1 c. chá
Sal marinho tradicional	q.b.
Pimenta-do-reino	q.b.

Leite de amêndoa

Amêndoa sem casca	200 g
Leite	3 dl
Sal marinho tradicional	q.b.

Guarnição

Cebola picada	200 g
Alho laminado	3 dentes
Tomate pelado sem sementes cortado em cubos	100 g
Manjericão em folha	2 c. sopa

Farofa

Pão de trigo rústico	500 g
Sementes de abóbora torrada	200 g
Azeite virgem extra	q.b.

PREPARO

Tempere o camarão com sal e deixe descansar durante 20 minutos.

Doure em azeite a cebola e o alho. Junte a batata-doce, molhe com vinho branco e deixe ferver.

Adicione o tomate, o caldo e o azeite de dendê e deixe cozinhar lentamente.

Quando a batata-doce estiver cozida, junte o leite de amêndoa, deixe ferver de 2 a 3 minutos, tempere com pimenta-do-reino e sal. Bata o preparado no liquidificador até obter uma mistura homogênea e passe pelo *chinois*.

Leve de novo ao fogo, deixe levantar fervura, junte a guarnição e retifique o tempero. Adicione o camarão e cozinhe durante aproximadamente 5 minutos.

Cozinhe a amêndoa coberta com leite durante 20 minutos.

Tempere com sal e bata no liquidificador.

Triture tudo no processador de alimentos.

Sirva a cataplana acompanhada da farofa e de uma salada de rúcula.

NOTAS

Cataplana é uma tradicional panela usada no sul de Portugal (província do Algarve), geralmente de cobre, formada por duas calotas que, ajustadas por meio de uma dobradiça, se fecham hermeticamente, propiciando um cozimento a vapor semelhante ao das panelas de pressão. Também são chamados assim os pratos feitos nessa panela.

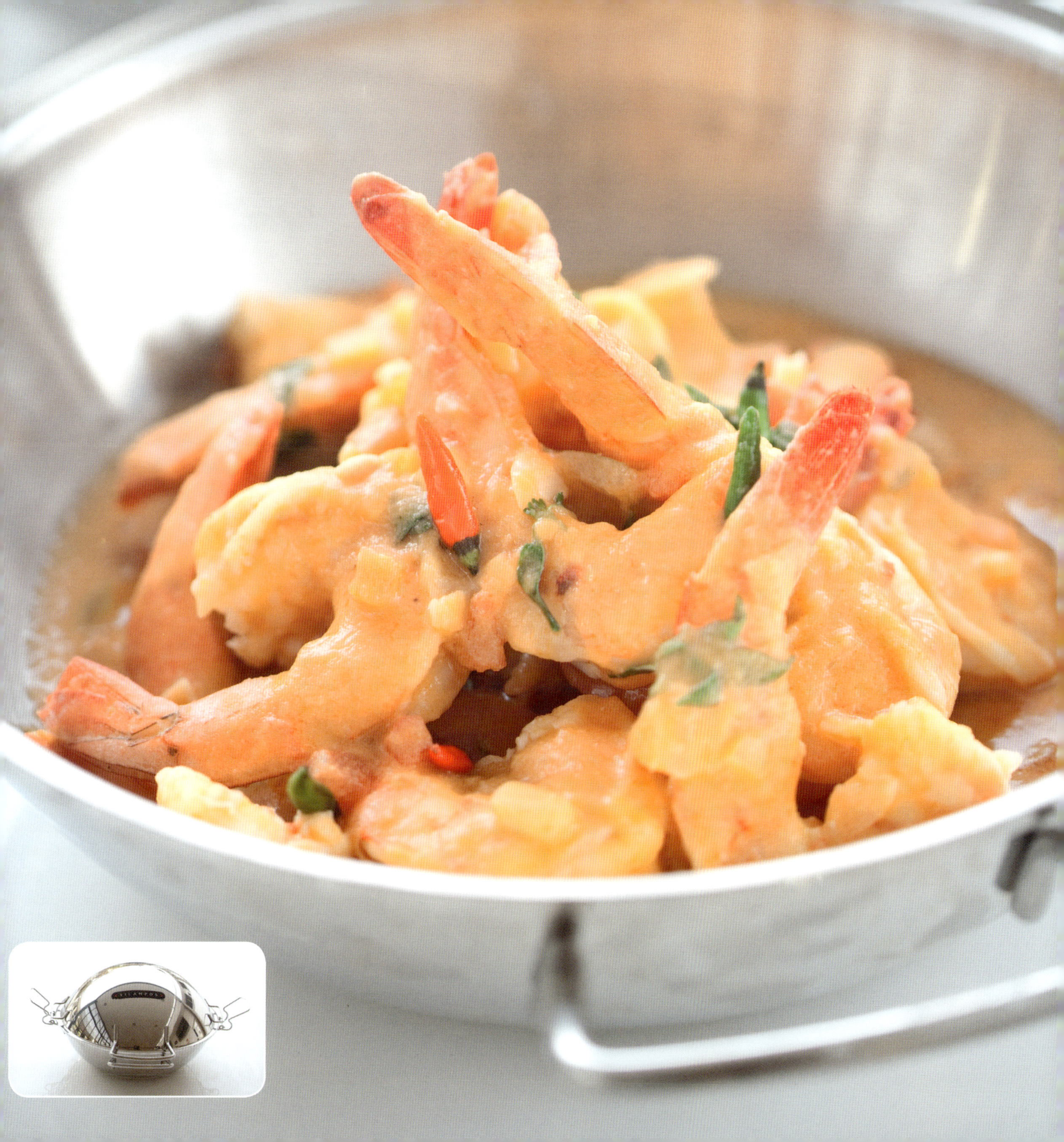

Cavaquinha grelhada
creme de sapoti
(10 PORÇÕES)

INGREDIENTES

Cavaquinha média	10 unid.
Sal marinho tradicional	q.b.

Creme

Fruta sapoti	200 g
Cebola picada	100 g
Alho laminado	3 dentes
Suco de limão	1 dl
Azeite virgem extra	1,5 dl
Pimenta-malagueta seca	q.b.
Sal marinho tradicional	q.b.

Guarnição

Abobrinha cortada à juliana	150 g
Cebola roxa laminada	300 g
Suco de limão	0,5 dl
Salsa em folha	3 c. sopa
Flor de sal	q.b.

PREPARO

Corte as cavaquinhas ao meio, tempere com sal e coloque para grelhar com a casca virada para baixo.
Quando o miolo se desprender vire e deixe grelhar ligeiramente.

Doure a cebola e o alho em 0,5 dl de azeite. Adicione o sapoti, molhe com o suco de limão, tampe e baixe o fogo até que tudo esteja cozido.
Tempere com sal e pimenta-malagueta e bata no liquidificador com o azeite restante.

Tempere a abobrinha e a cebola com o suco de limão e a flor de sal e deixe repousar durante 30 minutos.
No momento de servir misture com as folhas de salsa.

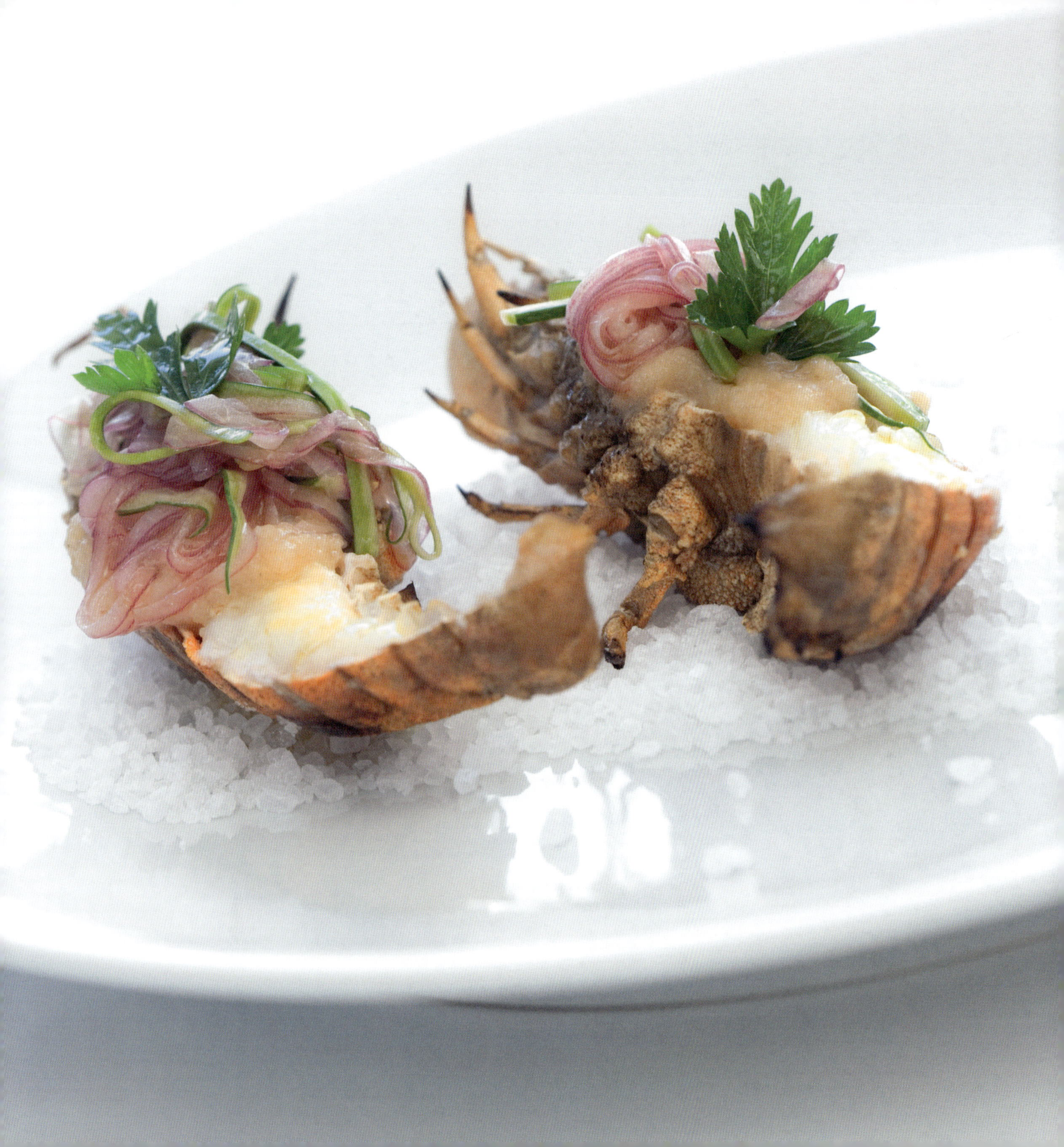

Cherne corado
farofa de alho
(10 PORÇÕES)

INGREDIENTES

Cherne (filé)	1,8 kg
Alho laminado	50 g
Alho-poró cortado à juliana	300 g
Tomate cortado em cubos	500 g
Vinho verde	2 dl
Caldo de peixe	3 dl
Molho de ostras	1 c. sopa
Quiabos escaldados cortados em rodelas	15 unid.
Azeite virgem extra	0,5 dl
Algas secas demolhadas	q.b.
Sal marinho tradicional	q.b.
Pimenta-do-reino moída na hora	q.b.

Farofa de alho

Pão de trigo rústico	300 g
Azeite virgem extra	1 dl
Alho laminado	6 dentes
Sal marinho tradicional	q.b.

PREPARO

Corte os filés de cherne em pedaços individuais e tempere com sal e pimenta-do-reino moída na hora. Doure em azeite, primeiro do lado da pele.
Quando a pele dourar, vire o peixe e escorra a gordura. Junte o alho, o tomate e o alho-poró francês. Molhe com o vinho e o caldo. Junte as algas, o molho de ostras e os quiabos. Tampe e deixe ferver por 3 a 4 minutos.

Pique o pão no processador de alimentos. Aqueça o azeite, doure os alhos, acrescente o pão picado, tempere com sal e sirva sobre o peixe.

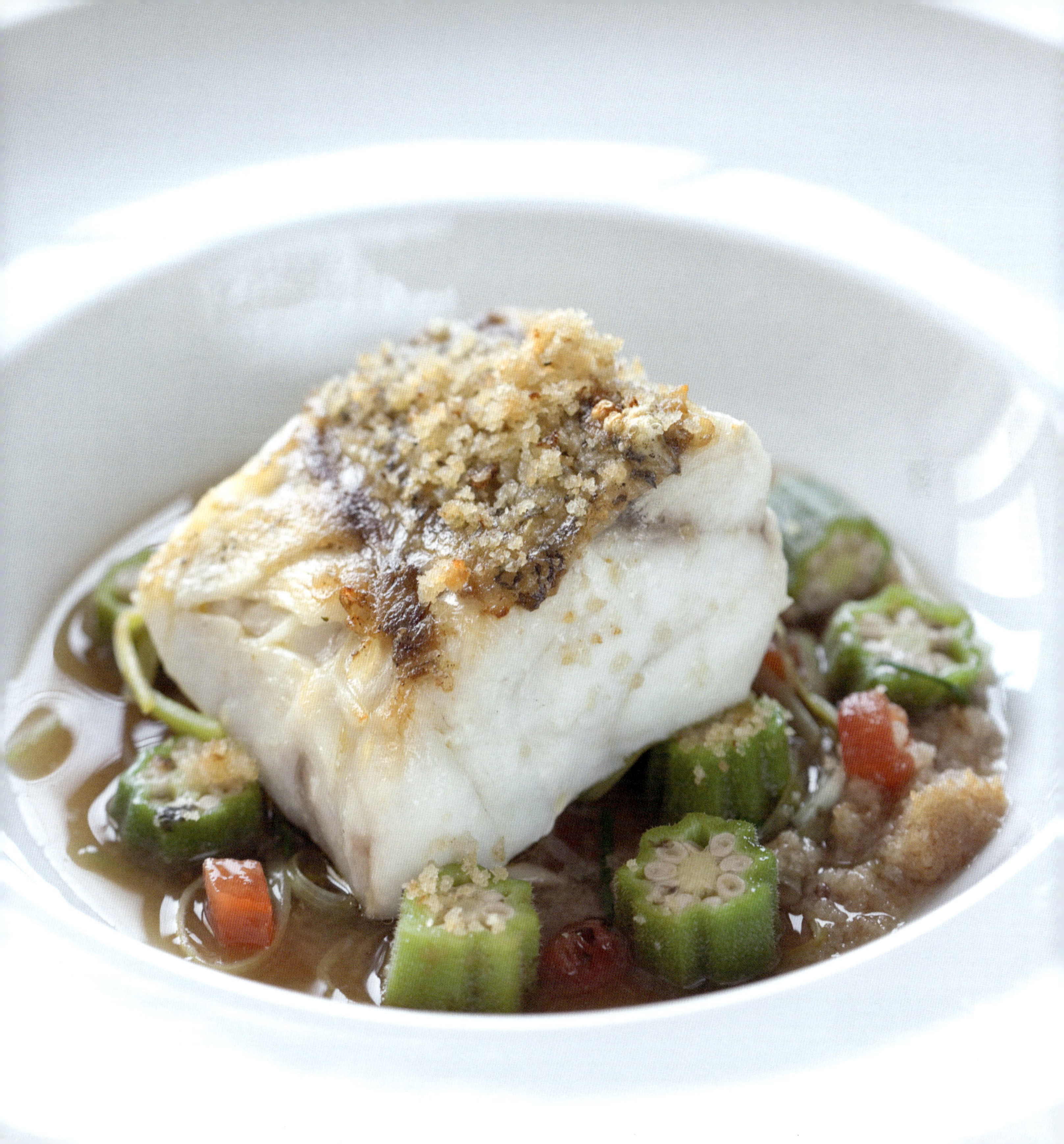

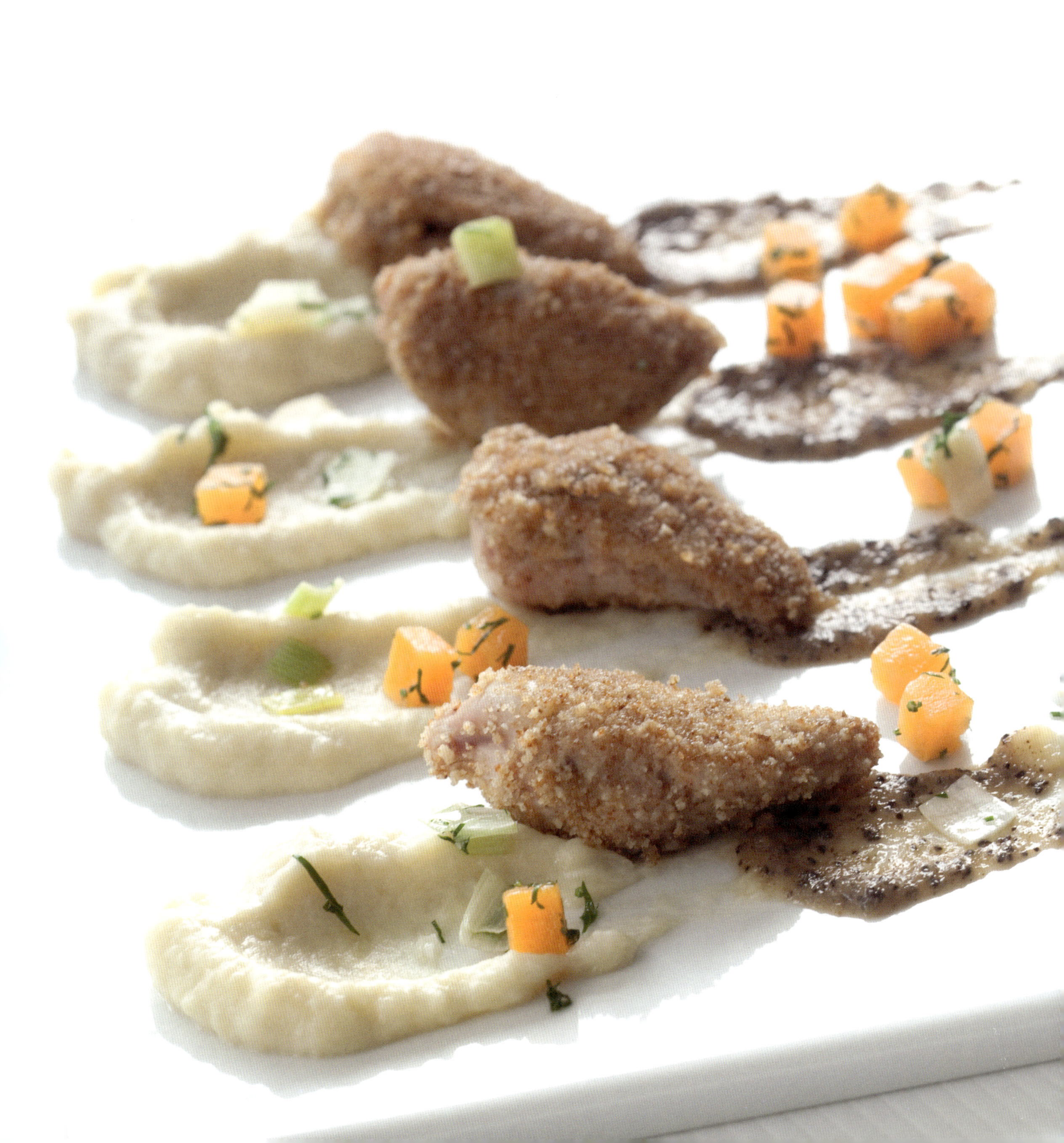

Codorna corada
purê de batata-doce
(10 PORÇÕES)

INGREDIENTES

Peitos de codorna	1,2 kg
Farinha de mandioca	100 g
Castanha-do-pará torrada picada	80 g
Azeite virgem extra	0,5 dl
Sal marinho tradicional	q.b.
Pimenta-do-reino moída na hora	q.b.

Molho

Mel	400 g
Cebola picada	500 g
Alho-poró laminado	250 g
Alho laminado	75 g
Caldo de galinha	3 l
Suco de limão	2 dl
Grãos de café	10 g
Azeite virgem extra	0,5 dl
Sal marinho tradicional	15 g
Pimenta-do-reino moída na hora	2 g

Purê

Azeite virgem extra	0,5 dl
Alho laminado	30 g
Cebola picada	220 g
Batata doce	600 g
Leite	4 dl
Batatas	2 kg
Sal marinho tradicional	q.b.

Guarnição

Cubos de abóbora escaldados	200 g
Cubos de alho-poró	150 g
Salsa picada	q.b.
Azeite virgem extra	q.b.

PREPARO

Tempere os peitos de codorna com sal marinho e pimenta-do-reino moída na hora e empane-os com a castanha e a farinha. Doure-os em azeite e leve-os ao forno preaquecido a 120 °C por 3 a 4 minutos.

Caramelize o alho, o alho-poró e a cebola no mel. Adicione os grãos de café, deixe evaporar a água, molhe com o suco de limão e o caldo de galinha e deixe que reduza. Triture no liquidificador. Tempere com pimenta-do-reino moída na hora, verifique o sal e corrija, se necessário. Por fim misture o azeite.

Prepare um fundo em azeite quente com alho e cebola. Junte as batatas e deixe refogar um pouco. Molhe com o caldo e o leite e deixe cozinhar em fogo brando.
Por fim tempere com sal e pimenta.
Tire do fogo, passe pelo passevit e reserve.

Salteie em azeite todos os ingredientes e sirva como acompanhamento.

Ensopado de cordeiro
mandioca e hortelã-da-ribeira

(10 PORÇÕES)

INGREDIENTES

Alcatra de cordeiro	2,5 kg
Cebola picada	300 g
Alho laminado	6 dentes
Tomate seco picado	20 g
Mandioca em cubos	800 g
Ervilhas	600 g
Quiabos em metades tostados	300 g
Vinho branco	2 dl
Vinho tinto	0,5 dl
Caldo de legumes	3 dl
Azeite virgem extra	1 dl
Cominho	½ c. café
Louro	1 folha
Hortelã-da-ribeira	q.b.
Sal marinho tradicional	q.b.
Pimenta-do-reino moída na hora	q.b.

PREPARO

Tempere o cordeiro com sal, pimenta e cominho. Deixe repousar durante 30 minutos.

Coloque na panela de pressão com 0,5 dl de azeite e leve ao fogo para dourar. Refresque com os vinhos tinto e branco e deixe ferver durante 40 minutos aproximadamente.

Numa panela à parte, doure a cebola e o alho com o azeite restante. Adicione o tomate seco, a mandioca e o louro.

Adicione o caldo de legumes aos poucos. Quando o cordeiro estiver cozido, junte-o ao refogado e acrescente as ervilhas e os quiabos. Retifique os temperos, adicione mais caldo se necessário, e perfume com a hortelã-da-ribeira.

NOTAS

Sugestão: guarneça com torradas de pão de trigo rústico. Caso não haja hortelã-da-ribeira, pode ser substituída por hortelã-pimenta.

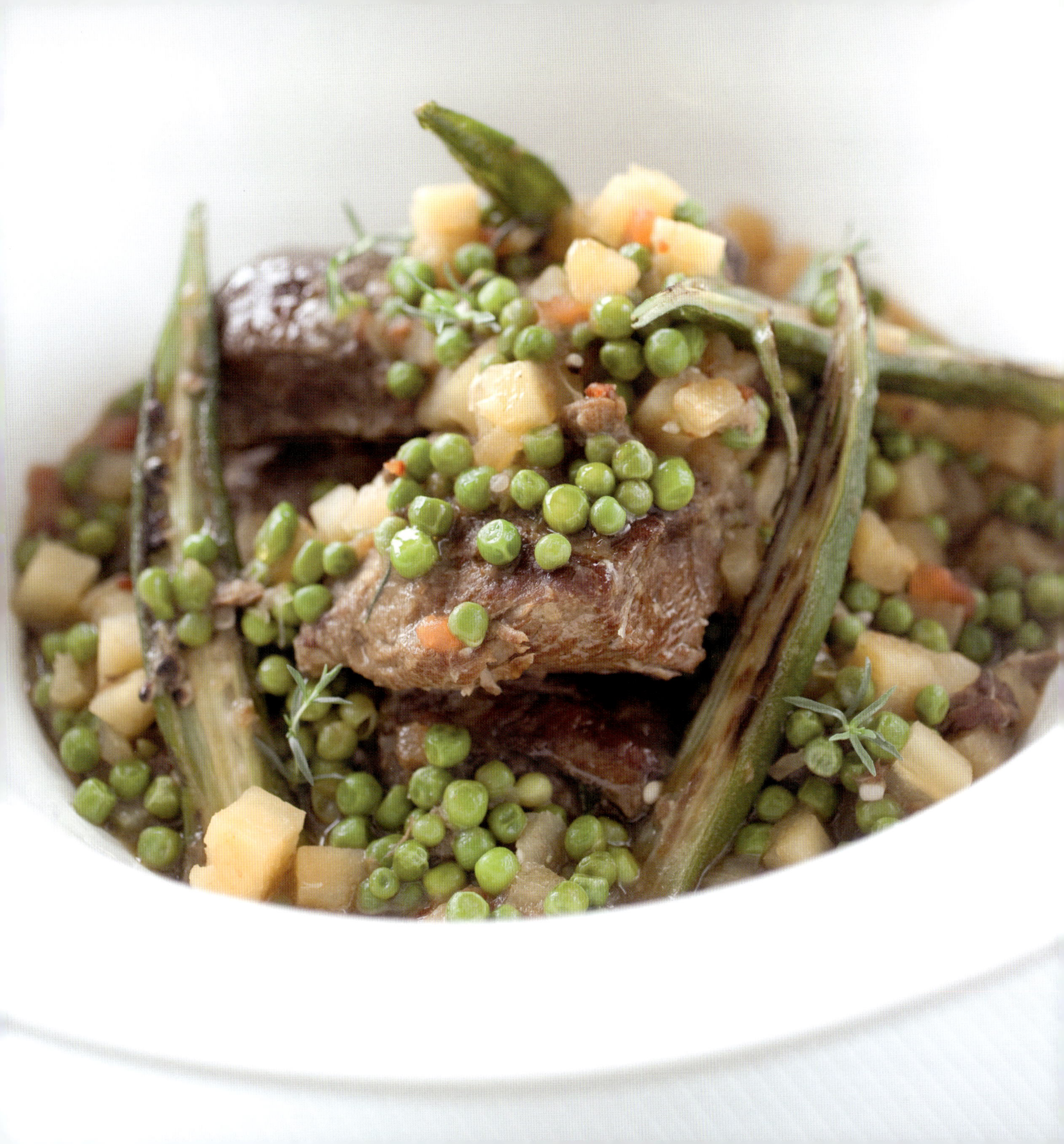

Farinheira frita em vinagre
salada de laranja
(10 PORÇÕES)

INGREDIENTES

Farinheira em rodelas	2 unid.
Vinagre de vinho branco	1 dl

Salada

Laranja em rodelas	4 unid.
Gengibre picado	1 c. chá
Maracujá fresco	5 unid.
Mostarda de Dijon	1 c. café
Azeite virgem extra	1 dl
Salsa picada	1 c. sopa
Flor de sal	q.b.

PREPARO

Aqueça o vinagre e coloque as rodelas de farinheira, e deixe que vão soltando a gordura.

Retire a polpa do maracujá e coloque-o para marinar com o gengibre, o azeite e a mostarda, durante 30 minutos.
Misture bem e junte as laranjas, a flor de sal e a salsa.

NOTA
Pode-se substituir a farinheira por alheira.

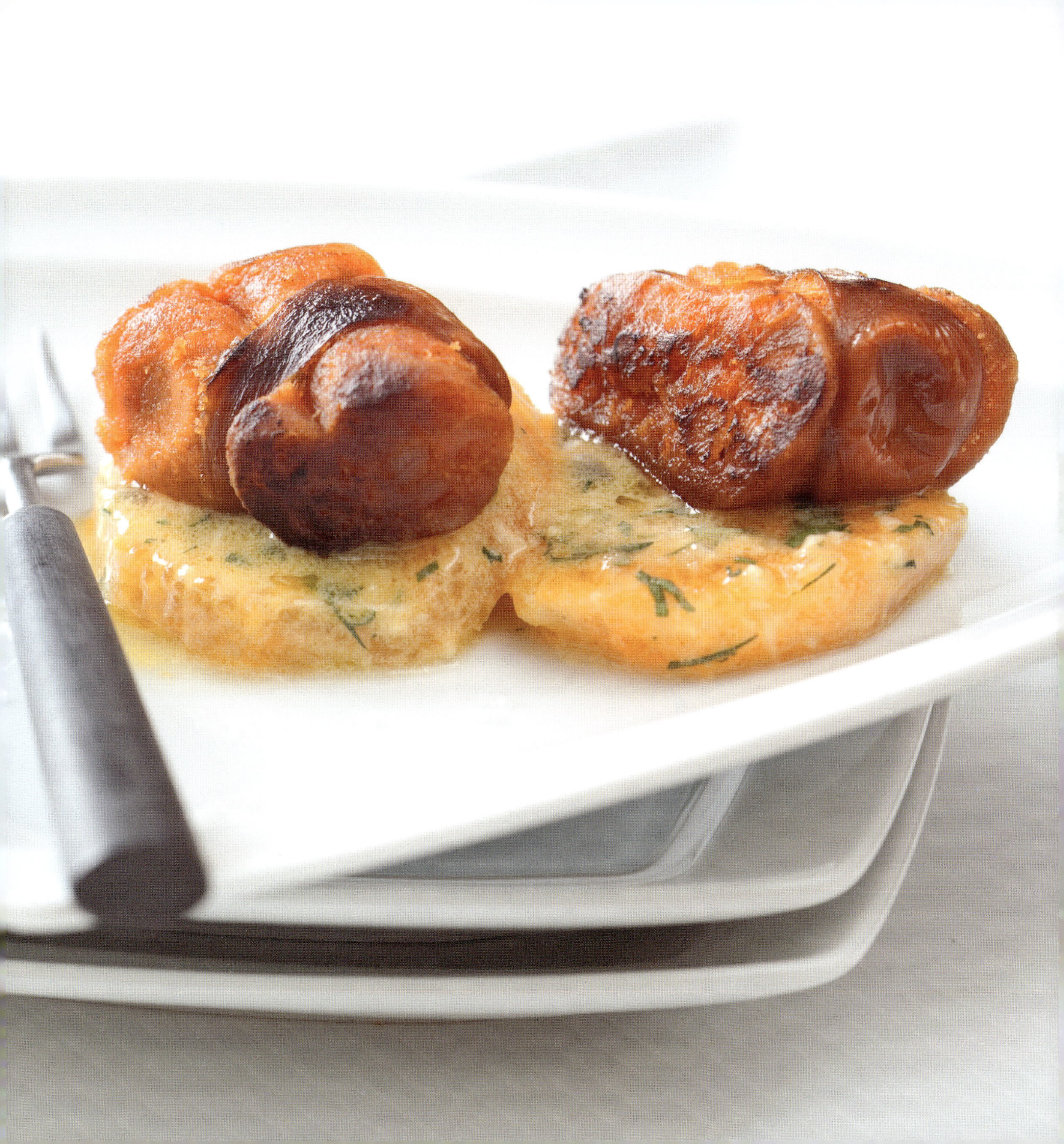

Filetes de polvo empanados
agrião e creme de goiaba
(10 PORÇÕES)

INGREDIENTES

Polvo cozido grosso	15 unid.
Farinha de mandioca	50 g
Cogumelos secos moídos	50 g
Farinha de trigo	100 g
Ovo batido	4 unid.

Creme

Polpa de goiaba	125 g
Azeite virgem extra	1 dl
Vinagre balsâmico branco	0,3 dl
Flor de sal	q.b.
Pimenta-do-reino moída na hora	q.b.

Salada

Agrião	500 g

PREPARO

Corte o polvo em filetes, passe-os em farinha de trigo, no ovo e depois numa mistura de farinha de mandioca e cogumelos moídos. Frite em azeite bem quente.

Reduza a polpa de goiaba à metade do volume, emulsione com os ingredientes restantes.

NOTA
Como cozinhar o polvo?
Pode ser cozido na panela de pressão com pouca água durante 20 minutos a contar a partir da fervura da água ou no forno com um fio de azeite, coberto com folha de alumínio, a 150 °C por 2h30.

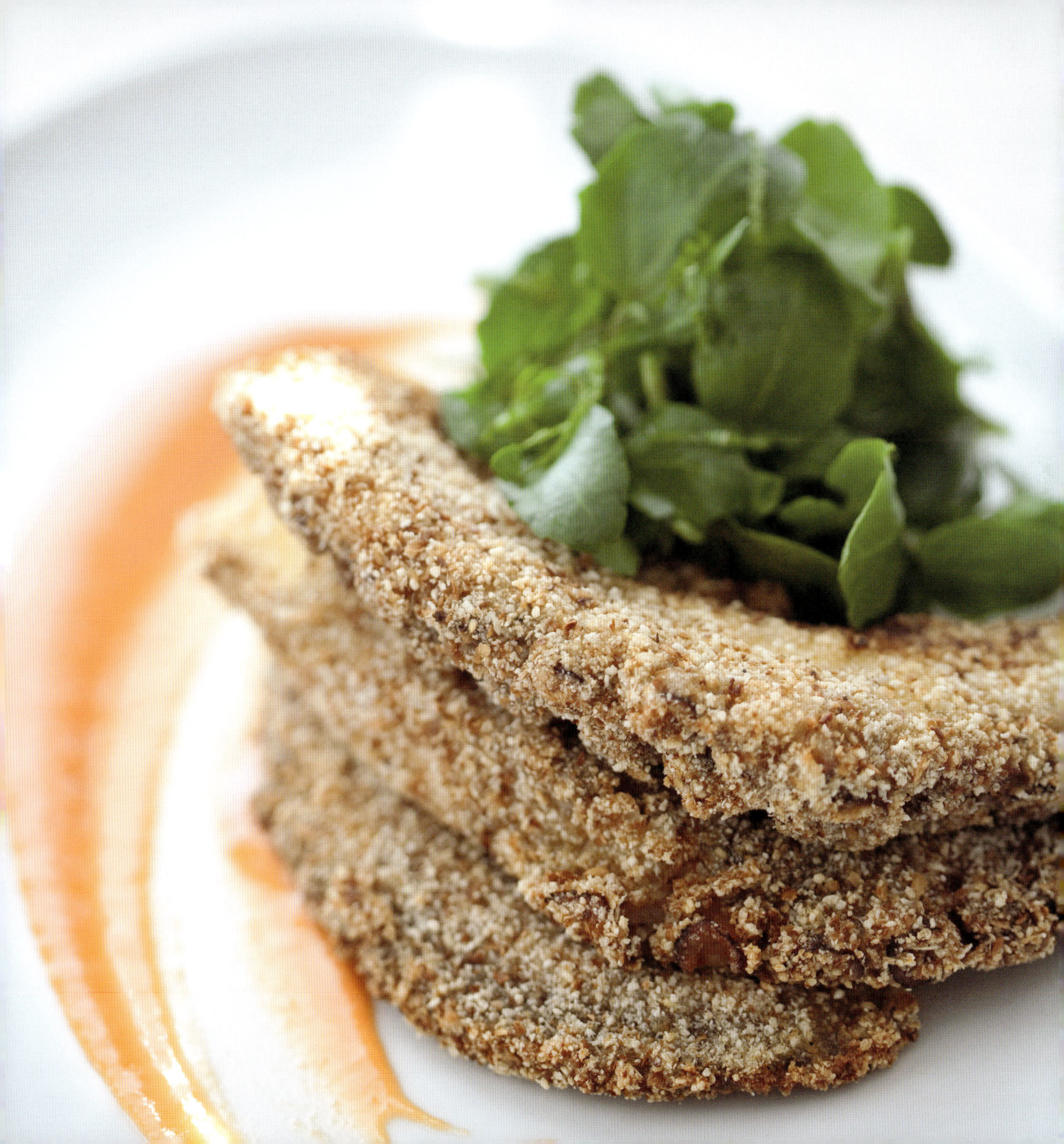

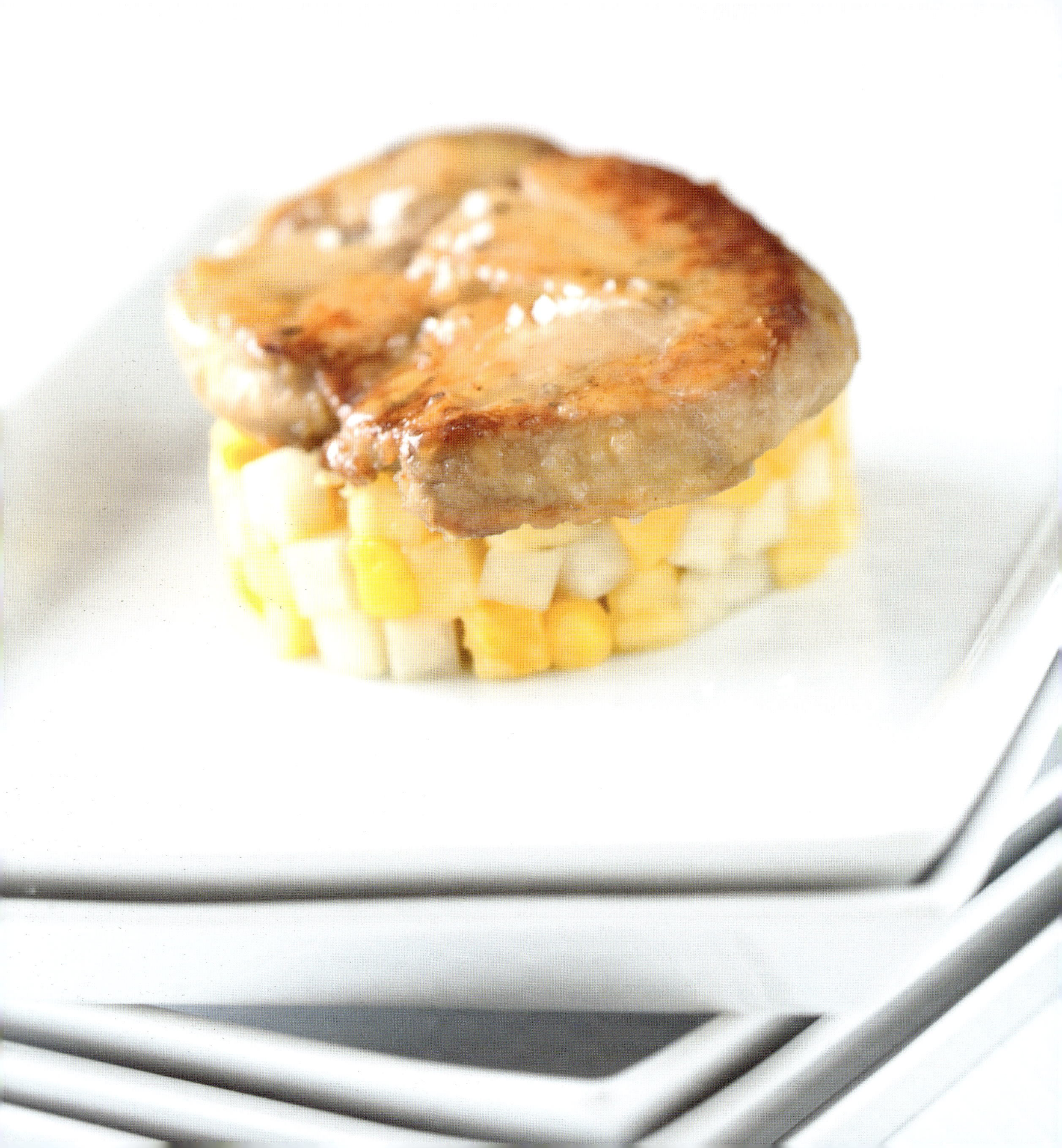

Foie gras fresco caramelizado
tartare de manga, abacaxi e pera

(10 PORÇÕES)

INGREDIENTES

Foie gras fresco (fatias de 80 g)	10 unid.
Farinha de trigo	q.b.
Noz-moscada ralada	q.b.
Cardamomo	q.b.
Malagueta em pó	q.b.
Flor de sal	q.b.

Para caramelizar

Geleia de milho	2 dl
Vinagre de arroz	0,5 dl

Tartare de manga, abacaxi e pera

Manga em cubos	1 unid.
Peras em cubos	2 unid.
Abacaxi em cubos	0,5 unid.
Flor de sal	q.b.

PREPARO

Tempere o foie gras, com as especiarias e a flor de sal, passe por farinha e doure em frigideira sem gordura. Reserve.

Reduza o vinagre a 2/3, adicione a geleia de milho e, quando esta obtiver uma cor levemente dourada, passe as fatias de foie gras.

Misture os ingredientes e tempere com flor de sal.

Foie gras macerado
quiabos, caviar de hortelã
(10 PORÇÕES)

INGREDIENTES

Foie gras

Foie gras	800 g
Vinho do Porto branco doce	0,75 l
Farinha de mandioca	200 g
Semente de cumaru	1 unid
Pimenta-malagueta seca picada	q.b.
Flor de sal	q.b.

Caviar

Tapioca	100 g
Hortelã	100 g
Água	5 dl
Flor de sal	q.b.

Guarnição

Quiabos escaldados	15 unid.
Suco de limão	0,5 dl
Azeite virgem extra	1 dl
Flor de sal	q.b.

PREPARO

Coloque o foie gras a macerar em recipiente coberto com o vinho do Porto a 5 °C durante 2 dias.

Escorra o foie, pane com farinha de mandioca e doure em uma frigideira. Tempere com flor de sal e reserve.

Molhe a frigideira com o vinho do Porto, perfume com semente de cumaru e malagueta e deixe reduzir.

Cozinhe a tapioca em água e sal e escorra. Reserve a tapioca e a água de cozimento. Escalde a hortelã, esfrie de imediato em água e gelo e emulsione com 1 dl da água de cozimento fria.

Corte os quiabos ao meio, doure em azeite, perfume com suco de limão e tempere com flor de sal.

Sirva os quiabos no centro do prato, sobreponha o foie gras dourado, perfume com a redução de Porto e especiarias e finalize com o caviar.

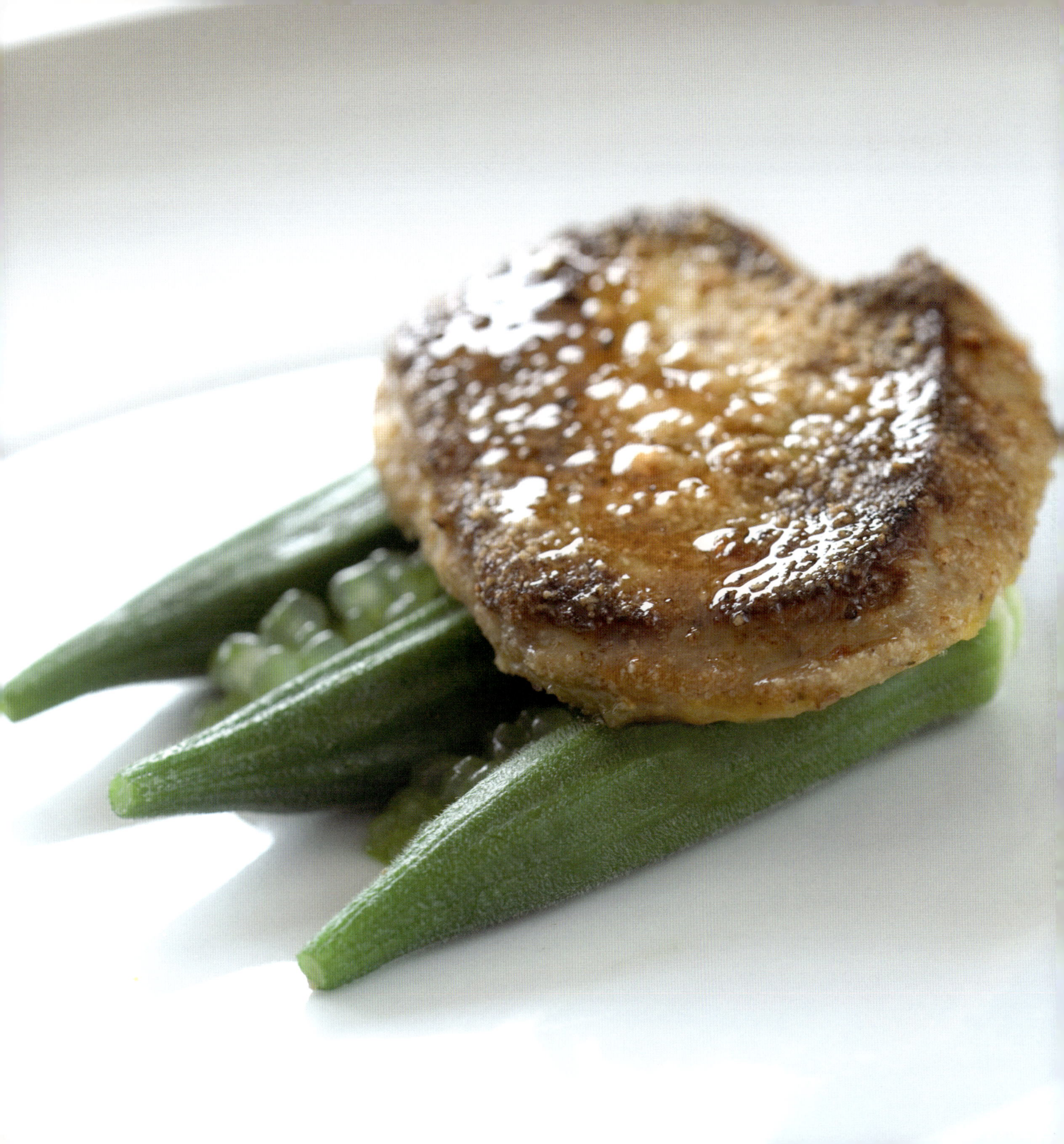

Frango caipira
farofa de trigo com frutos secos
(10 PORÇÕES)

INGREDIENTES

Frango caipira	3 kg
Cebola picada	200 g
Alho laminado	5 dentes
Tomate pelado cortado em cubos	200 g
Azeite virgem extra	1 dl
Vinho da Madeira	1 dl
Vinho branco	2 dl
Pimenta-malagueta seca	q.b.
Sal marinho tradicional	q.b.

Guarnição

Cogumelo silvestre	500 g
Espinafre vermelho	500 g
Alhos laminados	3 dentes
Azeite virgem extra	q.b.
Sal marinho tradicional	q.b.
Cebolinha em hastes	q.b.

Farofa

Pão de trigo rústico	200 g
Azeite virgem extra	q.b.
Pinhão cozido e descascado	20 g
Avelã descascada torrada	30 g
Folhas de alecrim fresco	1 haste

PREPARO

Separe os peitos das pernas e tempere com sal, pimenta-malagueta, azeite e vinho da Madeira. Numa assadeira, faça um cama de cebola, alho, tomate e vinho branco, e coloque sobre ela as pernas de frango. Cubra a assadeira com papel-alumínio e leve ao forno durante 1 ½ hora a 150 ºC. Passado esse tempo, tire a assadeira do forno, junte os peitos e leve-a de volta ao forno por mais 45 minutos, sempre coberta com papel-alumínio. Retire do forno, desfie o frango e triture, no processador, o molho que restou na assadeira.

Salteie os cogumelos em um pouco de azeite em fogo alto.
Adicione o alho e o espinafre e tempere com sal e cebolinha.

Triture todos os ingredientes num processador de alimentos até que a textura fique solta.

Coloque no centro de uma assadeira e sem tocar nas paredes do recipiente o molho, sobreponha o frango e a farofa e leve ao forno para gratinar. Retire do forno e guarneça lateralmente.

NOTA
O espinafre vermelho pode ser substituído por espinafre verde.

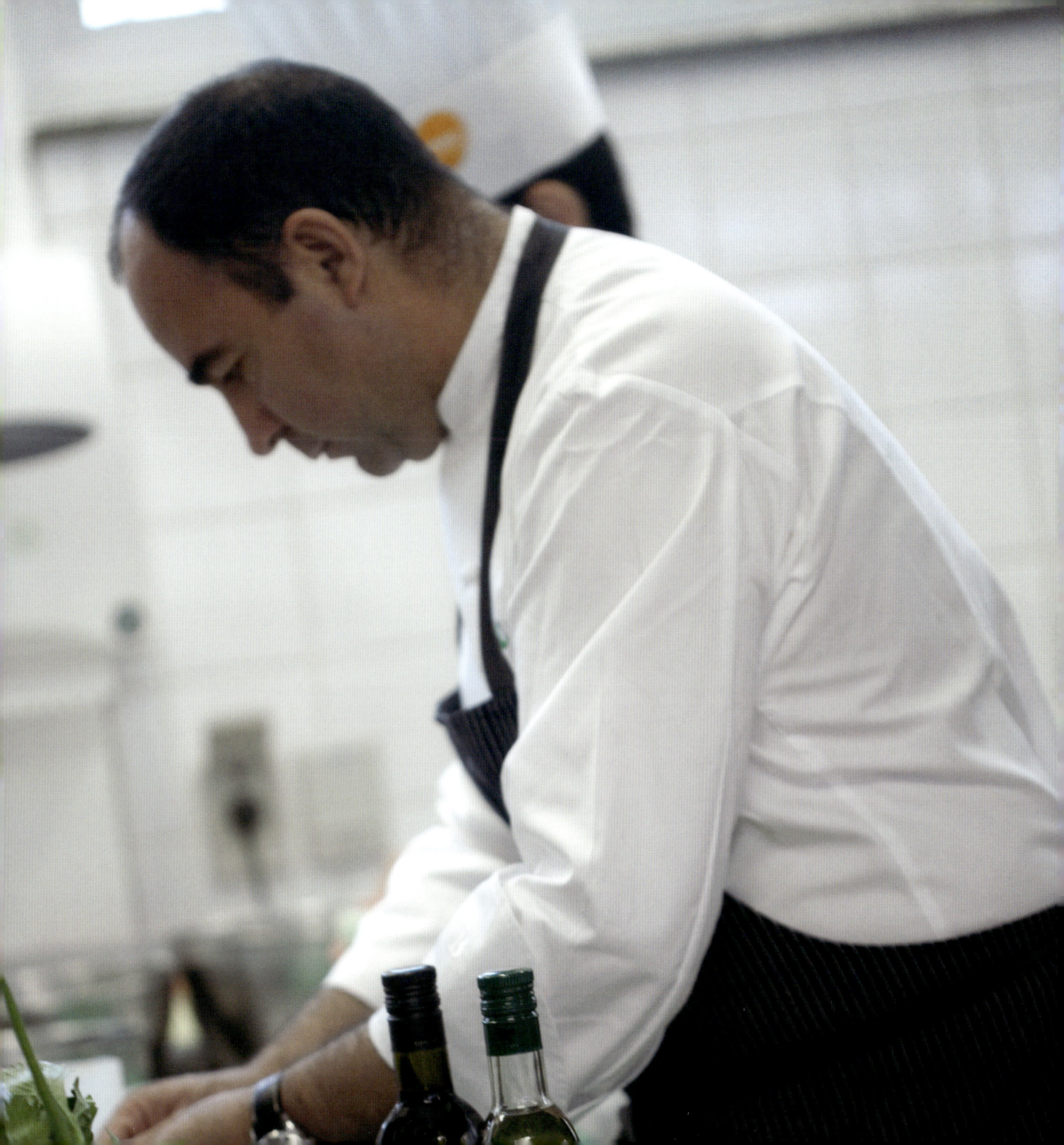

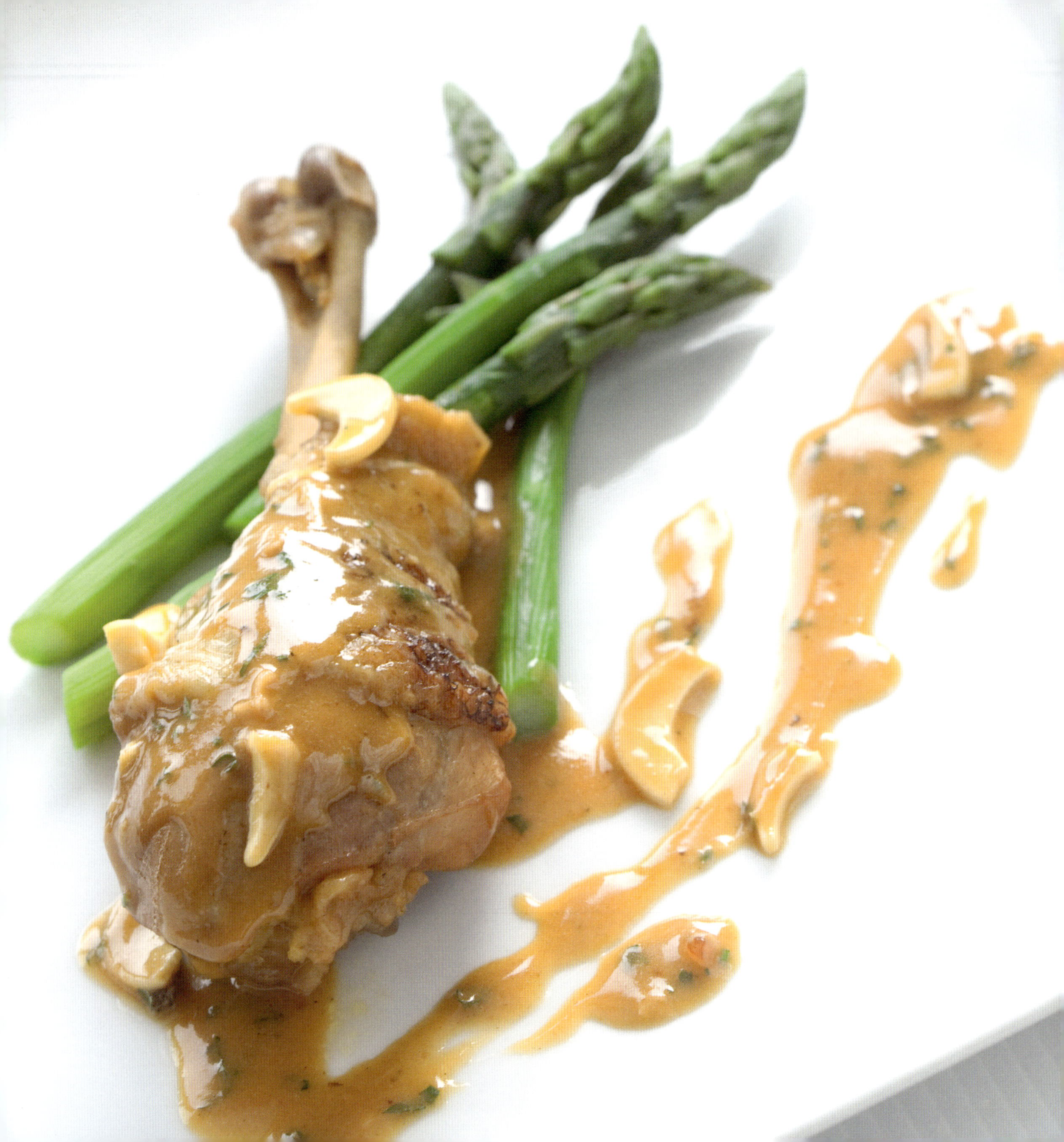

Fricassé de frango caipira
tangerina e maracujá

(10 PORÇÕES)

INGREDIENTES

Frango

Frango caipira	2 kg
Alho laminado	5 dentes
Salsa em folhas	80 g
Vinho branco	1,5 dl
Mostarda de Dijon	q.b.
Sal marinho tradicional	q.b.
Caldo de galinha	q.b.
Azeite virgem extra	q.b.
Pimenta-do-reino moída na hora	q.b.

Emulsão

Gemas	8 unid.
Suco de tangerina reduzido	1 dl
Suco de maracujá reduzido	1 dl
Palmito fresco laminado	200 g
Azeite virgem extra	0,5 dl
Pimenta-malagueta em pó	q.b.
Sal marinho tradicional	q.b.
Salsa picada	2 c. sopa

Guarnição

Aspargos verdes escaldados	50 unid.
Azeite virgem extra	0,3 dl
Flor de sal	q.b.

PREPARO

Coloque o frango caipira com alguma antecedência numa marinada de vinho branco, sal marinho, pimenta-do-reino moída na hora, 1 ramo de salsa, alho laminado e um fio de azeite.

Doure o frango em azeite, junte um pouco de mostarda de Dijon e refresque com a marinada e o caldo de galinha. Deixe cozinhar até que a carne amacie, em fogo baixo, com a panela tampada.

Retire as coxas inteiras e reserve. Junte-as ao molho resultante da cozedura e envolva-as bem.

Misture as gemas de ovo com os sucos reduzidos, leve ao fogo em banho-maria e bata vigorosamente até que o preparado esteja cozido.

Por fim retifique os temperos, adicione o azeite e a salsa picada e junte o palmito.

Doure os aspargos em azeite, tempere com flor de sal e sirva com o frango.

Galinha caipira
com banana-da-terra
(10 PORÇÕES)

INGREDIENTES

Sobrecoxas de galinha caipira	30 unid.
Chouriço em rodelas	100 g
Cebola picada	250 g
Alho picado	6 dentes
Tomate sem pele e sem semente cortados em gomos	300 g
Ervilhas-tortas escaldadas	500 g
Bananas-da-terra	3 unid
Espargos brancos descascados e escaldados	10 unid.
Azeite virgem extra	1 dl
Vinho branco	2 dl
Caldo de galinha	3 dl
Canela em pau	1 unid.
Salsa em folha	2 c. sopa
Pimenta-malagueta	q.b.
Sal marinho tradicional	q.b.

PREPARO

Tempere a galinha com sal durante 30 minutos.

Leve ao fogo uma panela com o azeite e, quando estiver quente, doure a galinha.

Junte o chouriço, a cebola, o alho, a pimenta-malagueta e a canela.

Molhe com vinho branco, adicione o tomate e acrescente o caldo pouco a pouco. Tampe a panela e deixe que cozinhe.

Separadamente, cozinhe as bananas-da-terra em água durante 10 a 12 min. Descasque as bananas e corte-as em rodelas. Junte-as aos outros ingredientes. Acrescente os espargos e as ervilhas e corrija os temperos.

No momento de servir, junte a salsa.

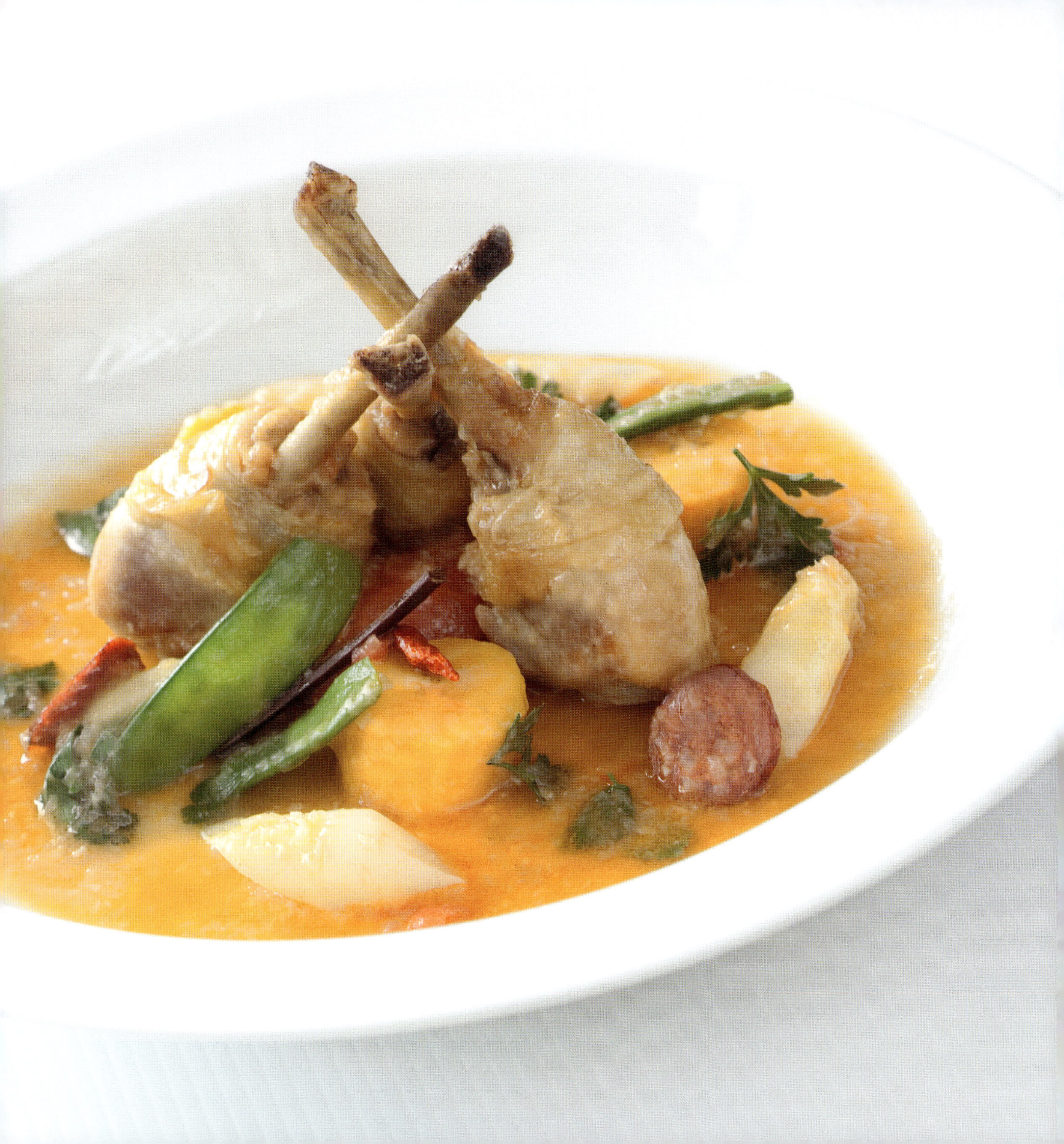

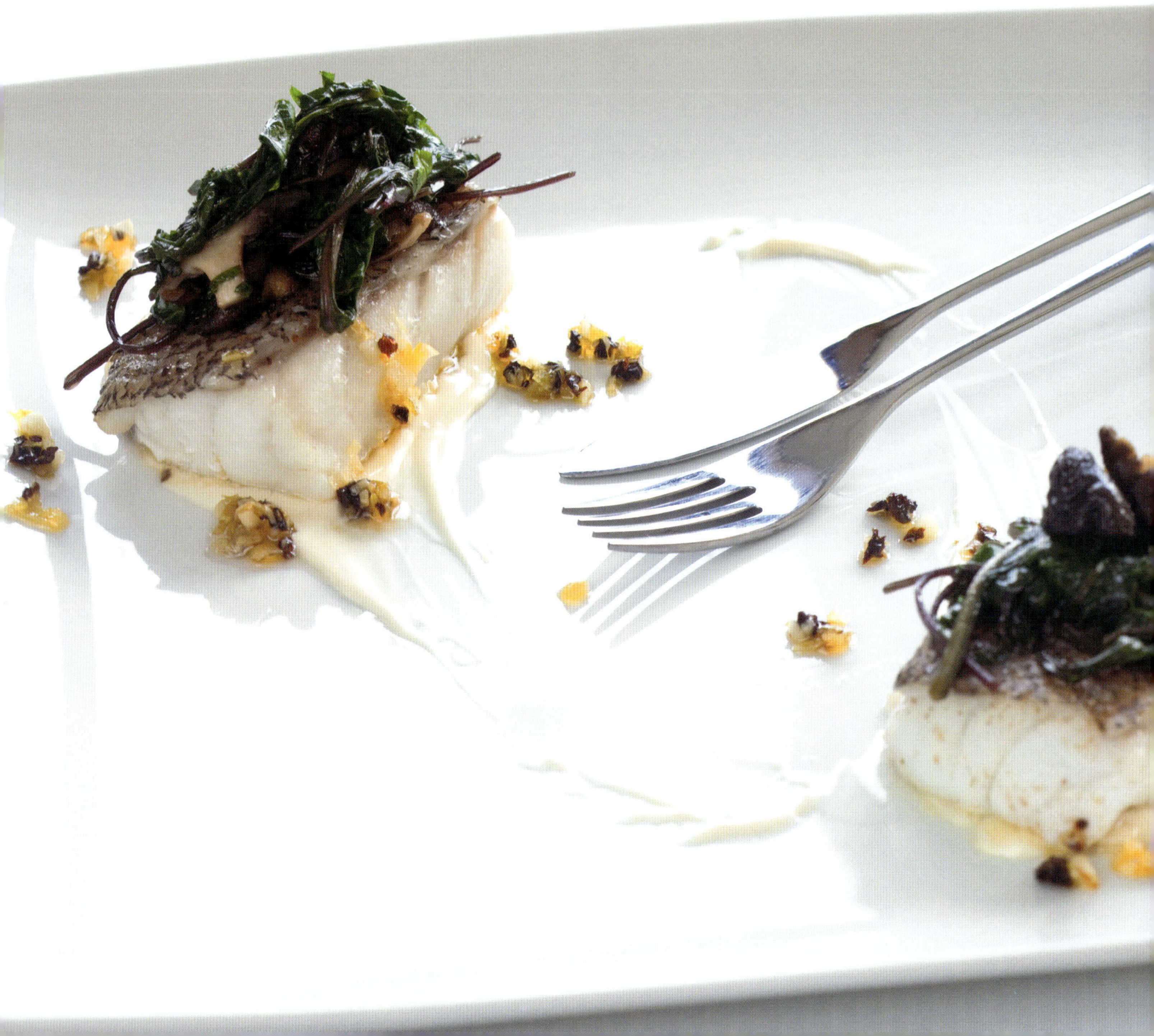

Garoupa confitada
emulsão de bacuri

(10 PORÇÕES)

INGREDIENTES

Lombo de garoupa	2 kg
Alho-poró picado	150 g
Alhos picados	5 dentes
Tomate seco picado	1 c. chá
Suco de limão	1 dl
Azeite virgem extra	q.b.
Sal marinho tradicional	q.b.
Pimenta-do-reino moída na hora	q.b.
Cumaru (semente)	q.b.

Emulsão

Polpa de bacuri	300 g
Alho picado	20 g
Azeite virgem extra	1 dl
Cebola picada	100 g
Vinho branco	1 dl
Sal marinho tradicional	q.b.

Guarnição

Cogumelo shitake cortado ao meio	500 g
Espinafre em folha	500 g
Salsa picada	1 c. sopa
Azeite virgem extra	0,5 dl
Sal marinho tradicional	q.b.

PREPARO

Numa assadeira, coloque o peixe, tempere com sal, pimenta moída na hora, a semente de cumaru (em raspas, em pouquíssima quantidade) e o suco de limão e deixe repousar por 10 minutos.
Coloque o azeite para aquecer numa *sauteuse* (frigideira ou caçarola), adicione o alho-poró, o alho e o tomate seco.
Junte esse refogado ao peixe e leve ao forno coberto com papel-alumínio, a 150 ºC durante 20 minutos.

Doure a cebola e o alho em azeite em fogo muito brando.
Refresque com vinho branco e junte a polpa de bacuri. Deixe reduzir. Tempere com sal e leve ao liquidificador até obter uma textura homogênea.

Salteie os cogumelos e o espinafre em azeite, tempere com sal e perfume com a salsa.
Sirva juntamente com o peixe e a emulsão.

Lavagante salteado
creme de banana

(10 PORÇÕES)

INGREDIENTES

Lavagante de cerca 300 g cada	10 unid.
Azeite virgem extra	0.5 dl
Sal marinho tradicional	q.b.
Pimenta-do-reino moída na hora	q.b.

Guarnição

Ervilhas-tortas escaldadas	800 g
Azeite virgem extra	0.5 dl
Limão cortado em gomos	1 unid.
Sal marinho tradicional	q.b.
Pimenta-do-reino moída na hora	q.b.

Creme de banana

Banana cortadas em rodelas	300 g
Gengibre picado	15 g
Cebola picada	150 g
Alho picado	3 dentes
Suco de limão	(+/−) 1 dl
Caldo de peixe	q.b.
Pimenta-malagueta moída	q.b.
Salsa picada	q.b.
Azeite virgem extra	1 dl
Sal marinho tradicional	q.b.

PREPARO

Escalde o lavagante durante 50 segundos em água com muito sal.
Corte pelos anéis, tempere com sal e pimenta e doure em azeite.

Salteie as ervilhas em azeite, tempere com sal e pimenta e guarneça com os gomos de limão.

Puxe em 0,5 dl de azeite a cebola, o alho e o gengibre. Junte a banana, o suco de limão e o caldo de peixe, tampe e deixe cozinhar lentamente. Tempere e leve ao liquidificador com o azeite restante.
Perfume com salsa picada.

NOTA
O lavagante pode ser substituído por cavaquinha ou lagosta.

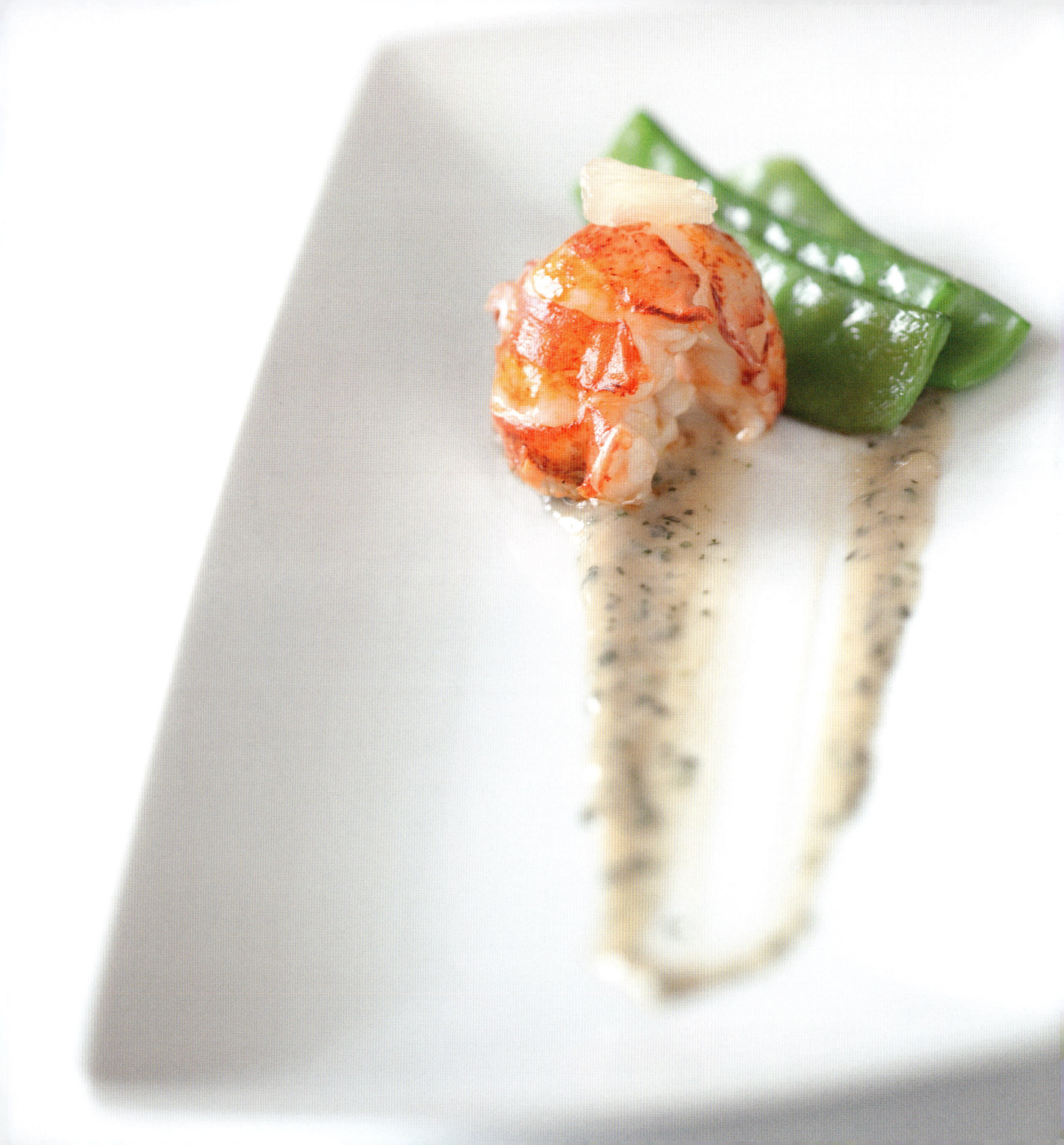

Línguas de bacalhau
e creme de maracujá
(10 PORÇÕES)

INGREDIENTES

Línguas de bacalhau demolhadas	800 g
Cebola picada	150 g
Alho picado	4 dentes
Azeite virgem extra	1 dl
Vinho branco	1,5 dl
Folha de massa de arroz	10 unid.
Sal marinho tradicional	q.b.
Pimenta-do-reino moída na hora	q.b.

Creme

Maracujá pequeno	8 unid.
Mel	1 c. chá
Alho-poró picado	100 g
Azeite virgem extra	1 dl
Vinagre de arroz	q.b.
Pimenta-malagueta verde	q.b.
Sal marinho tradicional	q.b.
Água	q.b.

Finalização

Lavagantes cozidas laminadas	2 unid.
Poejo (folhas)	q.b.
Flores	q.b.
Brotos	q.b.

PREPARO

Apare as línguas de bacalhau, leve-as ao forno com a cebola, o alho, o vinho e o azeite, tudo coberto com papel-alumínio, durante 35 minutos a 150 ºC.
Retire as línguas e reserve. Triture no liquidificador o molho do assado até que fique homogêneo e retifique os temperos.
Recheie a massa de arroz previamente demolhada com as línguas de bacalhau e o molho do assado. Feche como se fosse um charuto.

Ferva os maracujás em água. Quando se quebrarem, descasque-os. Reserve as cascas e passe a polpa no *chinois*.
Leve ao fogo para reduzir juntamente com o mel, o alho-poró e a pimenta-malagueta, juntamente com a casca do maracujá. Quando atingir uma textura homogênea bata no liquidificador com o azeite e o vinagre e tempere com sal.

No momento de servir, aqueça ligeiramente o creme de maracujá e os charutos e guarneça com as lâminas de lavagante. Por fim, perfume com as folhas de poejo, os brotos e as flores.

NOTAS
Os lavagantes podem ser substituídos por cavaquinhas, e o poejo por folhas de manjericão.

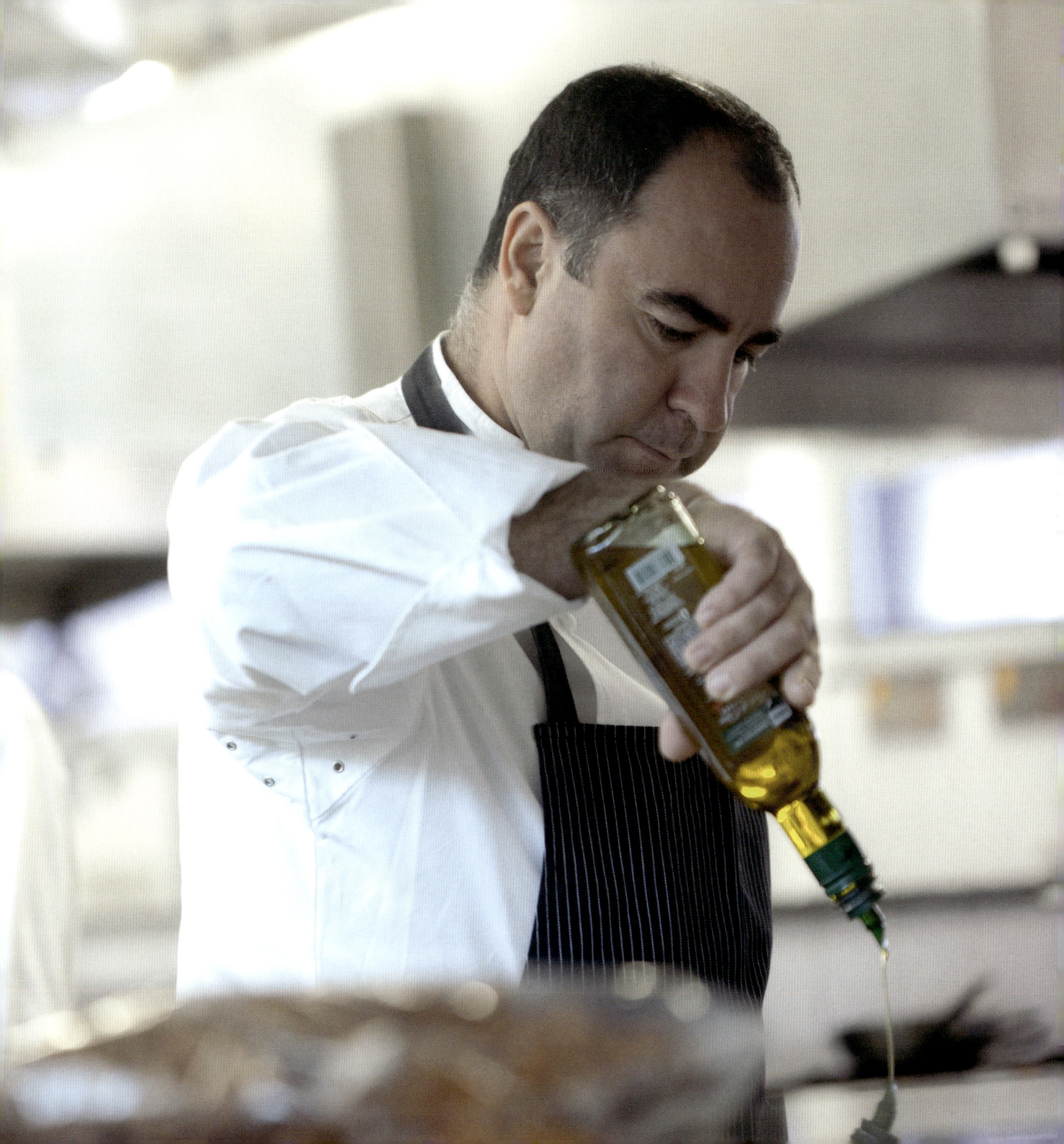

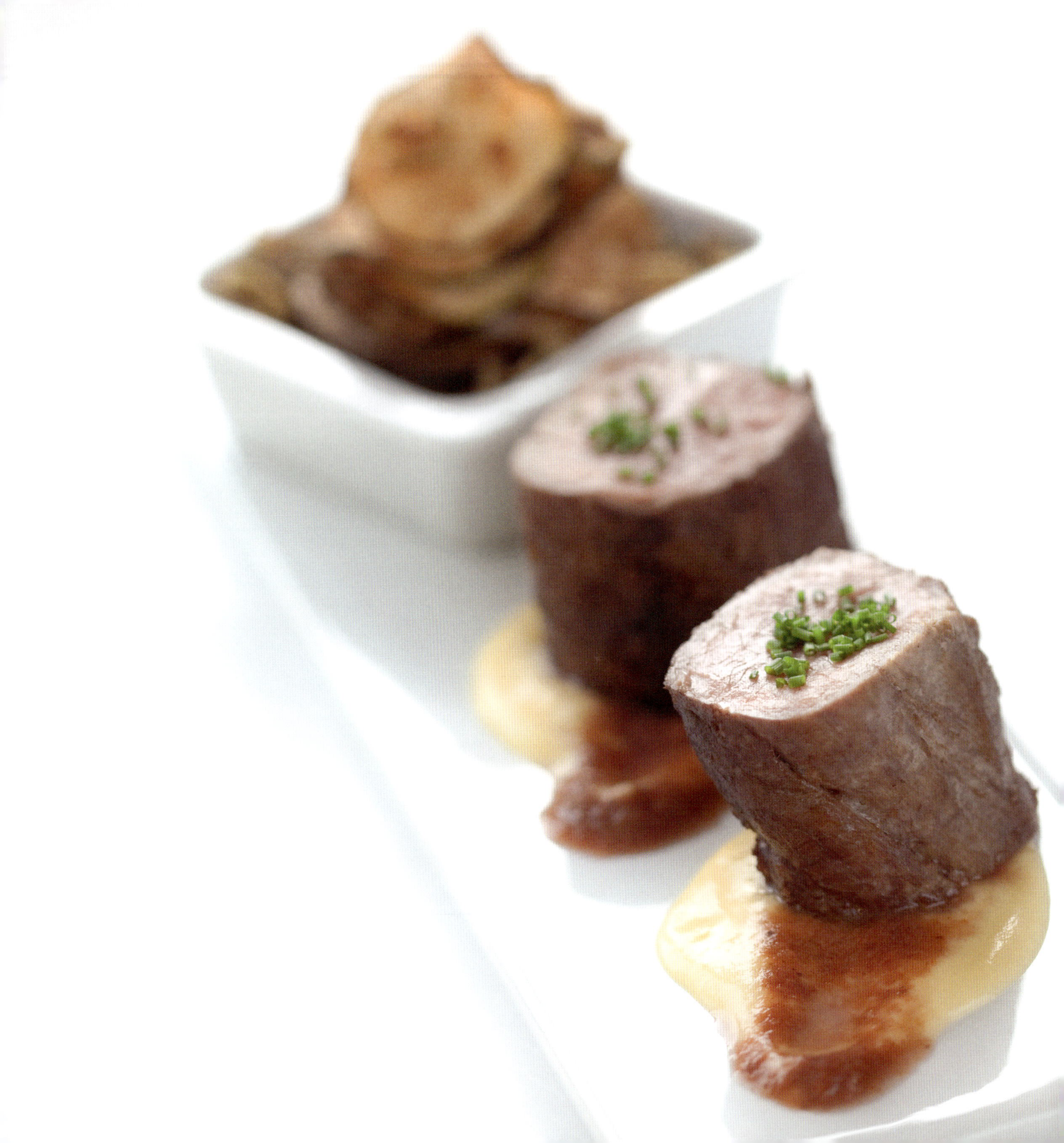

Lombinhos de porco
chips de quiabo e abobrinha
(10 PORÇÕES)

INGREDIENTES

Lombinhos de porco	2 kg
Cebola picada	300 g
Alho picado	50 g
Tomate pelado sem sementes	300 g
Vinho tinto	5 dl
Caldo de galinha	5 dl
Cravo-da-índia	3 unid.
Canela em pau	2 unid.
Azeite virgem extra	0,3 dl
Sal marinho tradicional	q.b.
Pimenta-do-reino moída na hora	q.b.

Guarnição

Quiabo	600 g
Abobrinha	800 g
Óleo vegetal	q.b.
Farinha de trigo	q.b.
Flor de sal	q.b.
Pimenta-do-reino moída na hora	q.b.

Creme de marmelo

Marmelo cortado em cubos	800 g
Cebola picada	150 g
Alho picado	4 dentes
Vinho moscatel	1 dl
Caldo de galinha	2 dl
Azeite virgem extra	0,5 dl
Sal marinho tradicional	q.b.
Pimenta-do-reino moída na hora	q.b.
Cebolinha picada	q.b.

PREPARO

Tempere os lombinhos com sal e pimenta. Doure-os rapidamente em azeite, para selar. Retire-os da frigideira e reserve.
Na mesma frigideira, no azeite que sobrou, refogue a cebola, o alho e o tomate. Refresque com vinho tinto e adicione o lombinho e os temperos restantes.
Leve o preparado ao forno a 65 °C durante 1h30.
Retire os lombinhos e corte-os em fatias. Triture no liquidificador o molho que ficou na assadeira e coe num chinois, retirando a canela e os cravos antes.

Lamine o quiabo e a abobrinha. Passe na farinha, frite em bastante óleo e tempere com flor de sal e pimenta-do-reino moída na hora.

Refogue a cebola e o alho em azeite. Adicione o marmelo e o caldo de galinha.
Quando estiver cozido, tempere com sal e pimenta moída na hora. Adicione o vinho moscatel e ferva por 2 a 3 minutos.
Bata tudo no liquidificador até obter uma mistura homogênea.
Por fim, perfume com cebolinha picada.

Manta tostada
esparregado e farofa de laranja
(10 PORÇÕES)

INGREDIENTES

Costela de porco	3,5 kg
Alho laminado	6 dentes
Cebola cortada em cubos	1,2 kg
Vinho branco	6 dl
Mostarda de Dijon	20 g
Azeite virgem extra	1 dl
Caldo de galinha	6 dl
Sal marinho tradicional	3 c. sob.
Pimenta-do-reino	20 grãos

Esparregado

Espinafre escaldado	2 kg
Alho laminado	3 dentes
Cebola picada	250 g
Abobrinha escaldada sem as sementes	350 g
Azeite virgem extra	1,5 dl
Sal marinho tradicional	q.b.
Pimenta-do-reino moída na hora	q.b.

Farofa

Suco de laranja	2 dl
Pão de trigo rústico amanhecido	450 g
Cebola picada	150 g
Azeite virgem extra	1 dl
Sal marinho tradicional	q.b.
Pimenta-do-reino moída na hora	q.b.

PREPARO

Tempere a costela com sal e mostarda. Numa assadeira, faça uma cama com alho, a cebola, o azeite, a pimenta, o vinho branco e o caldo de galinha e coloque sobre ela a costela. Leve a assadeira ao forno coberta com papel-alumínio, a 150 ºC durante 2 horas. Ao fim desse tempo retire o papel-alumínio e aumente o forno para 180 ºC, para dourar, por mais meia hora. Retire a carne e triture o molho.

Faça um fundo com 0,5 dl de azeite, a cebola e o alho. Leve ao liquidificador com os ingredientes restantes e bata até obter uma mistura homogênea.

Refogue a cebola em azeite. Junte os ingredientes restantes e deixe cozinhar até que a farofa fique solta.

NOTA
Divida a costela em porções individuais e acompanhe com o refogado e a farofa.

Mexilhão
em vinagrete de castanha-do-pará
(10 PORÇÕES)

INGREDIENTES

Mexilhão limpo	500 g
Cebola picada	150 g
Alho picado	4 dentes
Azeite virgem extra	1 dl
Vinho branco seco	1 dl
Caldo de peixe	2 dl
Tomilho fresco	q.b.
Sal marinho tradicional	q.b.

Vinagrete

Castanha-do-pará picada	150 g
Cebola roxa picada	100 g
Azeite virgem extra	1,5 dl
Vinagre de vinho branco	0,5 dl
Hortelã-da-ribeira	q.b.
Sal marinho tradicional	q.b.
Pimenta-do-reino moída na hora	q.b.

PREPARO

Refogue em azeite a cebola e o alho. Adicione os mexilhões e o vinho branco. Deixe evaporar. Junte o caldo de peixe e cozinhe por alguns instantes.

Retire os mexilhões. Bata o caldo no liquidificador e passe pelo *chinois*. Perfume com o tomilho, retifique o tempero, se necessário, e reserve.

Marine a castanha e a cebola no vinagre durante 30 minutos. Adicione o azeite, perfume com hortelã e tempere com sal marinho e pimenta-do-reino moída na hora.

Guarneça o mexilhão com o vinagrete e sirva o caldo à parte.

NOTA
Caso não haja hortelã-da-ribeira, pode ser substituída por hortelã-pimenta.

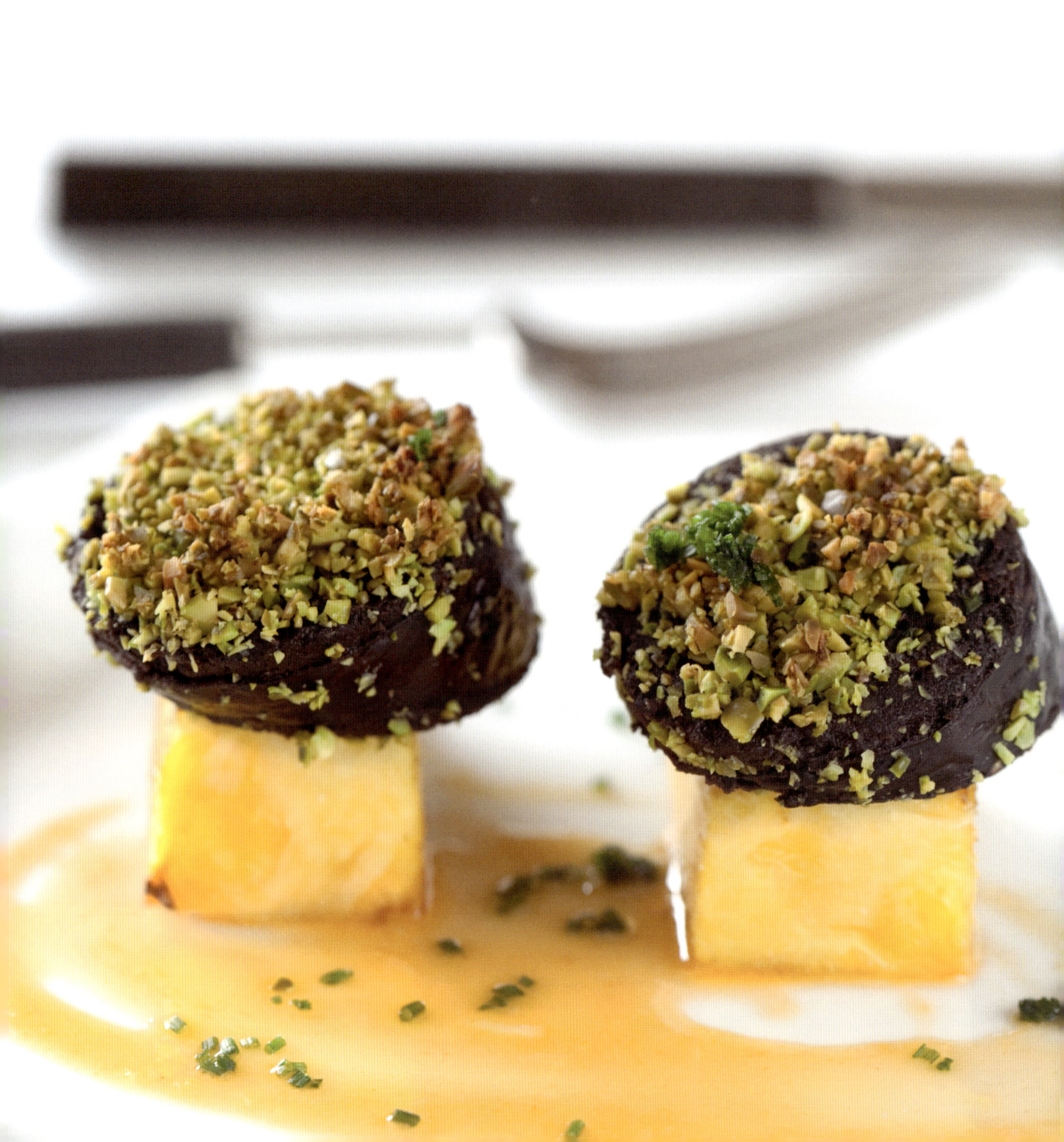

Morcela com pistaccios
abacaxi caramelizado

(10 PORÇÕES)

INGREDIENTES

Morcela em rodelas	800 g
Pistaches picados	150 g

Abacaxi caramelizado

Abacaxi cortado em retângulos	600 g
Azeite virgem extra	0,2 dl
Vinho moscatel	0,5 dl
Cebolinha picada	q.b.
Flor de sal	q.b.

Vinagrete de limão

Limão (suco)	1 dl
Cebola escaldada	50 g
Azeite virgem extra	3 dl
Mel	1 c. chá
Flor de sal	q.b.
Pimenta-do-reino moída na hora	q.b.

PREPARO

Empane a morcela com os pistaches e leve ao forno aquecido a 150 °C para que asse.

Leve o azeite ao fogo até esquentar e caramelize nele o abacaxi.
Perfume com o moscatel e por fim tempere com flor de sal e a cebolinha.

Ferva o suco de limão com a cebola e o mel durante 2 a 3 minutos.
Emulsione com azeite virgem extra e tempere com flor de sal e pimenta-do-reino moída na hora.

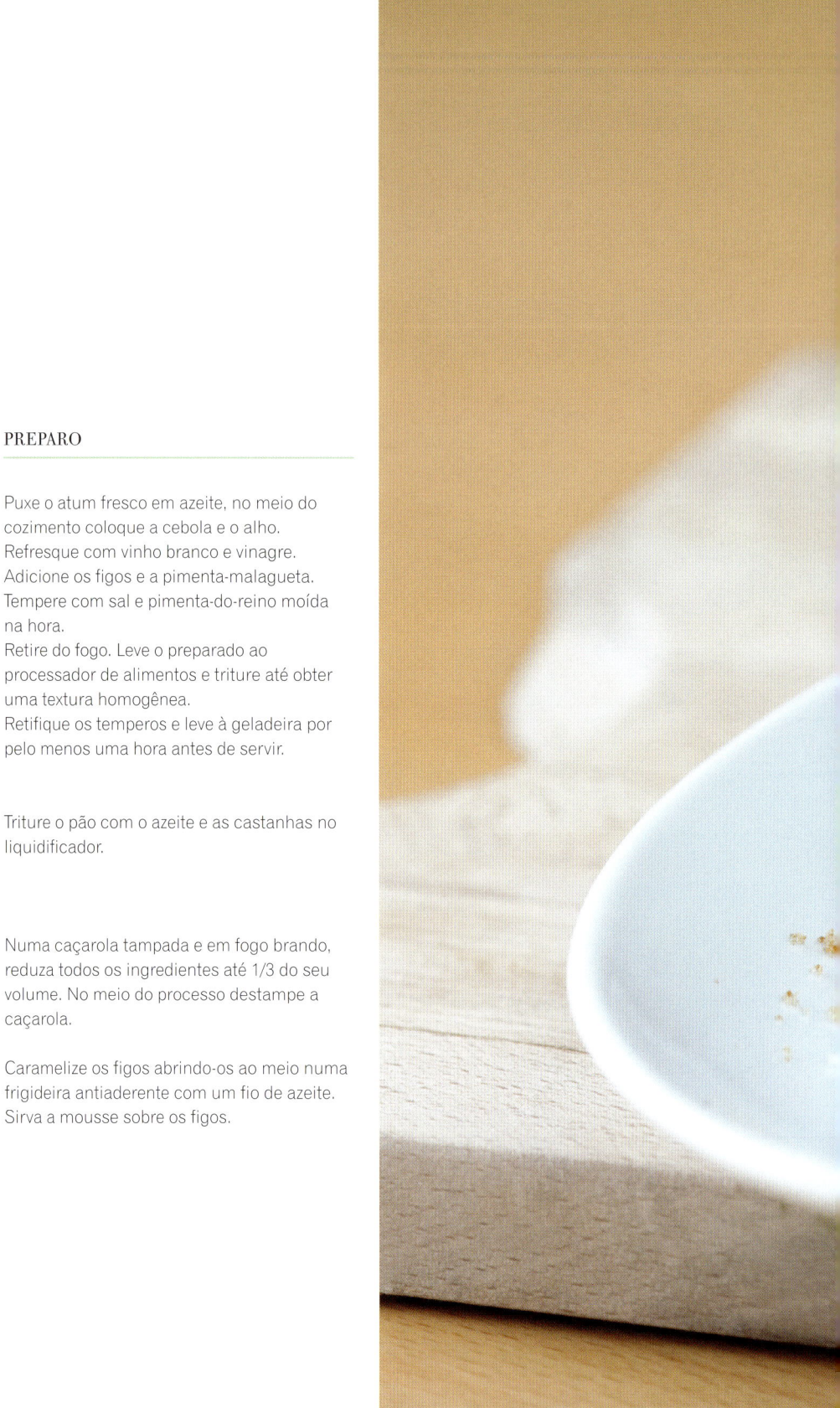

Mousse de atum
farofa de castanha-do-pará

(10 PORÇÕES)

INGREDIENTES

Mousse

Atum fresco	600 g
Azeite virgem extra	0,5 dl
Cebola picada	150 g
Alho laminado	4 dentes
Vinho branco	0,5 dl
Pimenta-malagueta	q.b.
Vinagre de vinho branco	0,5 dl
Sal marinho tradicional	q.b.
Pimenta-do-reino moída na hora	q.b.
Figos frescos	50 g

Farofa de castanha-do-pará

Pão preto torrado	100 g
Castanha-do-pará torrada	150 g
Azeite virgem extra	0,5 dl

Redução de vinagre de vinho tinto

Vinagre de vinho tinto	1,5 dl
Vinho branco	0,5 dl

Salada

Alface coração doce	20 folhas
Figos caramelizados	20 unid.

PREPARO

Puxe o atum fresco em azeite, no meio do cozimento coloque a cebola e o alho. Refresque com vinho branco e vinagre. Adicione os figos e a pimenta-malagueta. Tempere com sal e pimenta-do-reino moída na hora.
Retire do fogo. Leve o preparado ao processador de alimentos e triture até obter uma textura homogênea.
Retifique os temperos e leve à geladeira por pelo menos uma hora antes de servir.

Triture o pão com o azeite e as castanhas no liquidificador.

Numa caçarola tampada e em fogo brando, reduza todos os ingredientes até 1/3 do seu volume. No meio do processo destampe a caçarola.

Caramelize os figos abrindo-os ao meio numa frigideira antiaderente com um fio de azeite. Sirva a mousse sobre os figos.

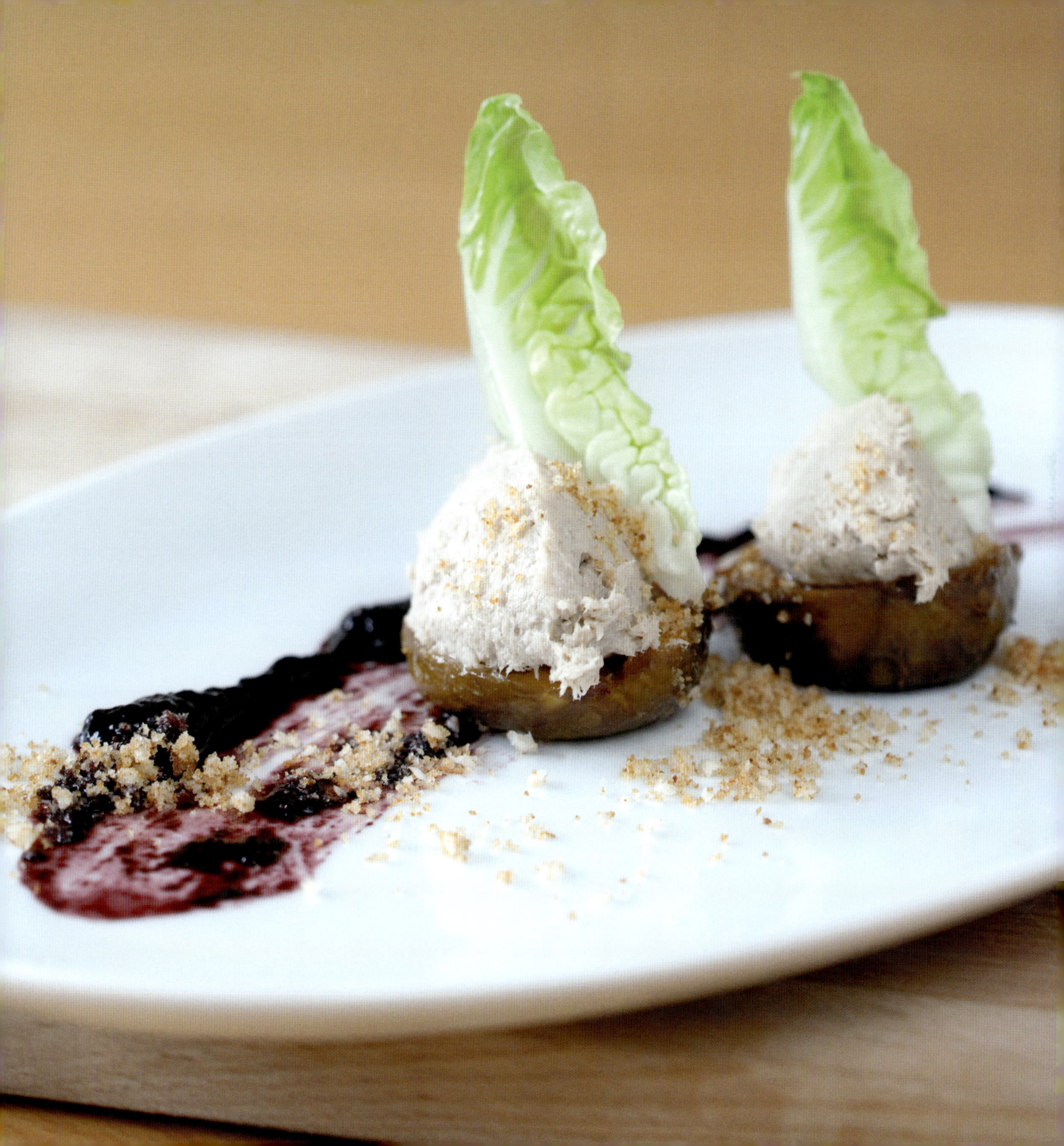

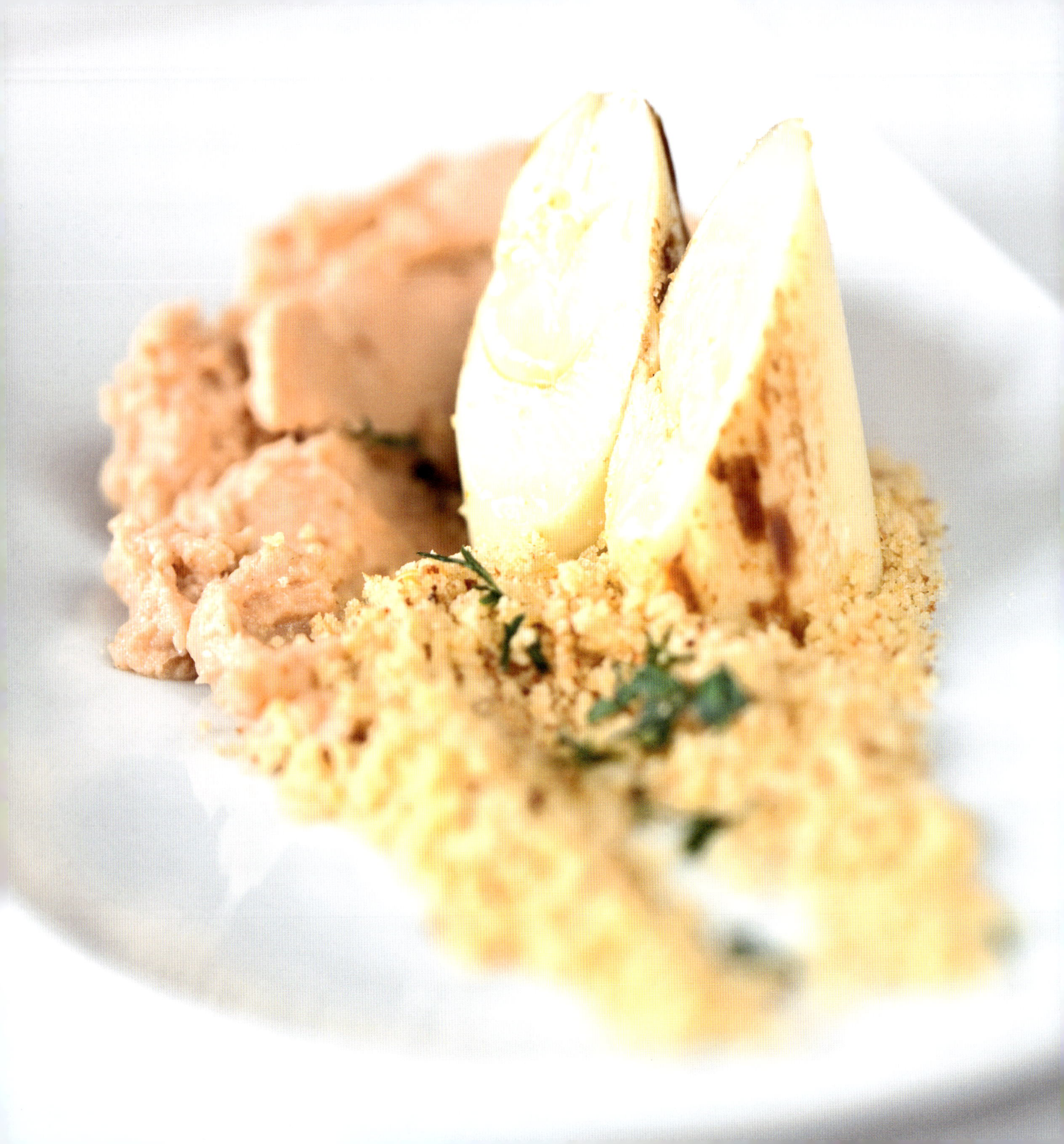

Mousse de tamboril
palmito corado
(10 PORÇÕES)

INGREDIENTES

Tamboril limpo em cubos	800 g
Fígados de Tamboril	100 g
Chouriço de carne picado	100 g
Alho picado	5 dentes
Cebola picada	200 g
Vinho branco	1 dl
Azeite virgem extra	0,5 dl
Limão (suco)	0,5 dl
Tomilho-limão	q.b.
Gengibre ralado	30 g
Sal marinho tradicional	q.b.
Pimenta-do-reino moída na hora	q.b.

Guarnição

Palmito fresco	300 g
Azeite virgem extra	0,2 dl
Flor de sal	q.b.

Farofa

Broa de milho torrada	300 g
Raspa de limão	1 unid.
Azeite virgem extra	0,3 dl

PREPARO

Faça um fundo em azeite com chouriço, alho e cebola. Adicione o tamboril e o fígado. Deixe alourar e molhe o preparado com vinho branco. Tampe e deixe cozinhar em fogo brando.
Quando o tamboril estiver cozido, adicione o gengibre e o tomilho e perfume com um pouco de suco de limão.
Triture no processador de alimentos até obter uma pasta homogênea e retifique temperos.

Doure o palmito ligeiramente em azeite e tempere com flor de sal.

Triture todos os ingredientes no processador de alimentos.

Nhoque
creme de banana, abacate e coentro
(10 PORÇÕES)

INGREDIENTES

Creme
Banana em rodelas	200 g
Alho laminado	20 g
Alho-poró em cubos	80 g
Azeite virgem extra	0,5 dl
Vinho branco	1 dl
Caldo de legumes	8 dl
Sal marinho tradicional	q.b.
Pimenta-preta moída na hora	q.b.

Guarnição
Nhoque	800 g
Abacate em cubos	400 g
Cenoura em cubos	200 g
Queijo Ilha ralado	150 g
Coentro picado	q.b.
Sal marinho tradicional	q.b.

PREPARO

Prepare um fundo em azeite com alho e alho-poró. Molhe com vinho branco, deixe ferver e junte a banana. Molhe com o caldo de legumes, tampe e deixe cozinhar até a banana amolecer.
Bata no liquidificador o preparado, passe pelo chinois e leve de novo ao fogo. Tempere com sal marinho e pimenta moída na hora, deixe apurar e reserve.

Cozinhe o nhoque em água temperada com sal, escorra bem e reserve.
Escalde a cenoura em água temperada de sal, escorra bem e reserve.
Em uma assadeira, coloque em camadas o creme de banana, o coentro, o abacate, a cenoura e o nhoque.
Antes de servir, salpique o queijo ralado e leve a gratinar ligeiramente.

NOTA
O queijo Ilha, caso não seja encontrado, pode ser substituído por parmesão.

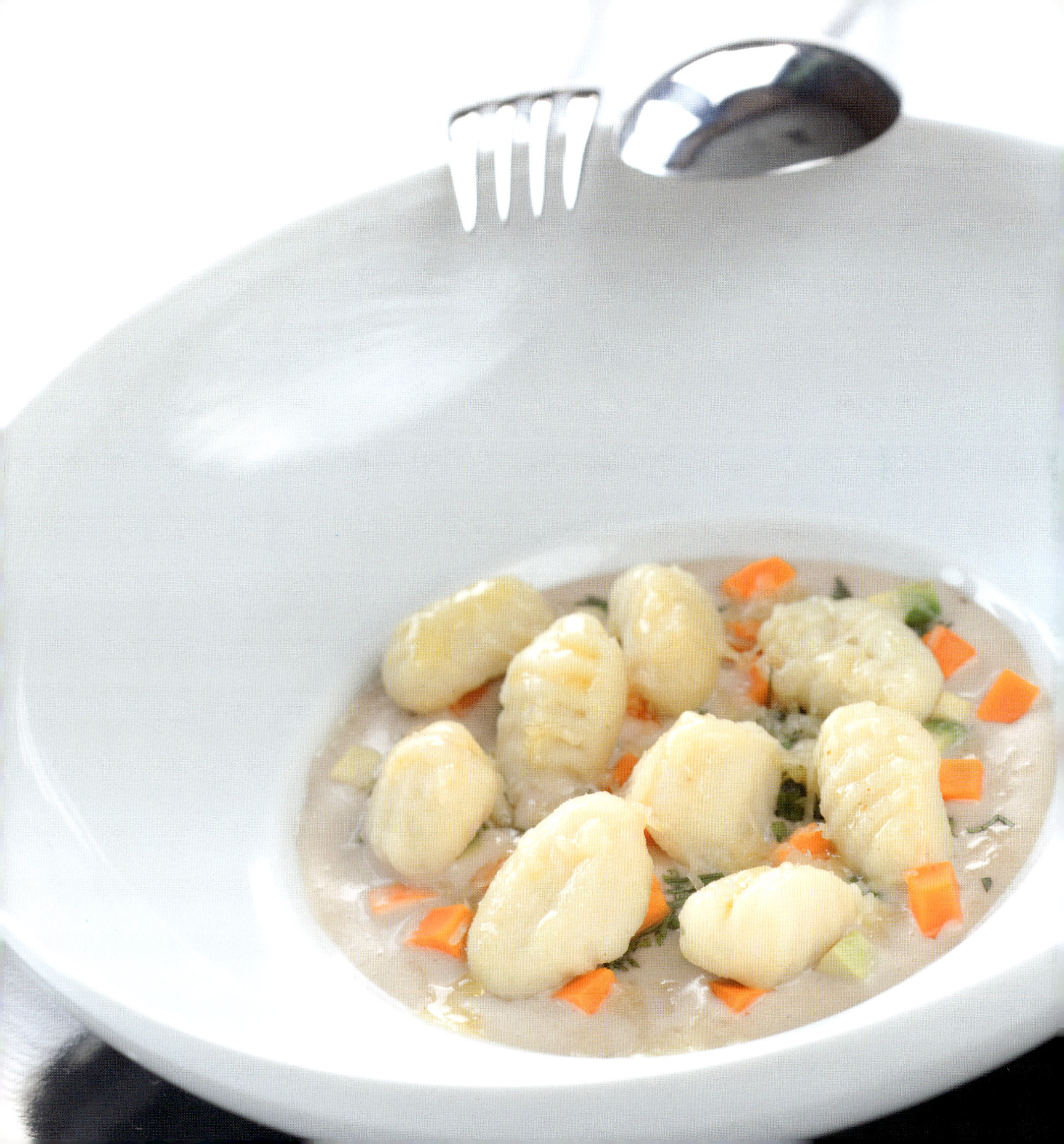

Ostras
purê de berinjela assada e abacate
(10 PORÇÕES)

INGREDIENTES

Ostras	40 unid.

Purê

Berinjela com a casca	800 g
Abacate descascado e sem caroço	250 g
Cebola picada	230 g
Alho picado	5 dentes
Azeite virgem extra	1,5 dl
Vinho branco	1 dl
Sal marinho tradicional	q.b.
Pimenta-do-reino moída na hora	q.b.

Vinagrete

Amêijoas	500 g
Ágar-Ágar	1 c. café
Vinagre de arroz	1 c. sopa
Azeite virgem extra	1 dl

Guarnição

Abobrinha-italiana laminada	300 g
Tomate seco picado	20 g
Suco de limão	q.b.
Flor de sal	q.b.
Hortelã	q.b.

PREPARO

Abra as conchas a vapor, retire as ostras e reserve.

Grelhe as berinjelas inteiras com as cascas. Quando estiverem grelhadas divida-as ao meio e raspe toda a polpa.
Puxe a cebola e o alho em 0,5 dl de azeite. Adicione o miolo da berinjela e o abacate, molhe com vinho branco e deixe evaporar toda a parte líquida.
Tempere com sal e pimenta e leve ao liquidificador com o azeite restante.

Leve uma panela ao fogo com um fio de água e as amêijoas e deixe que abram. Retire as amêijoas das conchas e reserve.
Coe o líquido e leve de novo ao fogo. Dissolva o ágar-ágar nesse líquido. Acrescente o vinagre e o azeite.
Retire do fogo, junte as amêijoas e reserve.

Tempere as abobrinhas com flor de sal e deixe repousar durante 30 minutos. Retire a água e, no momento de servir tempere com os ingredientes restantes.

NOTA
As amêijoas podem ser substituídas por vôngoles.

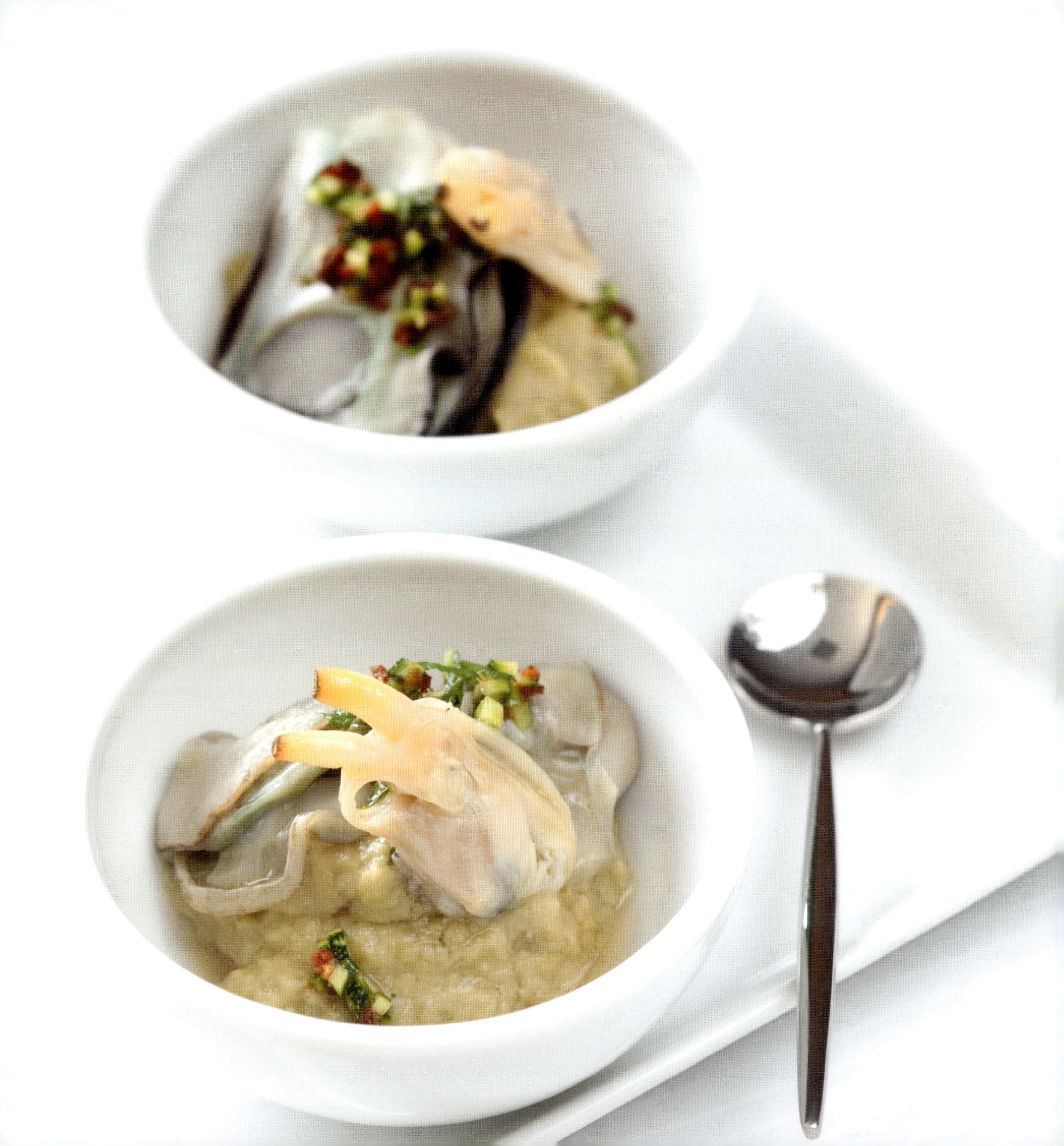

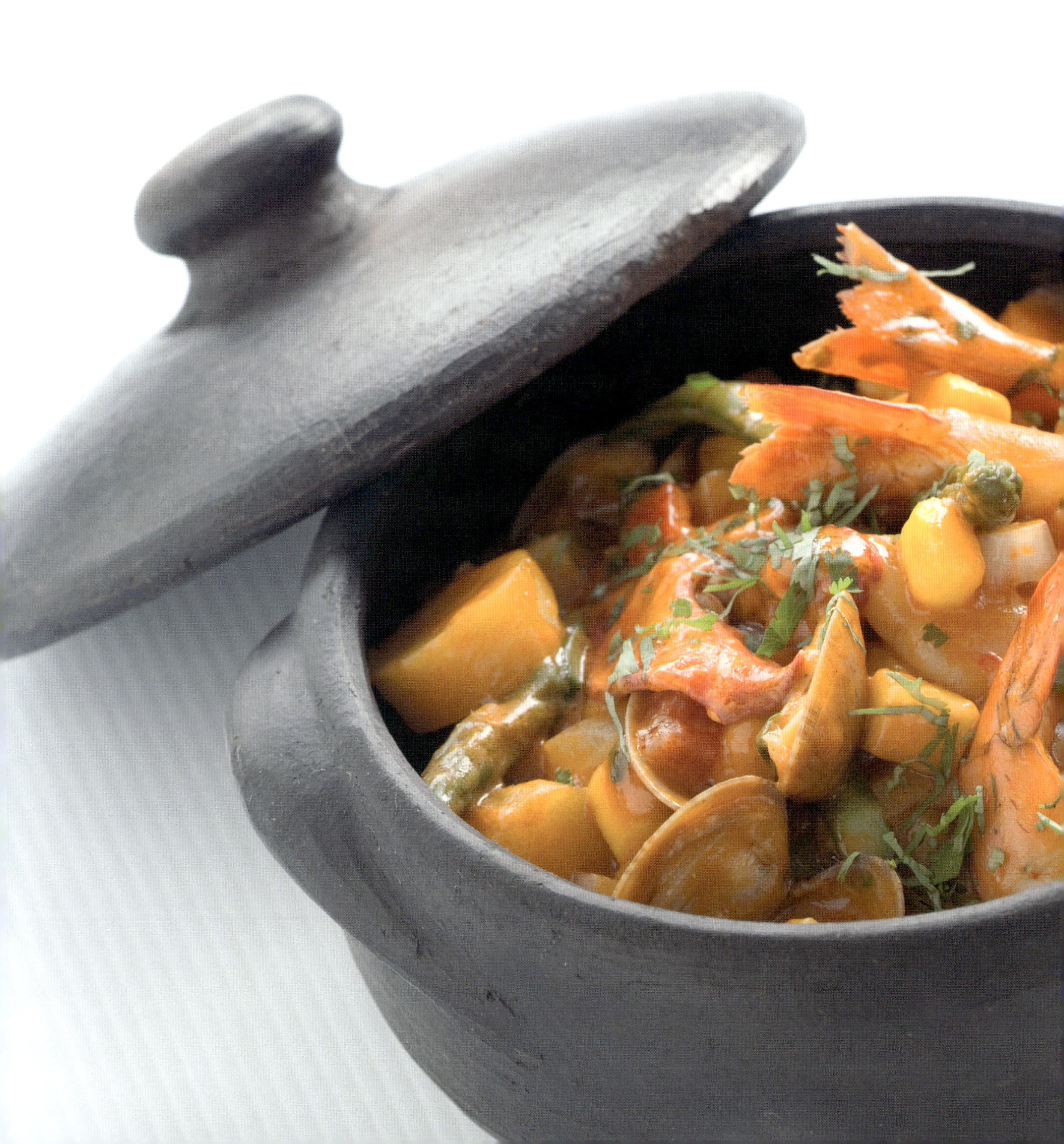

Panela exótica
de mariscos
(10 PORÇÕES)

INGREDIENTES

Caldo de peixe	1 l
Tomate sem pele e sem sementes cortado em gomos	300 g
Alho picado	4 dentes
Cebola picada	200 g
Pimentão vermelho pelado cortado em cubos	200 g
Azeite virgem extra	0,5 dl
Vinho branco	2 dl
Sal marinho tradicional	q.b.
Pimenta-do-reino moída na hora	q.b.

Guarnição

Camarão 21/30 descascado	1,5 kg
Lavagante escaldado sem casca e em rodelas	3 unid.
Amêijoas	1 kg
Abacaxi cortado em cubos grandes	300 g
Manga cortada em cubos grandes	300 g
Aspargos verdes escaldados cortados em pedaços grandes	10 unid.
Ervilha-torta escaldada	20 unid.
Cebola em cubos	100 g
Pimentões vermelhos em cubos	100 g
Tomate sem pele e sem sementes cortado em cubos	200 g
Coentro cortado à juliana	q.b.
Gengibre picado	15 g
Azeite virgem extra	q.b.

PREPARO

Refogue em azeite o alho, a cebola e o pimentão. Molhe com o vinho branco, deixe que ferva e adicione o tomate. Deixe apurar e junte o caldo de peixe tépido. Quando ferver, triture o preparado, no mixer, de forma a obter um creme homogêneo. Tempere com sal e pimenta.

Leve o creme batido novamente ao fogo. Quando levantar fervura, adicione a cebola, o pimentão e o gengibre, e deixe ferver de 5 a 6 minutos.
Junte as amêijoas e o camarão previamente temperados com sal, deixe ferver de 2 a 3 minutos e retifique os temperos. Junte os ingredientes restantes e retire do fogo. Deixe repousar tampado por 5 minutos antes de servir.
Perfume com o coentro picado ou folhas de hortelã e um fio de azeite

NOTA
O lavagante pode ser substituído por cavaquinha, e as amêijoas, por vôngoles.

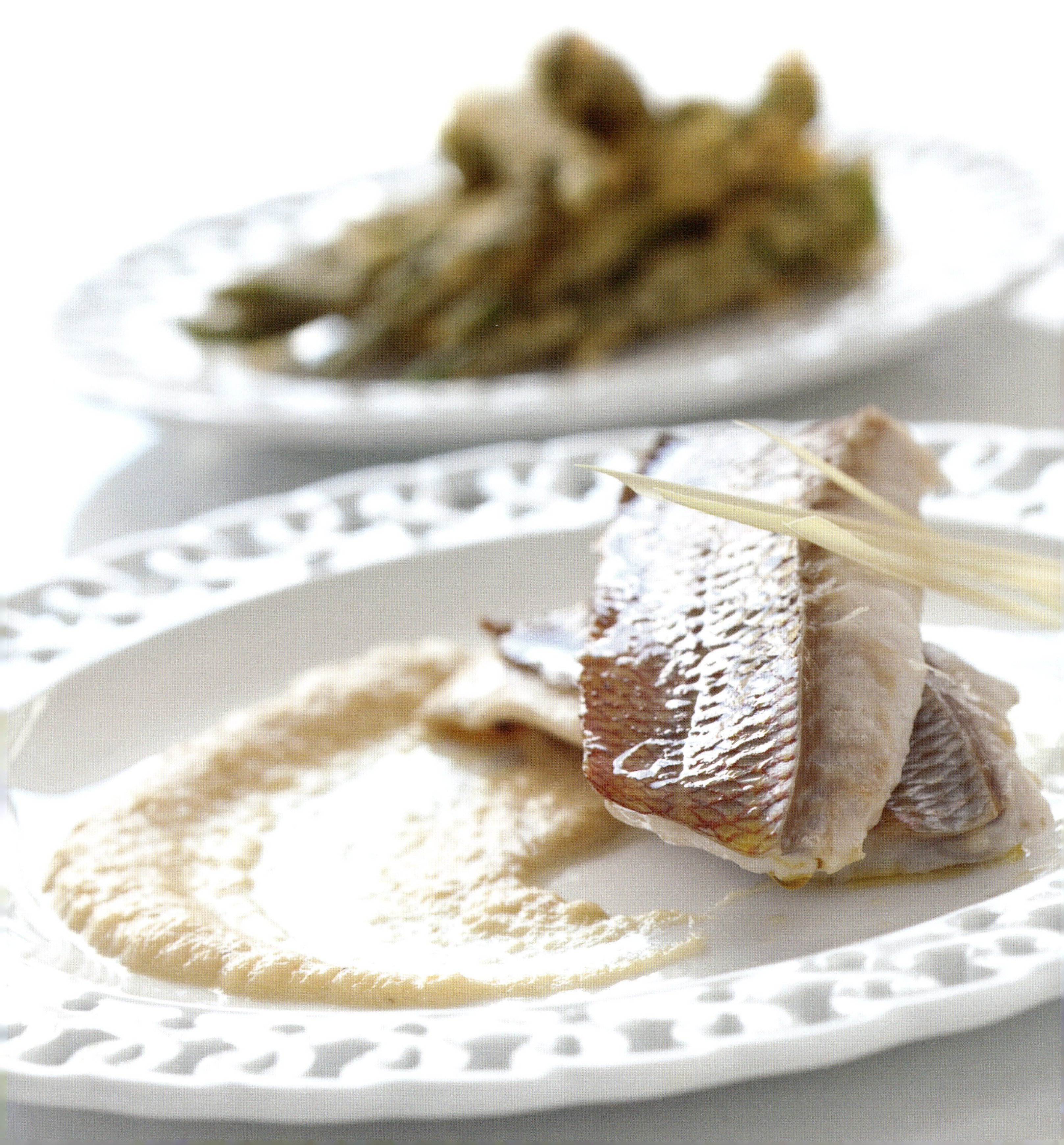

Pargo em salmoura
erva príncipe e maçã verde
(10 PORÇÕES)

INGREDIENTES

Pargo em filé	2 kg
Cebola picada	300 g
Alho laminado	6 dentes
Maçã verde laminada	3 unid.
Capim-limão	q.b.
Vinho branco	1 dl
Suco de limão	1 dl
Caldo de peixe	3 dl
Azeite virgem extra	1 dl
Sal marinho tradicional	q.b.
Pimenta-do-reino moída na hora	q.b.

Guarnição

Quiabo	1 kg
Pimenta-de-caiena	q.b.
Farinha de trigo	200 g
Ovo	3 unid.
Óleo de amendoim	q.b.

PREPARO

Coloque o peixe numa salmoura líquida (1 litro de água e 150 g de sal) durante 45 minutos.

Enquanto isso, numa assadeira, faça uma cama de cebola, alho, maçã e capim-limão. Adicione o azeite, o vinho, o suco de limão e o caldo de peixe. Leve ao forno aquecido a 150 ºC durante aproximadamente 30 a 35 minutos.

Retire o peixe da salmoura e seque-o.

Doure o peixe em azeite do lado da pele. Retire os legumes do forno. Coloque o peixe sobre a cama de legumes, ervas e leve novamente ao forno para que termine de cozinhar.

Quando o peixe estiver no ponto, tire da assadeira e reserve.

Coloque no liquidificador os legumes assados, descartando o capim-limão, tempere com pimenta e sal e bata até obter um creme homogêneo.

Escalde os quiabos em água e sal. Esfrie em água e gelo.

Bata ligeiramente os ovos.

Num recipiente separado, coloque a farinha misturada com a pimenta-de-caiena.

Empane o quiabo, passando-o antes pelo ovo batido e em seguida pela farinha.

Frite em óleo de amendoim até dourar.

Acompanhe o peixe com o creme de legumes e o quiabo.

Pargo no forno
batata-doce e mandioca

(10 PORÇÕES)

INGREDIENTES

Pargo inteiro limpo	3 kg
Toucinho de porco-preto laminado	150 g
Sal marinho tradicional	q.b.
Pimenta-do-reino moída na hora	q.b.

Guarnição

Batata-doce cortada em rodelas	600 g
Mandioca cortada em rodelas	600 g
Cebola nova laminada	200 g
Alho laminado	5 dentes
Pimentão vermelho pelado cortado à juliana	200 g
Suco de laranja	2 dl
Caldo de peixe	q.b.
Azeite virgem extra	0,5 dl
Cardamomo em pó	q.b.
Sal marinho tradicional	q.b.
Pimenta-do-reino moída na hora	q.b.
Coentro picado	q.b.

PREPARO

Tempere o pargo com sal e pimenta, 40 a 50 minutos antes de cozinhar. Cubra-o com o toucinho e reserve.

Numa assadeira que possa levar à mesa, coloque a mandioca, a batata-doce, o pimentão, o alho e a cebola. Tempere com a pimenta, o sal, o cardamomo e um fio de azeite. Molhe com o suco de laranja, o caldo de peixe e leve ao forno coberto com papel-alumínio, a 150 °C durante aproximadamente 2 horas.

Quando estiver assado, coloque sobre essa cama o peixe e leve de novo ao forno por 30 a 40 minutos a 150 °C.

NOTAS

Sirva no recipiente em que foi ao forno, perfumado com coentro.
O toucinho de porco-preto pode ser substituído por toucinho de porco.

Peixe-galo empanado
castanhas-do-pará, açorda de tomate e ovas
(10 PORÇÕES)

INGREDIENTES

Filetes

Peixe-galo em filetes	2 kg
Alho picado	30 g
Castanha-do-pará torrada	150 g
Broa de milho torrada	150 g
Suco de limão	3 dl
Azeite virgem extra	0,5 dl
Louro	2 folhas
Sal marinho tradicional	q.b.
Pimenta-do-reino moída na hora	q.b.
Erva-doce	q.b.
Óleo	q.b.

Açorda

Pão de trigo rústico amanhecido triturado	1 kg
Tomate maduro pelado e o seu suco	300 g
Alho laminado	3 dentes
Cebola picada	200 g
Ovas de pescada escaldadas	200 g
Vinho branco	1 dl
Louro	2 unid.
Caldo de peixe	1,5 l
Sal marinho tradicional	q.b.
Pimenta de moinho	q.b.
Azeite virgem extra	1 dl
Folhas de coentro	q.b.

PREPARO

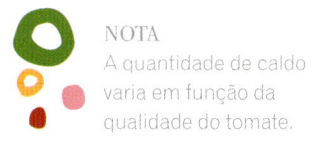

Tempere os filetes de peixe-galo com sal, pimenta, suco de limão, alho, azeite e louro e deixe marinar por 2 horas.

No processador de alimentos, triture a castanha, a broa e a erva-doce até reduzi-las a uma farinha.

Retire os filetes de peixe-galo da marinada, enxugue-os e passe por essa farinha. Frite em óleo aquecido e coloque sobre papel absorvente.

Prepare um refogado com o azeite, o alho, a cebola e as folhas de louro. Refresque com o vinho branco e deixe reduzir.

Adicione o tomate e o seu suco ao pão triturado. Reserve.

Junte o caldo de peixe ao refogado e deixe cozinhar. Acrescente o pão reservado e deixe absorver o caldo.

Pique as ovas e junte à açorda. Tempere com sal e pimenta-do-reino moída na hora e perfume com as folhas de coentro.

No momento de servir, coloque os filetes sobre a açorda.

NOTA
A quantidade de caldo varia em função da qualidade do tomate.

Picanha de salmoura
no forno com feijão preto
(10 PORÇÕES)

INGREDIENTES

Picanha	2 kg
Sal marinho tradicional	q.b.
Alho picado	5 dentes
Azeite virgem extra	1,5 dl

Feijão

Feijão preto cozido	500 g
Cebola picada	200 g
Alho laminado	4 dentes
Tomate sem pele e sem semente	150 g
Linguiça calabresa	4 unid.
Azeite virgem extra	1 dl
Água do cozimento do feijão	q.b.
Sal marinho tradicional	q.b.

Farofa de alho e cebola

Farinha de mandioca	500 g
Cebola grosseiramente picada	200 g
Alho laminado	3 dentes
Manteiga sem sal	30 g
Azeite virgem extra	0,5 dl
Sal marinho tradicional	q.b.

Molho

Laranja em gomos (sem a pele)	4 unid.
Alho picado	2 dentes
Azeite virgem extra	1 dl
Suco de limão	0,5 dl
Hortelã cortada à juliana	10 folhas
Sal marinho tradicional	q.b.

PREPARO

Faça leves talhos em sentido diagonal e transversal na gordura da picanha, tempere-a com sal e deixe-a repousar durante 40 minutos. Misture o azeite com o alho e esfregue-os na picanha.
Preaqueça o forno no programa grill a 240 °C durante 3 minutos, com a carne virada para cima, e 12 minutos, com a gordura virada para cima.

Puxe a cebola, o alho e o tomate em azeite. Junte as calabresas e deixe cozinhar. Adicione o feijão e a água do cozimento, e deixe engrossar.
Retire as calabresas do feijão e corte-as em fatias finas. Junte as fatias ao feijão e retifique o tempero, se necessário.

Doure a cebola e o alho lentamente na manteiga e no azeite até ficarem caramelizados. Adicione a farinha, tempere com sal e vá mexendo lentamente até que adquira um tom acastanhado.

Misture todos os ingredientes e deixe repousar por 30 minutos antes de servir.

NOTAS
As temperaturas e os tempos de forno indicados são para a carne ficar rosada. Deve-se colocar uma assadeira no forno com um pouco de água, e a grelha vai por cima.

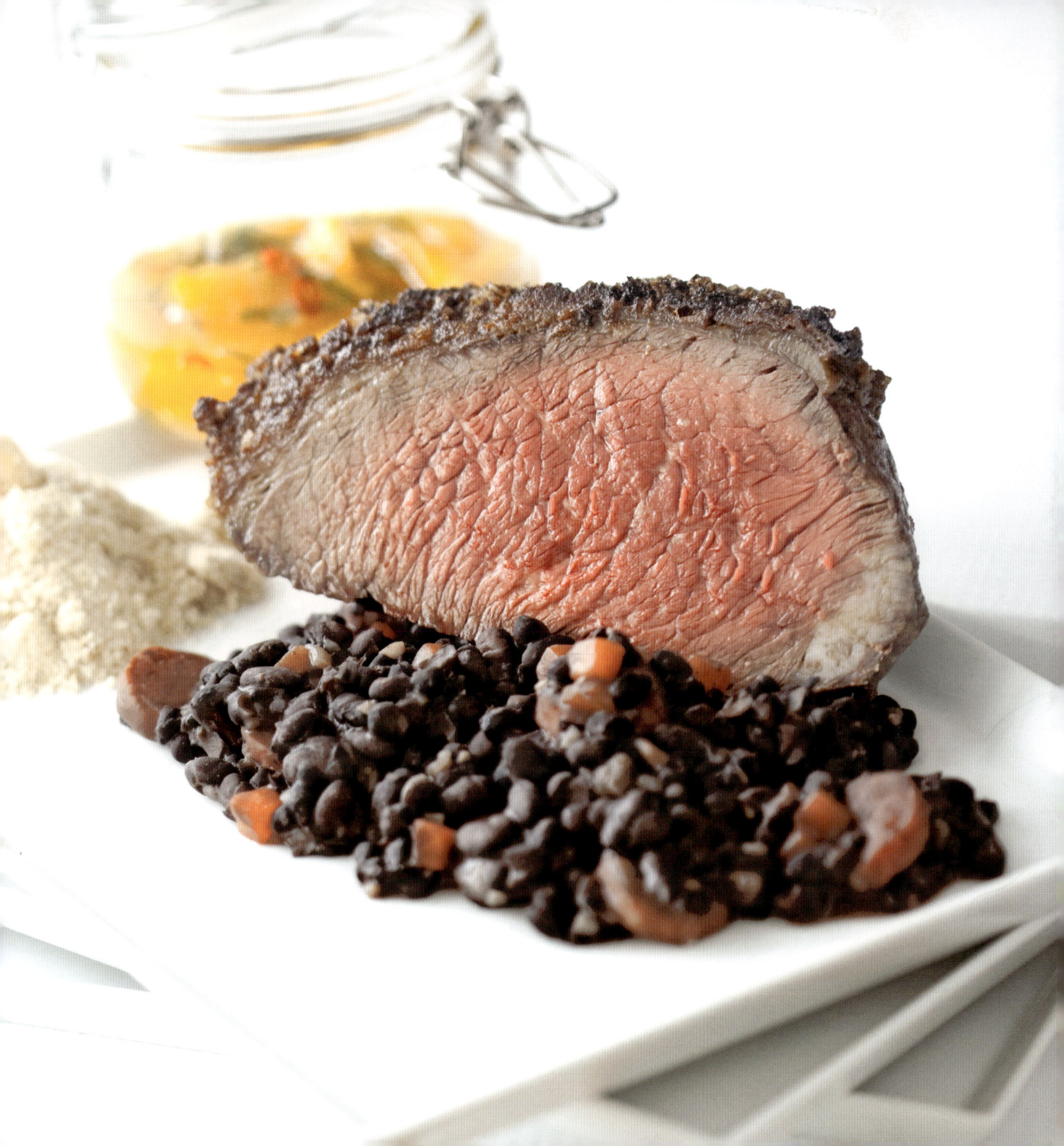

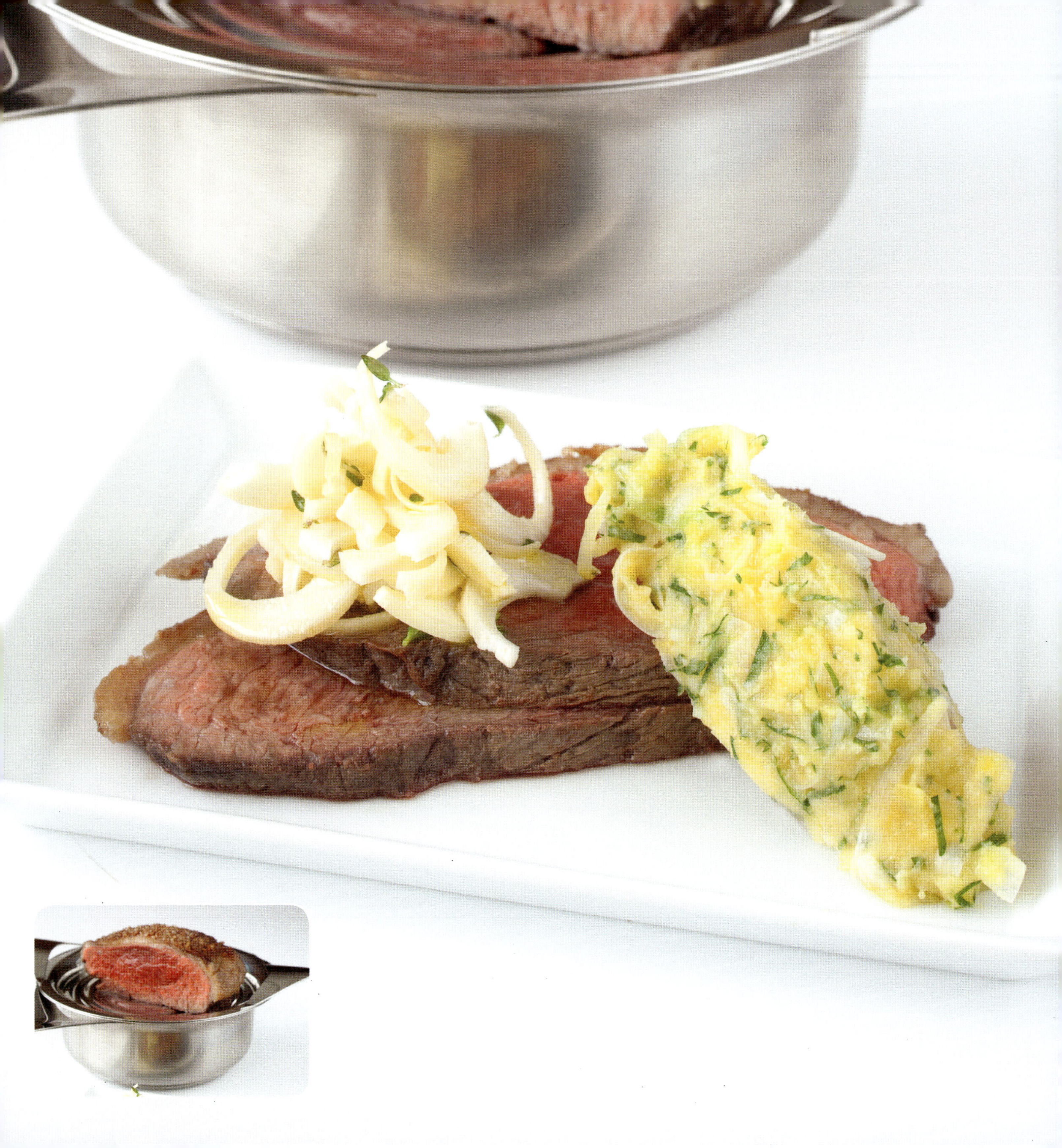

Picanha no tacho
(10 PORÇÕES)

INGREDIENTES

Picanha	2 kg
Sal marinho tradicional	q.b.
Pimenta-do-reino moída na hora	q.b.

Guarnição
Palmito fresco	600 g
Azeite virgem extra	0,5 dl
Suco de limão	0,3 dl
Tomilho-limão (ou simples)	q.b.
Sal marinho tradicional	q.b.
Pimenta-do-reino moída na hora	q.b.

Purê de mandioquinha
Mandioquinha	1 kg
Maçã Granny Smith	300 g
Alho-poró em cubos	150 g
Azeite virgem extra	0,5 dl
Salsa picada	q.b.
Cravo-da-índia	2 unid.
Sal marinho tradicional	q.b.
Pimenta-do-reino moída na hora	q.b.

PREPARO

Limpe a picanha. Com a ajuda de uma faca, faça incisões na diagonal e na transversal apenas no lado da gordura.
Tempere a peça com sal e pimenta moída na hora e deixe repousar por 20 minutos.
Coloque a picanha na panela com a gordura para baixo e leve ao fogo brando. Tampe e deixe-a cozinhar lentamente, até a gordura estar praticamente fundida.
Quando a gordura estiver praticamente fundida, vire a picanha e deixe-a cozinhar por 2 a 3 minutos mais.
Retire-a e fatie-a, reservando.

Corte o palmito em lâminas e tempere com todos os outros ingredientes.
Deixe repousar por 10 minutos.

Cozinhe a mandioquinha e a maçã em água com sal e cravo.
Quando estiverem cozidas, esmague-as com um garfo.
Doure em azeite o alho-poró, perfume com a salsa e adicione ao purê, misturando bem.
Tempere com pimenta moída na hora e corrija o sal, se necessário.

Picanha, raspas de citrinos
vinagrete picante de papaia
(10 PORÇÕES)

INGREDIENTES

Picanha inteira	1,8 kg
Sal marinho tradicional	q.b.
Raspas de limão e laranja	q.b.
Pimenta-do-reino	q.b.

Molho

Papaia picada	250 g
Tomate em cubos	120 g
Gengibre picado	1 c. chá
Mostarda de Dijon	1 c. chá
Azeite virgem extra	2 dl
Vinagre de vinho branco	0,5 dl
Coentro em grão	q.b.
Pimenta cumari	q.b.

PREPARO

Faça leves talhos em sentido diagonal e transversal na gordura da picanha.
Misture as raspas dos cítricos com a pimenta e o sal. Esfregue essa mistura em toda a picanha e deixe-a repousar por 30 minutos. Preaqueça o forno no programa grill a 240 °C. Coloque um pouco de água no fundo de uma assadeira com grelha. Ponha a picanha sobre a grelha, sem contato com a água, e deixe que asse durante 5 minutos, com a carne virada para cima, e, durante 12 minutos, com a gordura virada para cima.

Misture cuidadosamente todos os ingredientes. Sirva a picanha com o molho.

NOTA
As temperaturas e os tempos de forno indicados são para a carne ficar rosada.

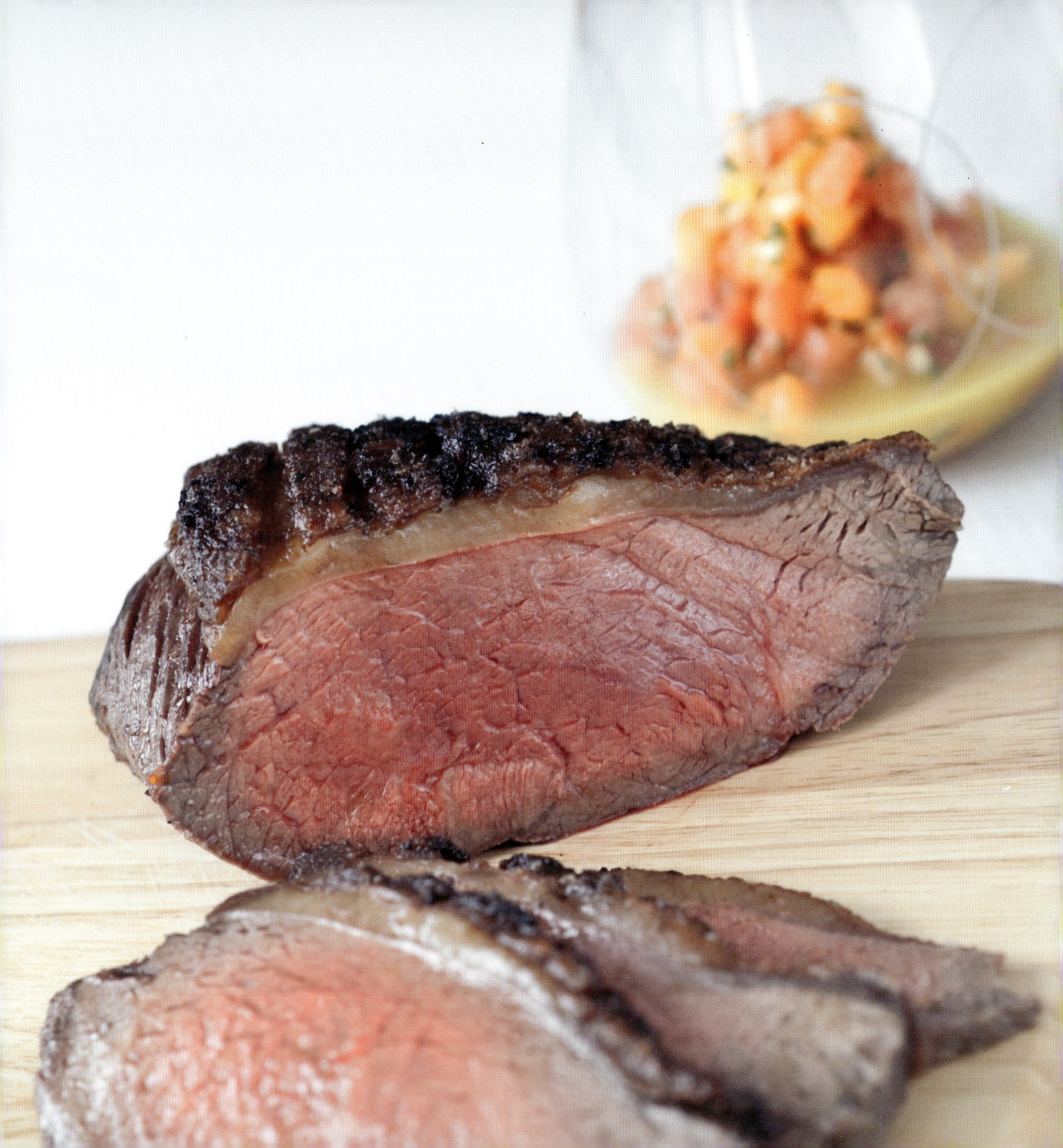

Polvo confitado
creme de legumes assados
(10 PORÇÕES)

INGREDIENTES

Polvo
Polvo confitado (tentáculos)	10 unid.
Alhos cortados ao meio	5 dentes
Cebola picada	100 g
Azeite virgem extra	1.5 dl
Louro	2 folhas
Sal Marinho tradicional	q.b.
Pimenta-da-jamaica	5 grãos

Creme
Pimentão vermelho descascado em cubos	800 g
Abobrinha-italiana em cubos (miolo)	900 g
Toucinho em cubos	100 g
Alho laminado	4 dentes
Azeite virgem extra	1 dl
Sal marinho tradicional	10 g

Farofa
Pão de trigo	350 g
Azeite virgem extra	0,5 dl
Flor de sal	q.b.

Guarnição
Tamarilho	15 unid.
Azeite virgem extra	0,5 dl
Flor de sal	q.b.

Salada
Rúcula	200 g

PREPARO

Tempere o polvo com sal e coloque-o numa assadeira com todos os ingredientes, sem ferver. Cubra com papel-alumínio e deixe cozinhar lentamente durante 2½ horas a 150 °C.

Coloque o toucinho para dourar numa caçarola em fogo brando. Junte os ingredientes restantes, misture tudo e coloque num recipiente refratário.
Leve ao forno a 160 °C por 1 hora, tampado com papel-alumínio.
Retire o papel-alumínio e deixe assar por mais 30 minutos.
Tire do forno e bata tudo no liquidificador até obter um creme homogêneo.

Corte o pão em pedaços e leve ao forno até tostar.
Triture o pão com o azeite no processador e tempere com flor de sal.

Corte os tamarilhos ao meio, tempere com azeite e flor de sal e leve ao forno a 150 °C durante 30 min.

Finalize o prato com a rúcula.

NOTA
O tamarilho pode ser substituído por tomate-japonês ou tomatões.

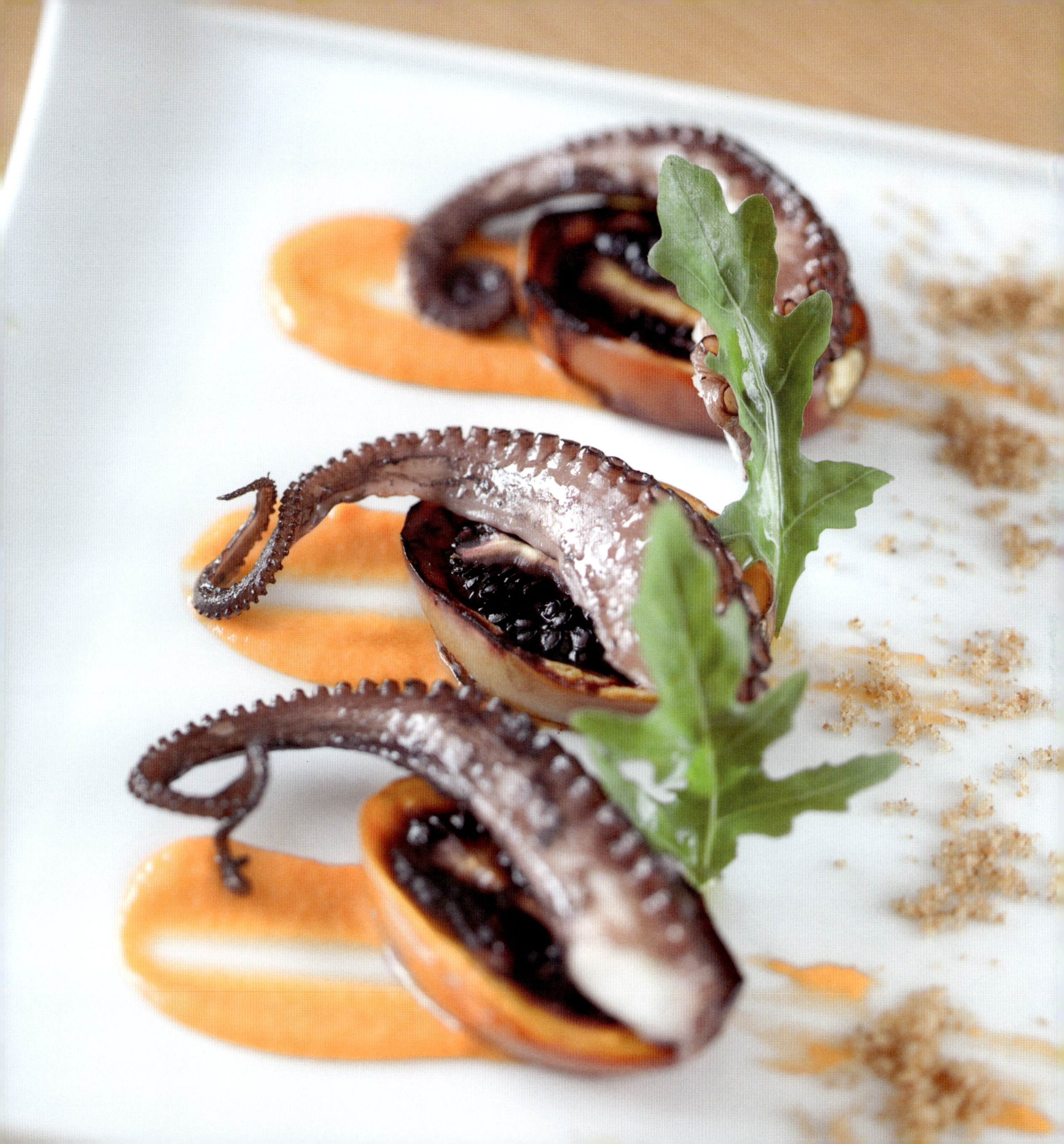

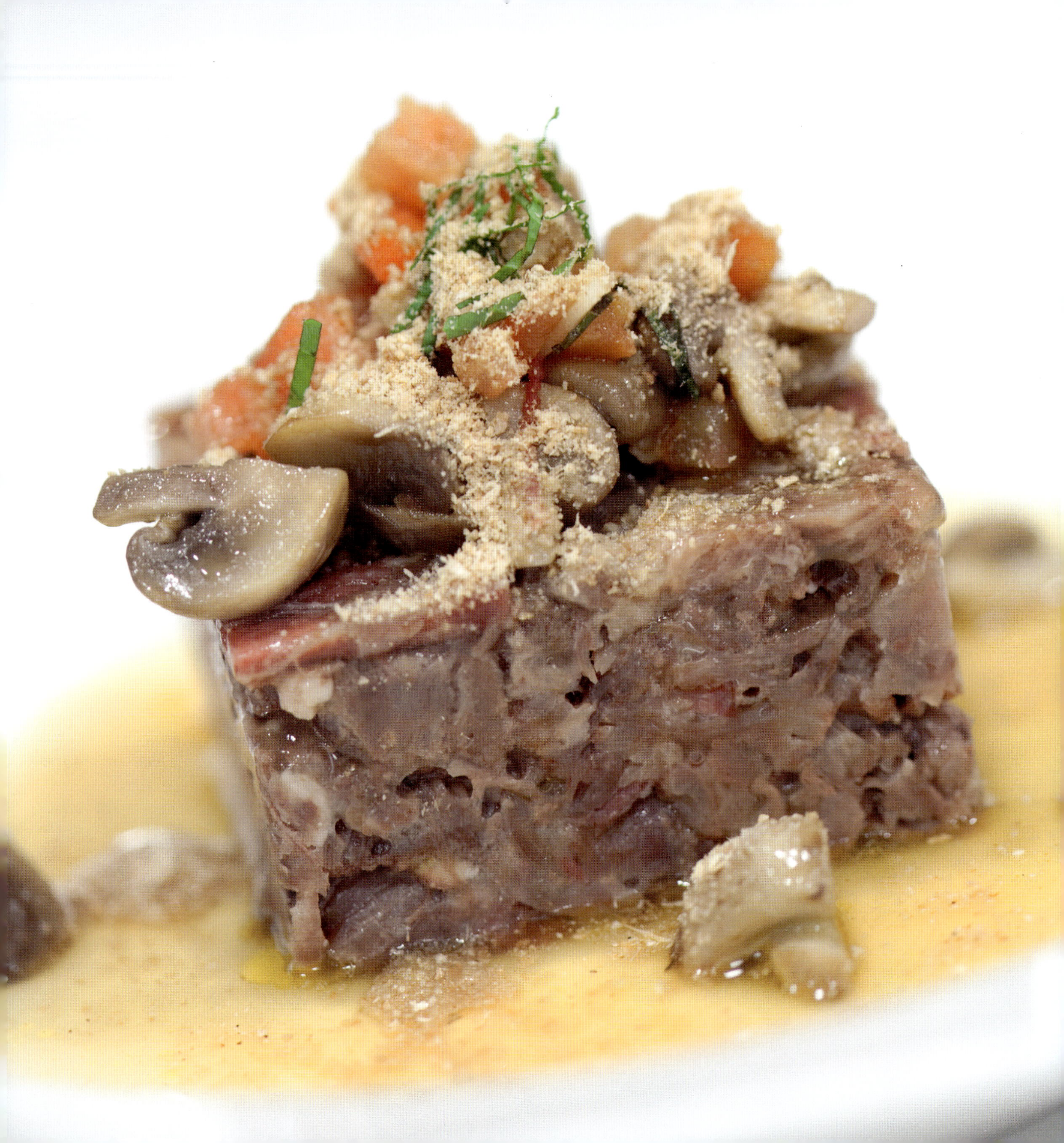

Rabo de boi, carne-de-sol
com cogumelos e tomate
(10 PORÇÕES)

INGREDIENTES

Rabo de boi	3 kg
Carne-de-sol demolhada	500 g
Tomate pelado com sementes	800 g
Alho laminado	4 dentes
Cebola cortada em cubos	250 g
Cogumelos-de-paris cortados em quatro	300 g
Louro	2 folhas
Vinho tinto	5 dl
Caldo de carne	3 dl
Azeite virgem extra	1 dl
Sal marinho tradicional	q.b.
Alecrim	q.b.
Salsa	q.b.
Pimenta-do-reino moída na hora	q.b.

Guarnição

Cogumelos-de-paris laminados	2 kg
Tomate pelado sem sementes cortados em cubo	150 g
Alho laminado	5 dentes
Hortelã cortada à juliana	10 folhas
Azeite virgem extra	1 dl
Sal marinho tradicional	q.b.
Pimenta-do-reino moída na hora	q.b.
Farinha de mandioca torrada	q.b.

PREPARO

Tempere o rabo de boi com sal com 2 horas de antecedência. Preaqueça o forno a 120 °C. Em seguida, coloque o rabo de boi numa assadeira, juntamente com a carne-de-sol e os ingredientes restantes. Tampe com papel-alumínio e leve ao forno durante 8 horas.
Tire a assadeira no forno, retire o rabo de boi e a carne-de-sol, desengordure o molho e bata tudo no liquidificador.
Passe o molho batido por um processador de alimentos, leve ao fogo e corrija os temperos. Desosse o rabo de boi e desfie a carne-de-sol. Coloque toda a carne numa forma retangular forrada com filme. Cubra com outro pedaço de filme e coloque algum peso sobre a assadeira para fazer pressão sobre a carne, por 1 hora.
Desenforme a carne, corte em porções individuais e aqueça no forno quente.

Salteie os cogumelos em azeite de oliva e alho. Junte o tomate, tempere com sal e pimenta moída na hora e perfume com hortelã.

Guarneça com a farinha de mandioca torrada.

Robalo marinado
creme de feijão-preto
(10 PORÇÕES)

INGREDIENTES

Peixe

Filé de robalo limpo cortado em pedaços individuais	1 kg
Suco de limão taiti	3 dl
Alho laminado	3 dentes
Azeite virgem extra	1 dl
Louro	3 folhas
Sal marinho tradicional	q.b.
Pimenta-do-reino moída na hora	q.b.

Creme

Feijão-preto cozido	500 g
Alho laminado	4 dentes
Cebola laminada	150 g
Toucinho defumado picado	60 g
Vinho branco	1 dl
Água do cozimento do feijão	1,5 l
Hortelã	10 folhas
Louro	1 folha
Sal marinho tradicional	q.b.
Pimenta-do-reino moída na hora	q.b.

Vinagrete

Tomate pelado	200 g
Manga verde cortada em cubos	100 g
Cebola picada	100 g
Alho picado	1 dente
Salsa cortada à juliana	2 c. sopa
Azeite virgem extra	1 dl
Flor de sal	q.b.
Vinagre	0,5 dl

PREPARO

Deixe os pedaços de peixe para marinar em 0,5 dl de azeite junto com os ingredientes restantes, durante 20 minutos.
No momento de servir, retire o peixe da marinada e doure do lado da pele no azeite restante em fogo muito brando até que fique crocante.

Coloque o toucinho para derreter lentamente numa panela em fogo brando. Junte alho, cebola e louro e deixe cozinhar um pouco. Molhe com vinho branco, deixe ferver e adicione a água do cozimento do feijão. Tampe a panela e deixe cozinhar.
Junte o feijão, bata no liquidificador o preparado, leve de novo ao fogo. Tempere com sal e pimenta-do-reino moída na hora e perfume com hortelã-da-ribeira.

Numa tigela coloque o alho e a cebola para fazer o vinagrete durante 5 a 10 minutos. Misture o tomate, a salsa e um fio de azeite com o preparado e tempere com flor de sal.

NOTAS
Sirva o peixe sobre o creme de feijão e acompanhe com o vinagrete.
Caso não haja hortelã-da-ribeira, pode ser substituída por hortelã-pimenta.

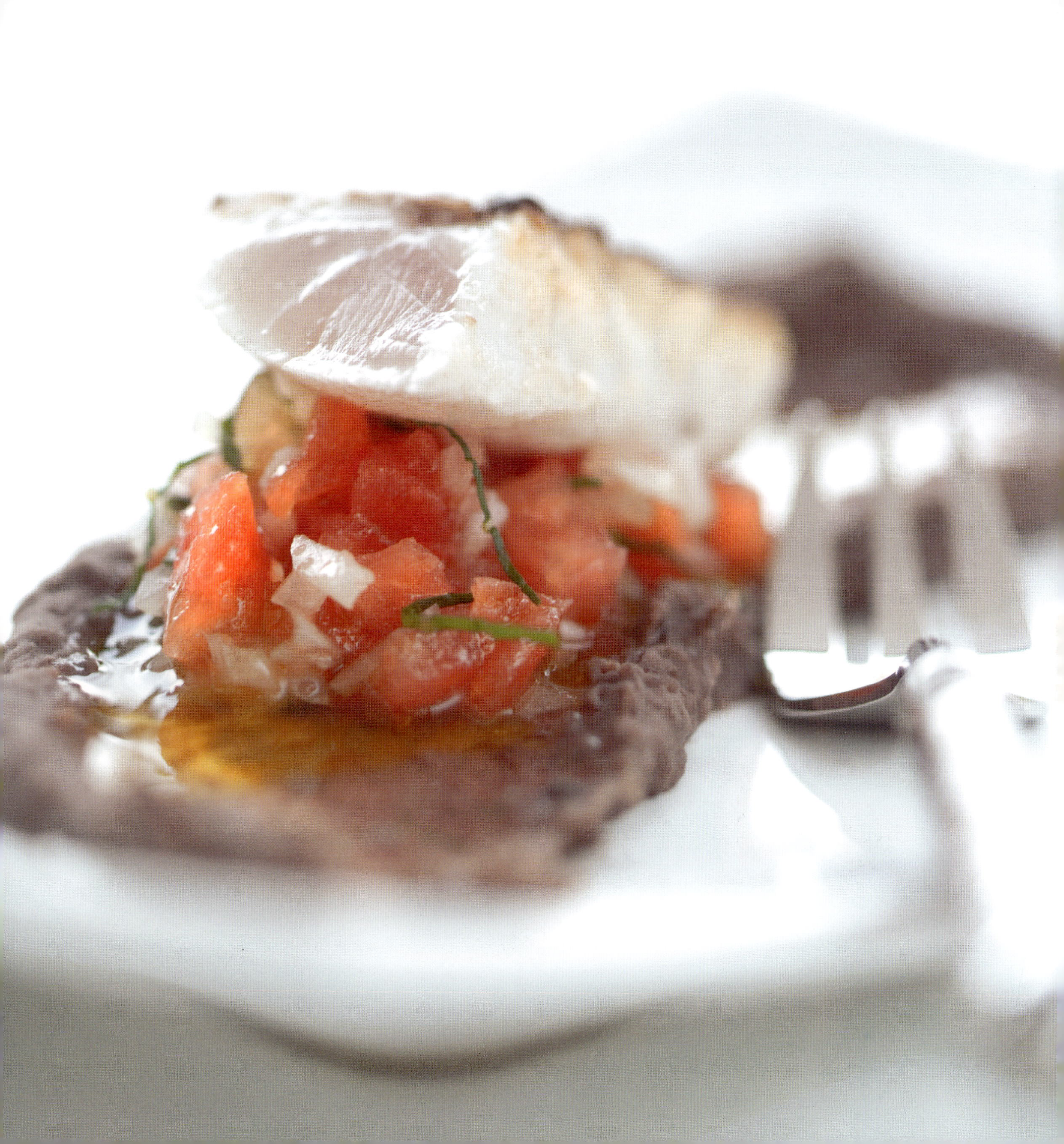

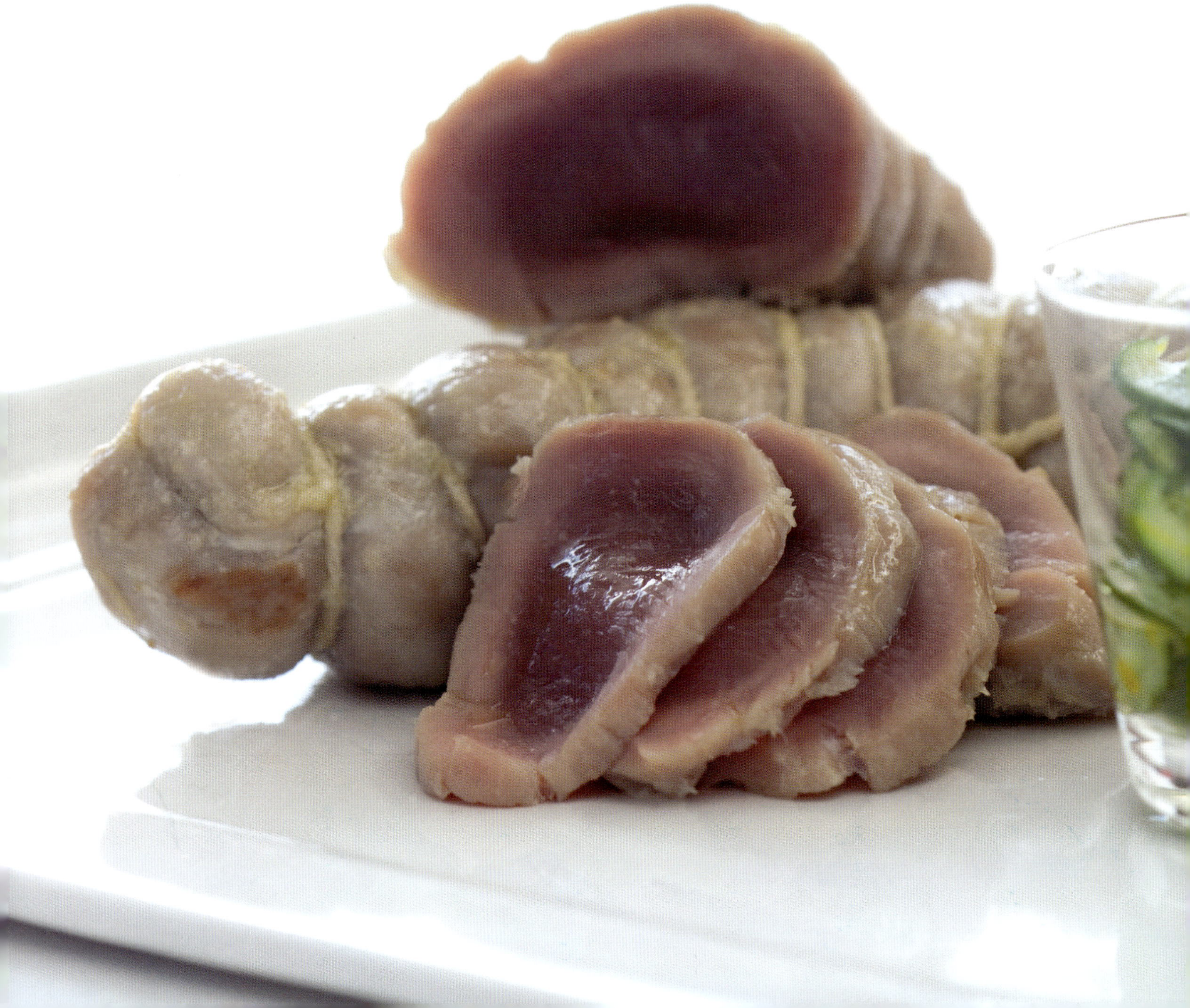

Rosbife tépido
salada de pepino
(10 PORÇÕES)

INGREDIENTES

Contrafilé de vitela	2,4 kg
Alhos com casca	6 unid.
Mostarda de Dijon	20 g
Leite	1 l
Azeite virgem extra	0,5 dl
Louro	1 unid.
Sal marinho tradicional	500 g
Pimenta-do-reino moída na hora	q.b.

Salada

Pepino laminado	500 g
Azeite virgem extra	0,5 dl
Suco de laranja	0,3 dl
Manjericão em folha	q.b.
Flor de sal	q.b.

PREPARO

Barre a carne com sal marinho tradicional, deixe descansar durante 2 horas. Em seguida passe por água e mergulhe em leite durante 1 hora.

Amarre a carne com um barbante de cozinha e barre-a com a mostarda e a pimenta-do-reino moída na hora.

Doure a carne em azeite com o alho com casca e o louro. Coloque numa assadeira destampada e leve ao forno a 180 °C durante aproximadamente 12 minutos.

Lamine o pepino e marine-o com azeite, suco de laranja e flor de sal durante 30 minutos.

Perfume com o manjericão antes de servir.

Salada crocante de legumes
emulsão de gema
(10 PORÇÕES)

INGREDIENTES

Rabanete	200 g
Abobrinha	3 unid.
Cenoura	250 g
Cajá-manga	400 g
Aipo	150 g
Pão de trigo rústico	300 g
Alface frisée	250 g
Alface roxa	250 g
Gelo	q.b.

Emulsão

Azeite virgem extra	1 dl
Suco de limão siciliano	1 dl
Gema	3 unid.
Cebolinha picada	3 c. sopa
Flor de sal	q.b.
Pimenta-da-jamaica	q.b.

PREPARO

Lave as alfaces em água abundante e vinagre, escorra e reserve na geladeira.

Lamine todos os legumes, com a ajuda de uma mandolina e reserve em água e gelo durante 3 horas.

Corte o pão em fatias finas e torre em forno quente.

Escalde as gemas durante 1 minuto, retire e bata no liquidificador com o suco de limão e o azeite até emulsionar.

Tempere com flor de sal e a pimenta-da--jamaica moída na hora e guarneça com a cebolinha picada.

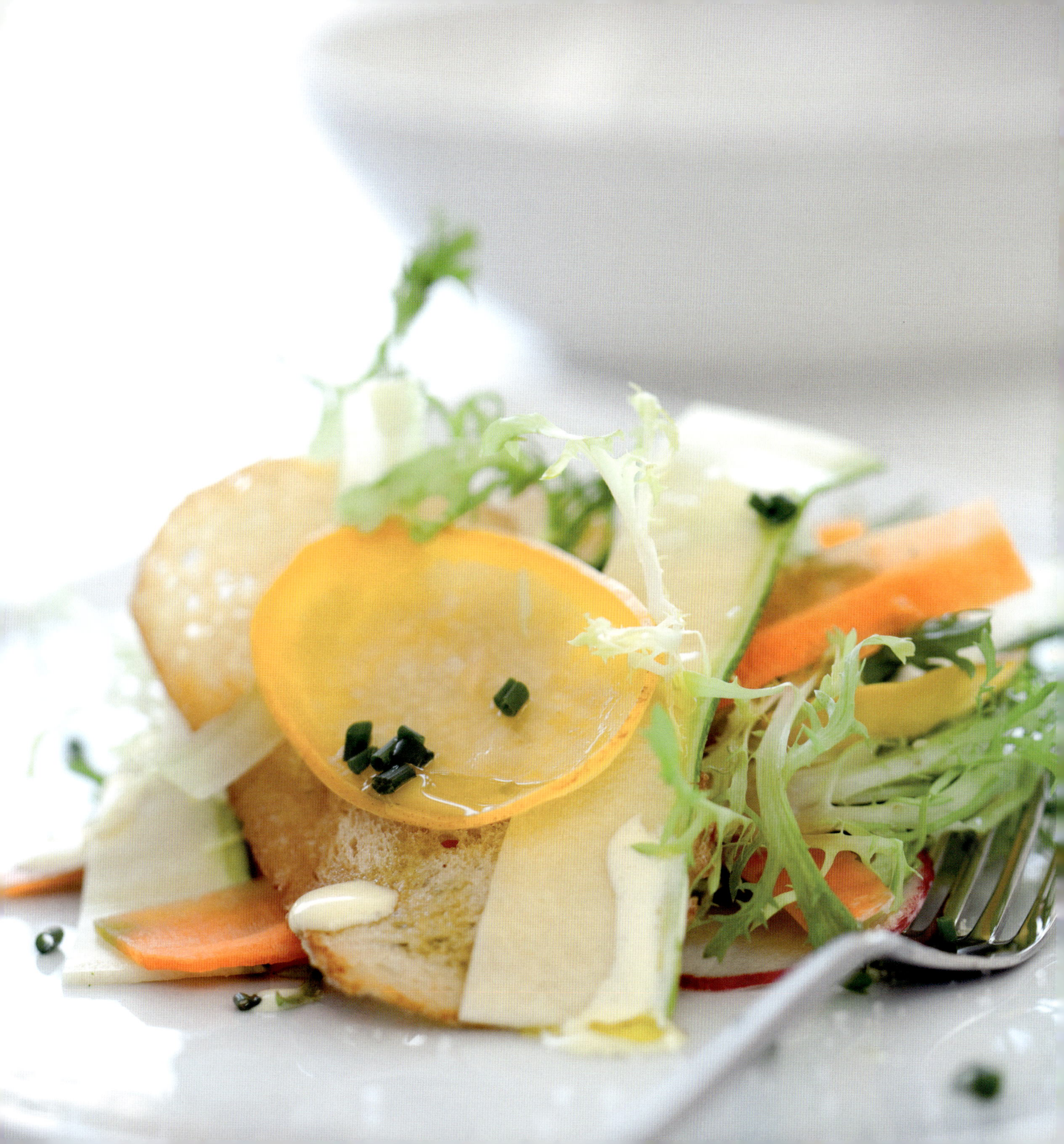

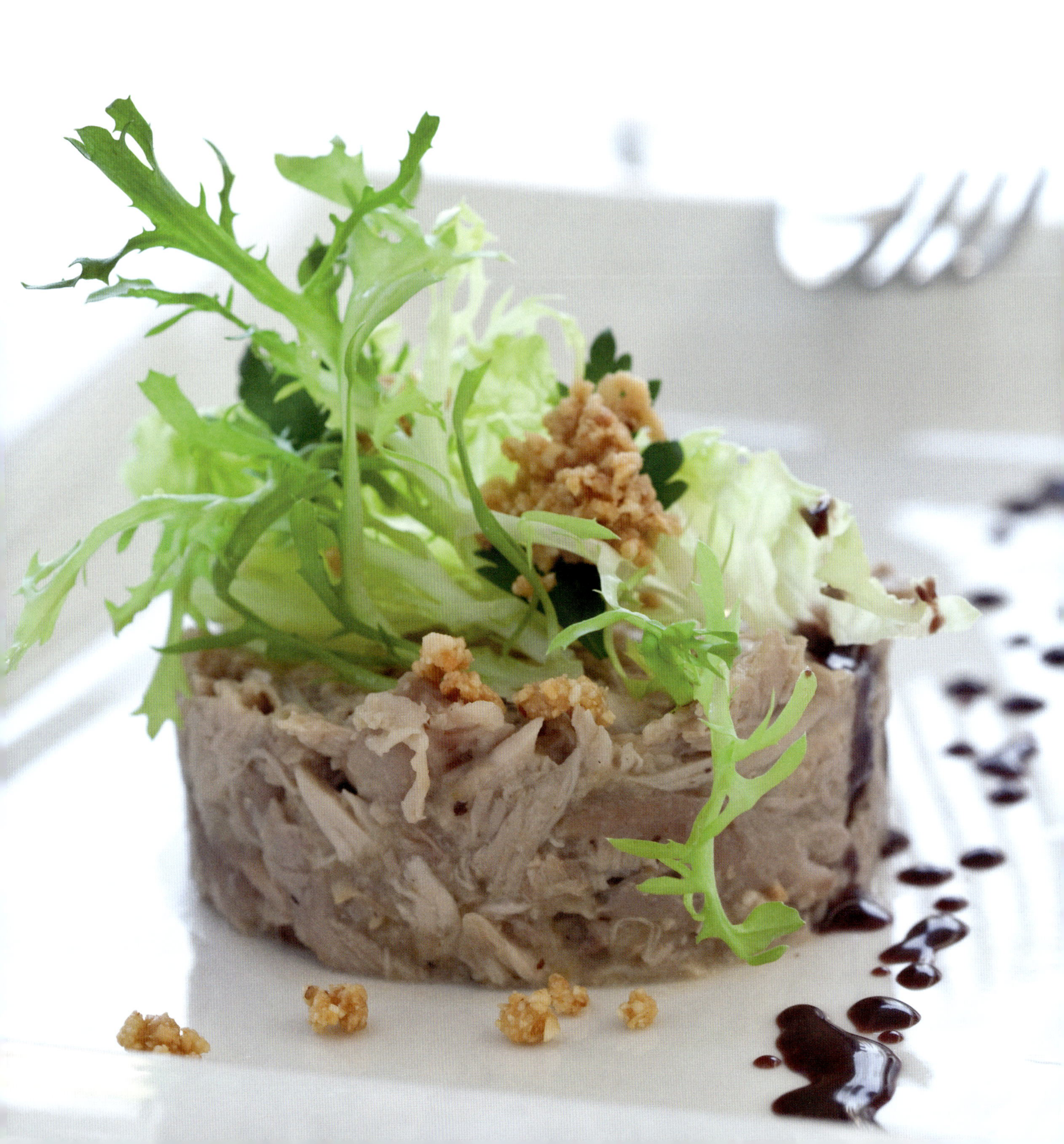

Salada de codorna
avelãs e vinagrete de chocolate
(10 PORÇÕES)

INGREDIENTES

Pernas de codorna	1 kg
Alho laminado	3 dentes
Cebola picada	100 g
Alho-poró cortado em cubos	100 g
Vinho branco	2 dl
Azeite virgem extra	1 dl
Avelã sem casca torrada	100 g
Sal marinho tradicional	q.b.
Pimenta-do-reino moída na hora	q.b.

Vinagrete

Vinho tinto	1 dl
Chocolate	100 g
Azeite virgem extra	2 dl
Vinagre de vinho tinto	0,5 dl

Guarnição

Alfaces variadas	400 g
Avelã torrada picada	2 c. sopa
Salsa em folhas	q.b.
Flor de sal	q.b.
Pimenta-do-reino moída na hora	q.b.

PREPARO

Numa assadeira, faça uma cama com as avelãs, a cebola, o alho e o alho-poró e coloque sobre ela a codorna. Tempere com azeite, sal e pimenta-do-reino moída na hora, e adicione o vinho. Leve para assar em forno preaquecido a 150 °C durante 1 ½ hora. Tire a assadeira do forno, separe os pedaços de codorna e bata no liquidificador o molho que restou na assadeira.
Desfie a carne da codorna e reserve.

Leve ao fogo uma caçarola com o vinho e deixe reduzir a 2/3. Junte o chocolate, retire do fogo, mexendo sempre para que o chocolate derreta. Bata o chocolate ainda quente no liquidificador junto com o azeite e o vinagre.

Guarneça com o vinagrete e as folhas de salsa.

Salada de presuntos
manga e avelã
(10 PESSOAS)

INGREDIENTES

Alfaces variadas	300 g
Rúcula	200 g
Presunto de porco preto cortado à juliana	300 g
Manga em cubos	200 g
Coentro	2 c. sopa
Vinagre de vinho tinto	0,5 dl
Azeite virgem extra	1 dl
Avelã torrada e picada	2 c. sopa
Flor de sal	q.b.

PREPARO

Misture todos os sólidos e tempere.

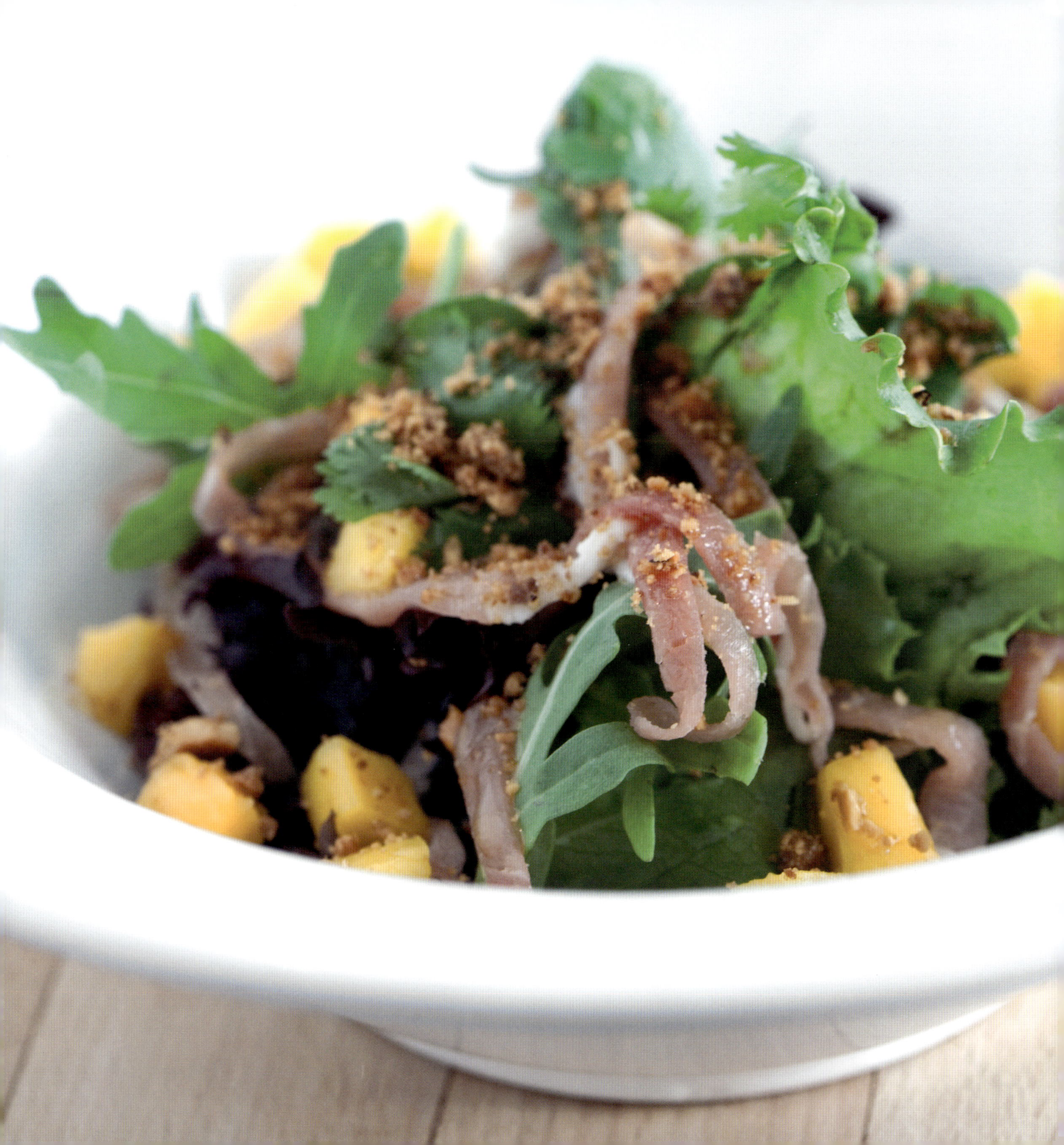

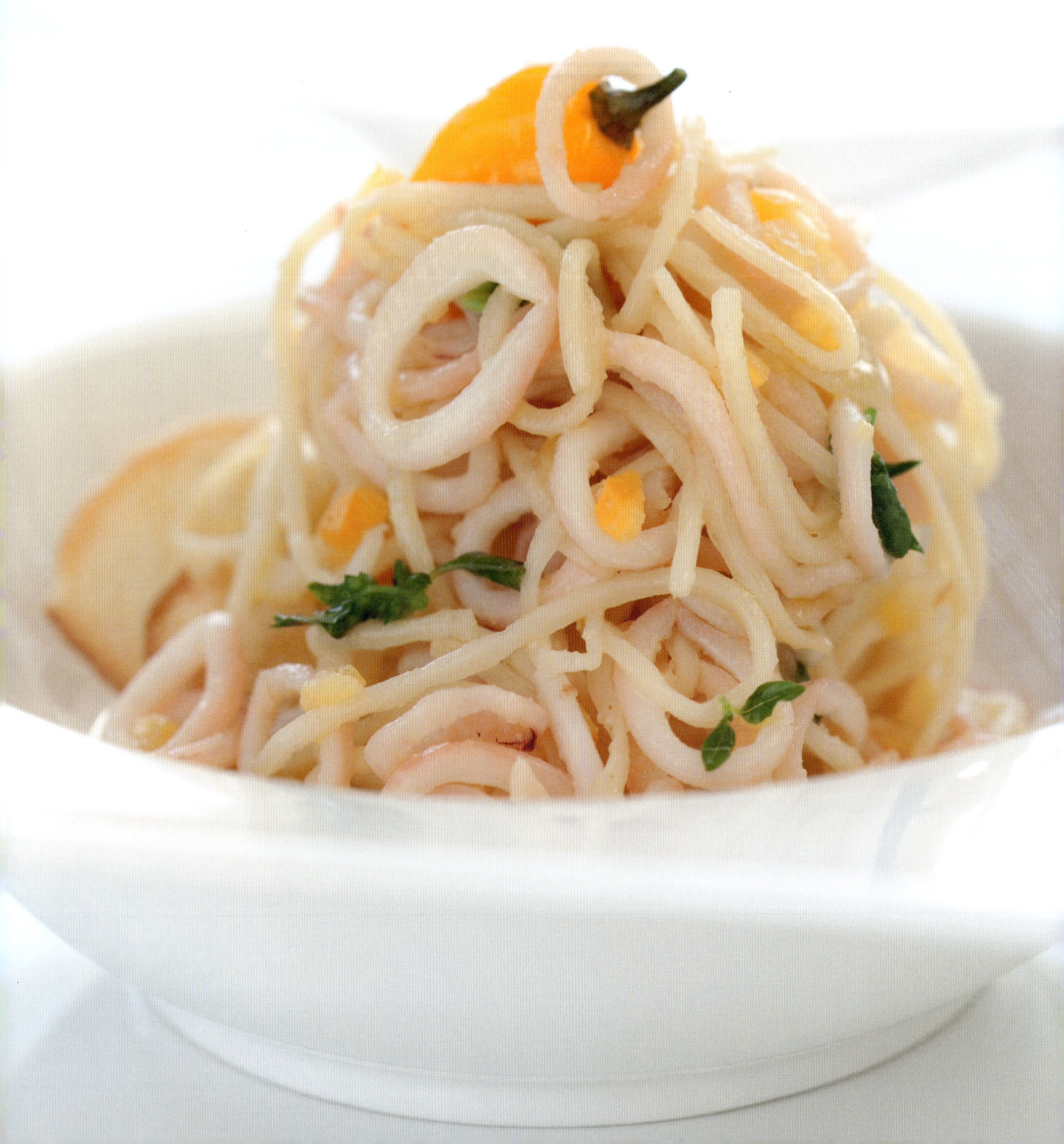

Saladinha de lulas
palmito e manjericão
(10 PORÇÕES)

INGREDIENTES

Lula cortada em anéis	1 kg
Alho laminado	2 dentes
Manjericão em folha	2 c. sopa
Cajá-manga picada	50 g
Palmito cortado à juliana	200 g
Pimenta-malagueta amarela	q.b.
Pimenta-de-cheiro	q.b.
Cachaça	0,5 dl
Suco de limão siciliano	0,5 dl
Azeite virgem extra	1,5 dl
Sal marinho tradicional	q.b.
Torrada de pão de trigo rústico	300 g

PREPARO

Salteie as lulas em azeite. No meio do cozimento adicione o alho e o palmito, refresque com a cachaça e junte a pimenta-malagueta, o manjericão e a cajá-manga picada.
Tempere com sal e pimenta-de-cheiro e finalize com o suco de limão.
Sirva sobre as torradas.

Tagliatelli e camarão
molho de coco, limão e coentros
(10 PORÇÕES)

INGREDIENTES

Tagliatelli fresco	800 g
Azeite virgem extra	q.b.
Sal marinho tradicional	q.b.

Guarnição

Camarão 21/30	40 unid.
Azeite virgem extra	q.b.
Alho laminado	5 dentes
Curry em pó	1 c. chá
Suco de limão	0,5 dl
Sal marinho tradicional	q.b.
Pimenta-do-reino moída na hora	q.b.

Molho

Leite de coco	3 dl
Cebola picada	150 g
Alho laminado	4 dentes
Coentro cortado à juliana	2 c. sopa
Louro	1 folha
Vinho branco	1 dl
Creme de leite	1 dl
Maçã em cubos	200 g
Sal marinho tradicional	q.b.
Pimenta-do-reino moída na hora	q.b.

PREPARO

Cozinhe a massa em água temperada com sal marinho.
Depois de cozida tempere-a com um fio de azeite e reserve.

Tempere o camarão com sal marinho e pimenta-do-reino moída na hora, suco de limão, curry, azeite e alho e reserve.
No momento de servir doure o camarão em azeite.

Prepare um fundo em fogo brando com azeite, cebola, alho e louro.
Adicione a maçã. Molhe com vinho branco e deixe ferver.
Junte o creme de leite. Tempere com sal marinho e pimenta-do-reino moída na hora.
Junte o leite de coco, retifique temperos e deixe ferver por mais 2 a 3 minutos.
Leve ao liquidificador e triture tudo até obter uma consistência homogênea.
Perfume com coentro.

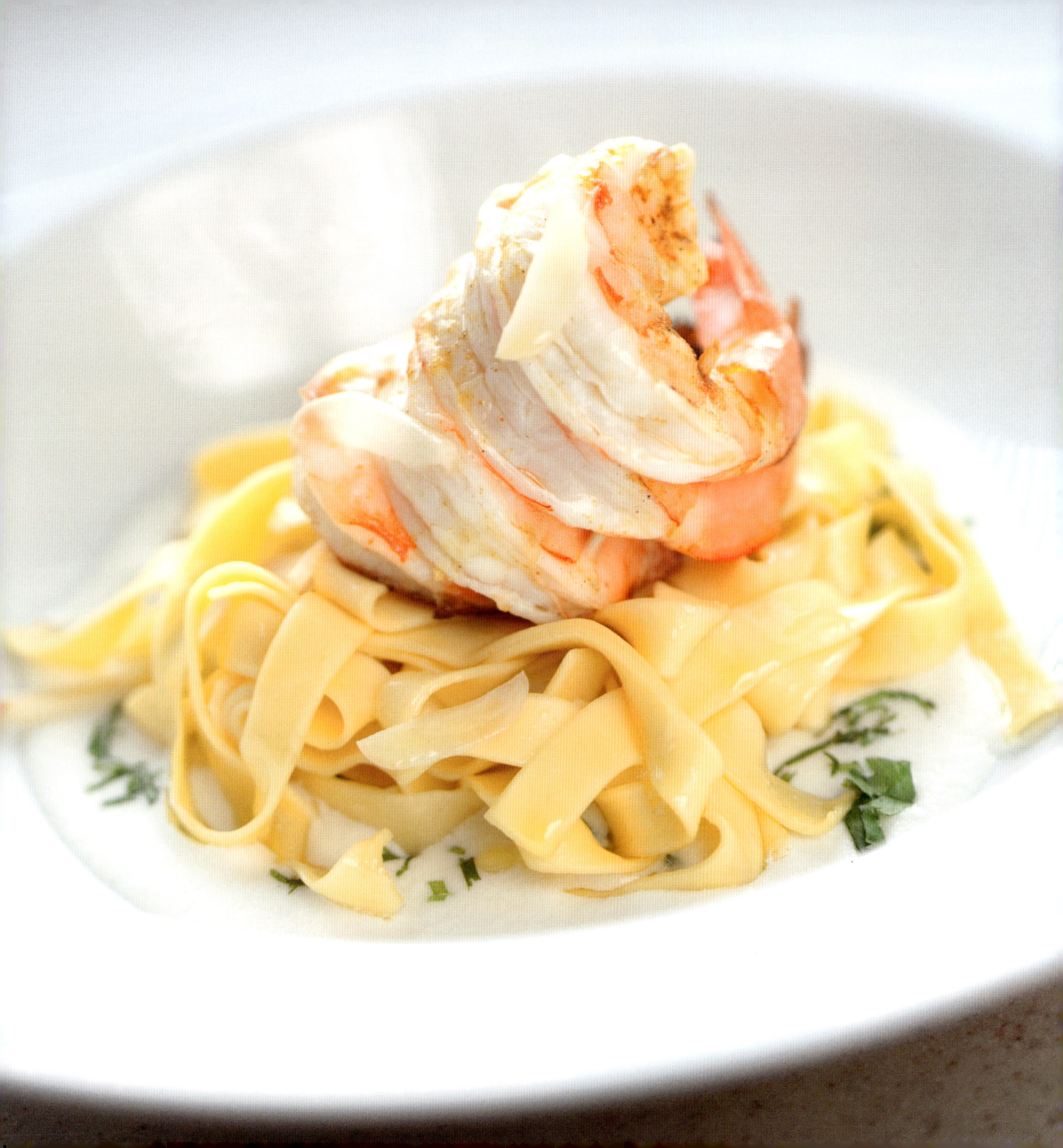

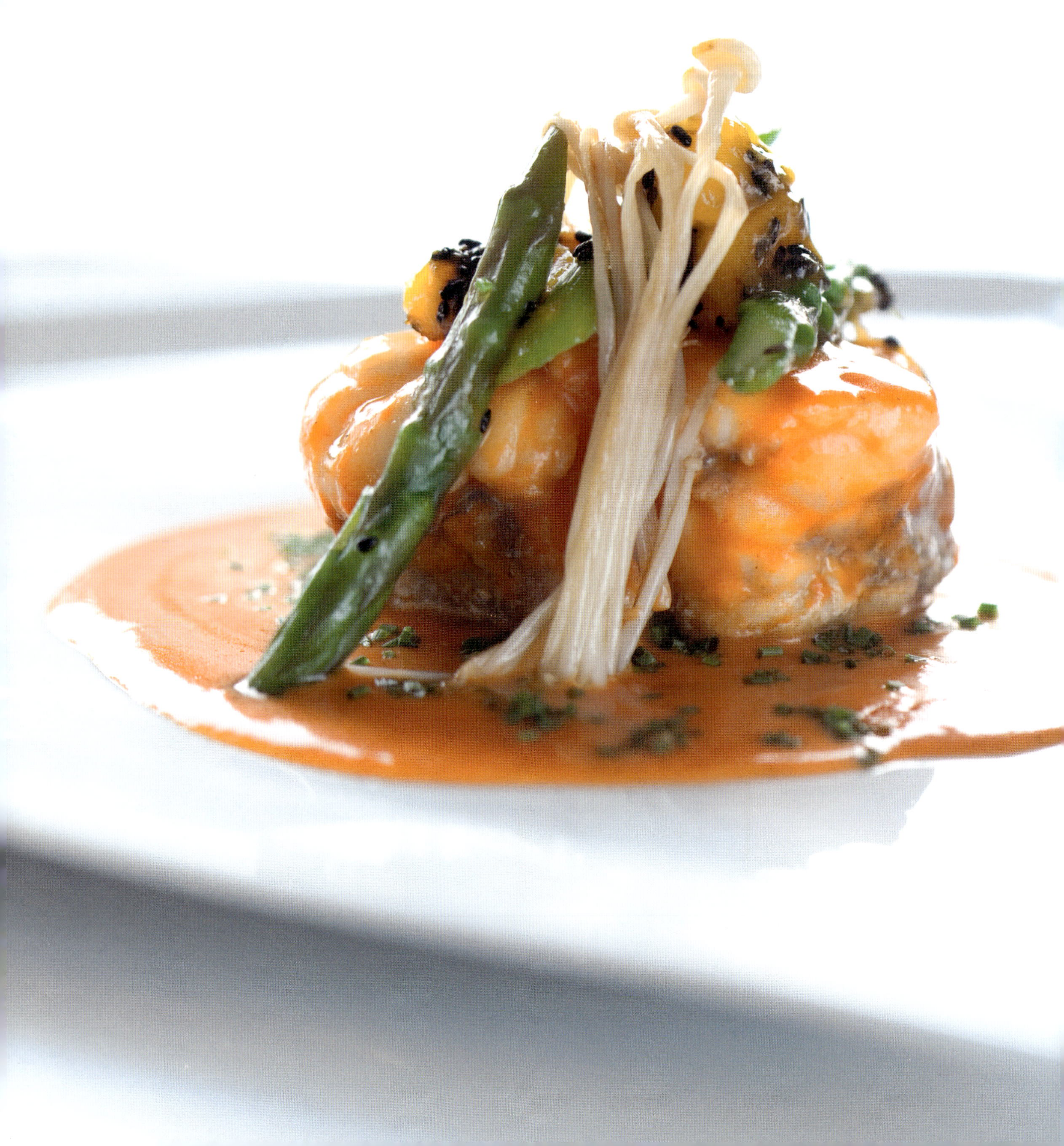

Tamboril corado
com laranja e cenoura
(10 PORÇÕES)

INGREDIENTES

Filé de tamboril	1,8 kg
Alho picado	5 dentes
Cebola picada	150 g
Alho-poró cortado em cubos	100 g
Suco de laranja	1,5 dl
Suco de cenoura	0,5 l
Azeite virgem extra	1 dl
Sal marinho tradicional	q.b.
Pimenta de Sichuan	q.b.

Guarnição

Cogumelos Enoki	300 g
Manga verde cortada em cubos	100 g
Aspargos verdes escaldados	1 kg
Gergelim preto	1 c. chá
Cebolinha picada	1 c. sopa
Azeite virgem extra	q.b.
Flor de sal	q.b.

PREPARO

Coloque os filés de tamboril para marinar em suco de laranja, sal e pimenta de Sichuan por 15 minutos.

Escorra os filés de peixe e reserve a marinada. Doure os filés em azeite. Retire o peixe da panela e reserve.

Na mesma panela, na gordura que restou, refogue o alho, a cebola e o alho-poró. Adicione o suco da marinada e o suco de cenoura e deixe reduzir a metade do volume.

Salteie em azeite os aspargos, a manga e os cogumelos.

Perfume com o gergelim e a cebolinha e tempere com flor de sal.

Junte o tamboril e ferva durante 4 a 5 minutos com a panela tampada.

Retire o peixe e bata o molho no liquidificador. Leve tudo de novo ao fogo e retifique os temperos.

Coloque uma porção de molho, sobreponha o peixe, guarneça com o *sauté* de aspargos, manga e cogumelos e perfume com a cebolinha.

Tártare de carapau
flor de sal de frutos tropicais
(10 PORÇÕES)

INGREDIENTES

Filé de carapau limpo cortado em cubos	800 g
Gengibre picado	1 c. chá
Alho-poró cortado à juliana	150 g
Abobrinha cortada à juliana	150 g
Azeite virgem extra	1,5 dl
Suco de limão	1 dl
Coentro em folha	3 c. sopa
Hortelã cortada à juliana	5 folhas
Sal marinho tradicional	q.b.
Pimenta-do-reino moída na hora	q.b.

Flor de sal de manga, abacaxi e pimenta-malagueta

Flor de sal	250 g
Manga seca em pó	1 c. sopa
Abacaxi seco em pó	1 c. sopa
Cravo-da-índia em pó	½ c. café
Pimenta-malagueta em pó	q.b.

PREPARO

Marine à juliana de alho-poró e o gengibre picado no azeite e no suco de limão durante 30 minutos.
Misture os ingredientes restantes no momento de servir. Tempere com sal marinho e pimenta-do-reino moída na hora.

Fatie o abacaxi e a manga e leve ao forno para secar a 100 ºC durante 1 hora e 20 minutos. Depois, misture o restante dos ingredientes nas quantidades indicadas.
Acompanhe o tártare com uma pitada de flor de sal composta.

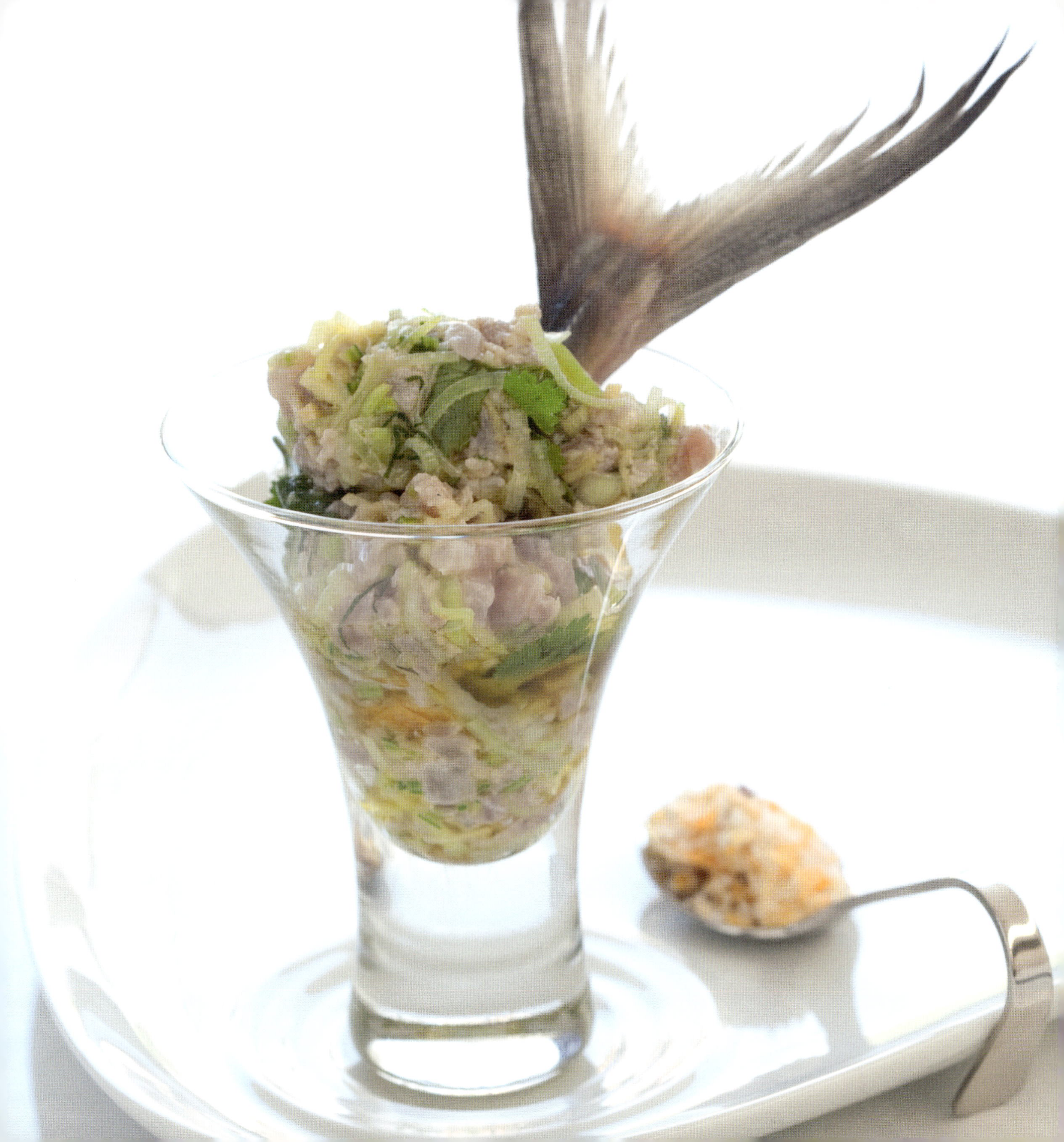

Terrina de coelho
compota de limão e gengibre
(10 PORÇÕES)

INGREDIENTES

Terrina

Lebre desossada picada	1,5 kg
Bochecha de porco picada	700 g
Fígado de lebre picado	200 g
Vinho branco	500 g
Azeite virgem	50 g
Cebola picada	30 g
Alho picado	10 g
Tomilho seco	q.b.
Creme de leite	50 g
Ovos	50 g
Pistache	100 g
Sal marinho tradicional	q.b.
Pimenta-do-reino moída na hora	q.b.

Guarnição

Alfaces variadas	300 g
Cubos de pão de trigo rústico	200 g

Compota (para 0,5 l)

Azeite virgem extra	1,5 dl
Açúcar mascavado	160 g
Suco de limão	240 g
Limão separado em gomos (sem a pele que os separa)	360 g
Cebola picada	360 g
Alho picado	60 g
Sal marinho tradicional	6 g
Pimenta-do-reino moída na hora	2 g
Azeite virgem extra	1 dl
Gengibre picado	15 g

PREPARO

Coloque as carnes numa marinada com alho, cebola, vinho branco, azeite virgem, sal marinho e pimenta moída na hora, durante pelo menos 24 horas.

Incorpore os ingredientes restantes ao preparado anterior, disponha em terrinas e coloque em uma bolsa plástica a vácuo. Cozinhe em banho-maria, em forno aquecido a 100 ºC.

Quando o interior da terrina atingir 68 ºC, ela está cozida.

Torre os cubos de pão em forno aquecido a 100 ºC durante 25 minutos.

Junte o açúcar e o azeite.
Junte o alho, a cebola e o suco de limão e deixe ferver.
Acrescente os gomos de limão e deixe ferver novamente. Emulsione no liquidificador parte do preparado com o azeite e o gengibre.
Tempere com sal e pimenta moída na hora e incorpore ao preparado.

Guarneça com as folhas de alface e o pão. Acompanhe com a compota.

NOTAS
Convém servir a terrina um dia após a confecção, e o resultado final é generoso, sendo possível servir mais de 10 pessoas. Caso não tenha bolsa plástica a vácuo, envolva com película aderente várias vezes.

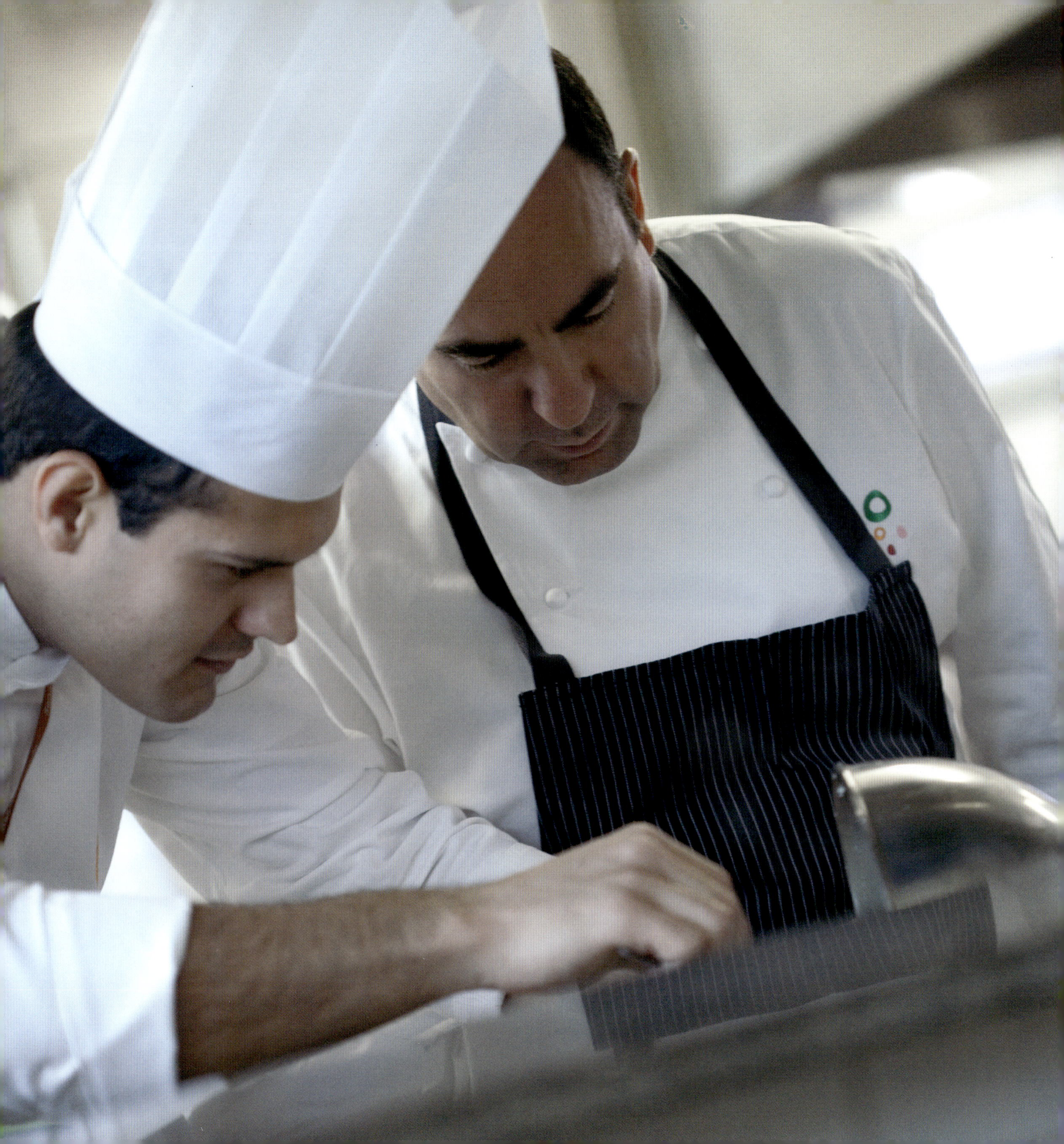

Vieiras coradas
arroz de abóbora e maracujá
(10 PORÇÕES)

INGREDIENTES

Arroz carolino	600 g
Alho picado	4 dentes
Alho-poró picado	100 g
Cebola picada	120 g
Abóbora cortada em cubos	250 g
Tomate fresco sem pele e sem sementes	100 g
Polpa de maracujá	1 dl
Azeite virgem extra	0,5 dl
Vinho branco	1 dl
Caldo de galinha	± 1,5 l
Sal marinho tradicional	q.b.
Pimenta-do-reino moída na hora	q.b.
Hortelã-da-ribeira	q.b.

Guarnição

Vieiras	10 unid.
Pão de trigo rústico tostado	q.b.
Pimenta-malagueta	q.b.
Azeite virgem extra	q.b.
Sal marinho tradicional	q.b.

PREPARO

Refogue em azeite, o alho, o alho-poró e a cebola. Molhe com vinho e deixe ferver. Junte o tomate e deixe apurar. Molhe com o caldo. Quando levantar fervura, junte o arroz, tampe a panela e deixe cozinhar em fogo brando.
Tempere com sal, e quando o arroz estiver quase cozido adicione a abóbora e perfume com o maracujá, a pimenta-do-reino moída na hora e o coentro.

Tempere as vieiras com sal e deixe que descansem durante 10 minutos. Empane com uma mistura de pão e malagueta e doure em azeite.

NOTAS
O arroz carolino pode ser substituído por arroz de sushi, e a hortelã-da-ribeira por manjericão.

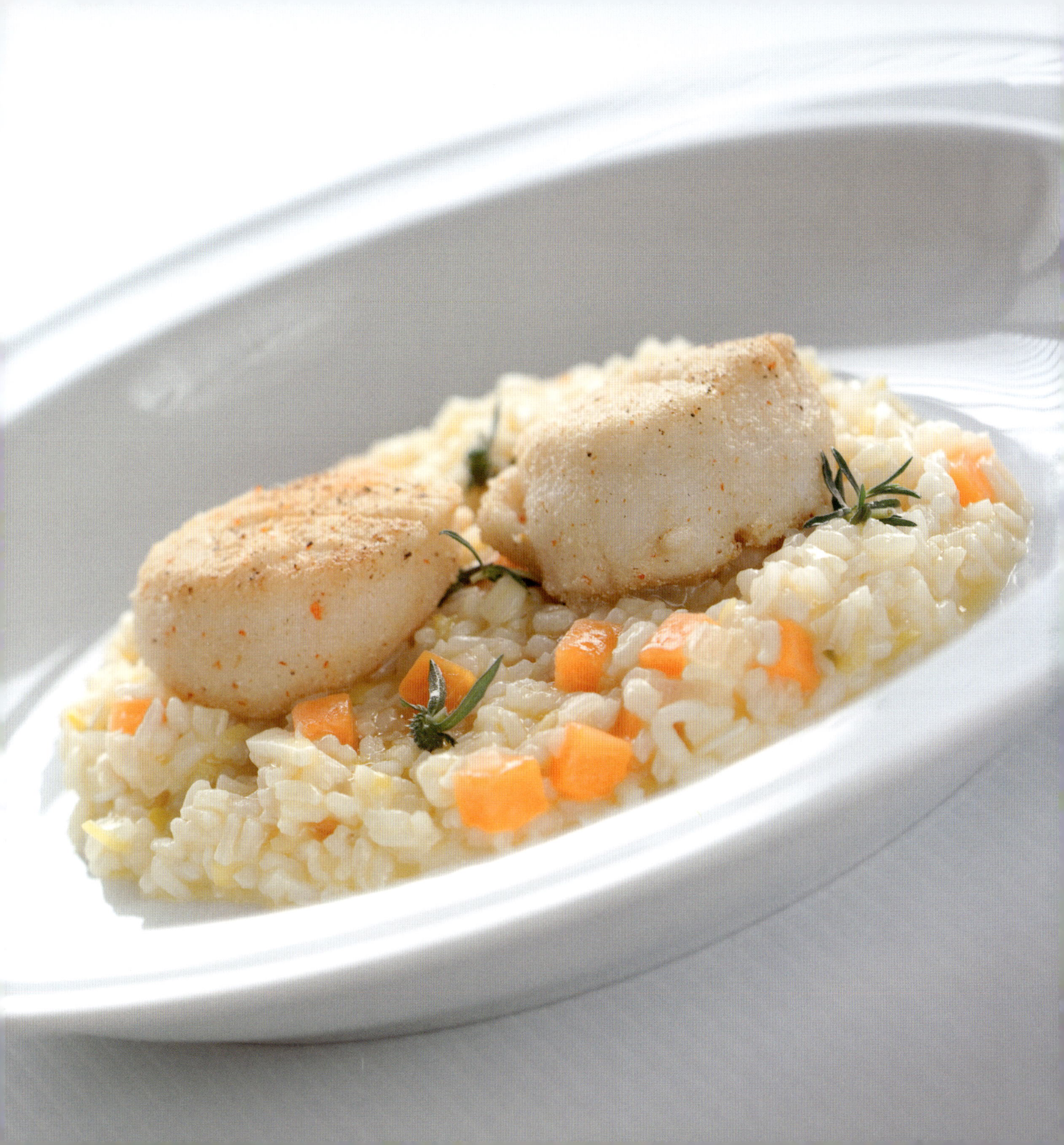

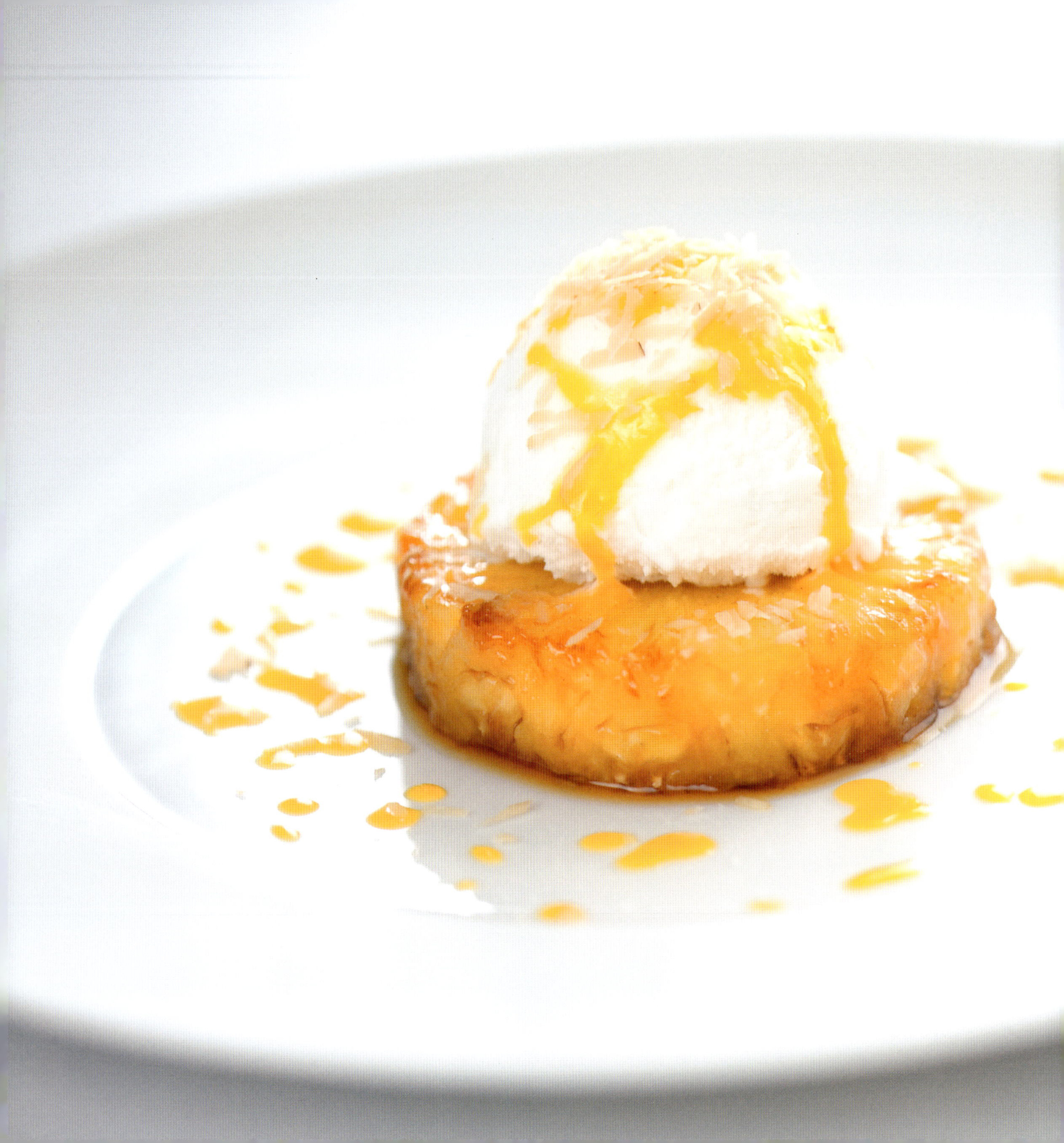

Abacaxi corado
sorvete de coco

(10 PORÇÕES)

INGREDIENTES

Abacaxi	800 g
Açúcar branco	q.b.

Redução

Laranja (suco)	5 dl
Cardamomo	2 g
Azeite virgem extra	0,5 dl
Açúcar	100 g

Guarnição

Gelado de coco	500 g
Castanha-do-pará picada torrada	3 c. sopa

PREPARO

Corte o abacaxi em rodelas da grossura aproximada de um dedo.
Numa frigideira polvilhada de açúcar doure as fatias de abacaxi.

Numa caçarola, leve ao fogo brando o açúcar até que derreta. Adicione o suco de laranja. Deixe reduzir a ¼ da quantidade anterior. Deixe esfriar até que esteja morno.
Junte o azeite e o cardamomo e emulsione num copo misturador até obter uma textura homogênea.

Polvilhe com a castanha-do-pará picada torrada.

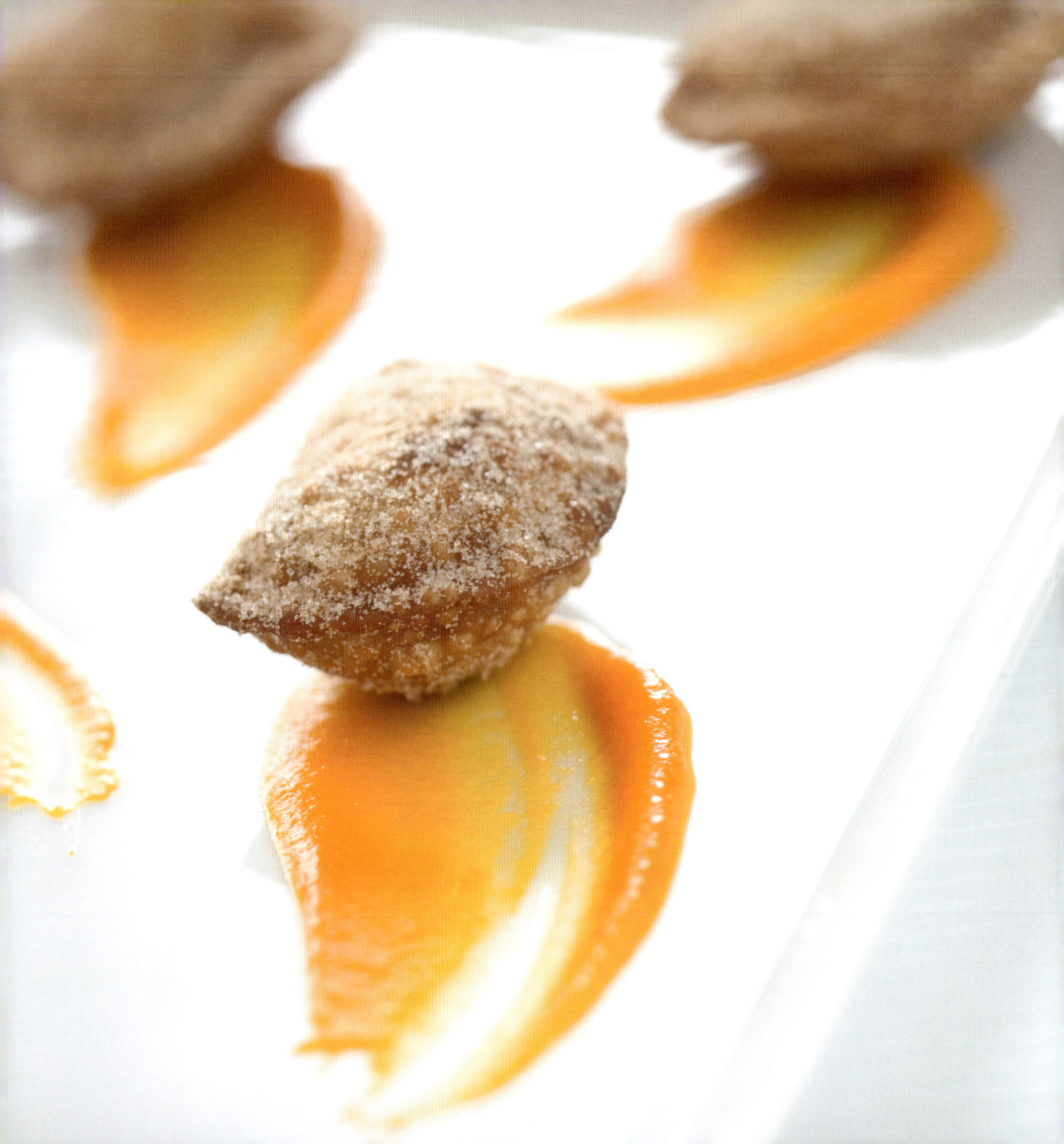

Azevias
mandioca e gengibre
(10 PORÇÕES)

INGREDIENTES

Recheio
Batata-doce	500 g
Mandioca	500 g
Gengibre picado	100 g
Açúcar	600 g
Água	2 dl
Gemas de ovo	2 unid.

Massa
Farinha de trigo	700 g
Manteiga	50 g
Cachaça	0,5 dl
Água	q.b.
Sal marinho tradicional	1 c. chá

Azevias
Azeite para fritar	q.b.
Canela em pó	q.b.
Açúcar para polvilhar	q.b.

Creme
Papaia	800 g
Suco de limão	1 dl
Vinho do Porto seco	1 dl
Pimenta-malagueta seca (pequena)	1 unid.
Açúcar	150 g

PREPARO

Cozinhe a batata e a mandioca, passe por um passevit e reserve.
Leve ao fogo a água, o açúcar e o gengibre e deixe ferver durante 2 minutos.
Junte o purê de batata e mandioca, misture bem e deixe ferver.
Retire do fogo, junte as gemas e leve de novo ao fogo, mexendo sempre, para que elas cozinhem. Reserve o recheio, deixando-o descansar de preferência de um dia para o outro.

Misture a farinha com a manteiga derretida e a cachaça e vá juntando pouco a pouco água temperada com sal. A água deve ser colocada aos poucos, até a massa ter elasticidade. Amasse-a bem e faça uma bola. Deixe descansar por 2 horas, tampada em local fresco.

Com a ajuda de um rolo, estique metade da massa em superfície enfarinhada.
Distribua pequenas porções de recheio sobre a massa. Cubra com o restante da massa esticada e corte com a ajuda de um cortador de raviólí.
Frite em azeite e polvilhe com canela e açúcar.

Ferva o açúcar com o limão, adicione o papaia e a malagueta e deixe cozinhar até a mesma se desfazer. Junte o vinho do Porto e deixe ferver por mais 4 ou 5 min. E leve o preparado ao liquidificador até obter um creme homogêneo.

Creme de laranja e manga
bolo de chocolate
(10 PORÇÕES)

INGREDIENTES

Bolo

Chocolate negro 70% cacau	300 g
Manteiga	250 g
Açúcar	150 g
Farinha	70 g
Creme de leite	2,5 dl
Ovos	6 unid.

Sopa

Cenouras em meias-luas cozidas	800 g
Polpa de manga	2,5 dl
Suco de laranja	1 l
Calda de açúcar fraca	2,5 dl
Açúcar	q.b.

PREPARO

Ponha o chocolate para derreter com a manteiga em banho-maria.
À parte misture a farinha e o açúcar. Junte o creme de leite, os ovos e por fim o chocolate com a manteiga derretidos.
Coloque a mistura em forma forrada com papel vegetal e leve ao forno aquecido a 100 °C durante 2 horas.
Deixe esfriar e desenforme.

Bata todos os ingredientes já frios até obter uma mistura homogênea.

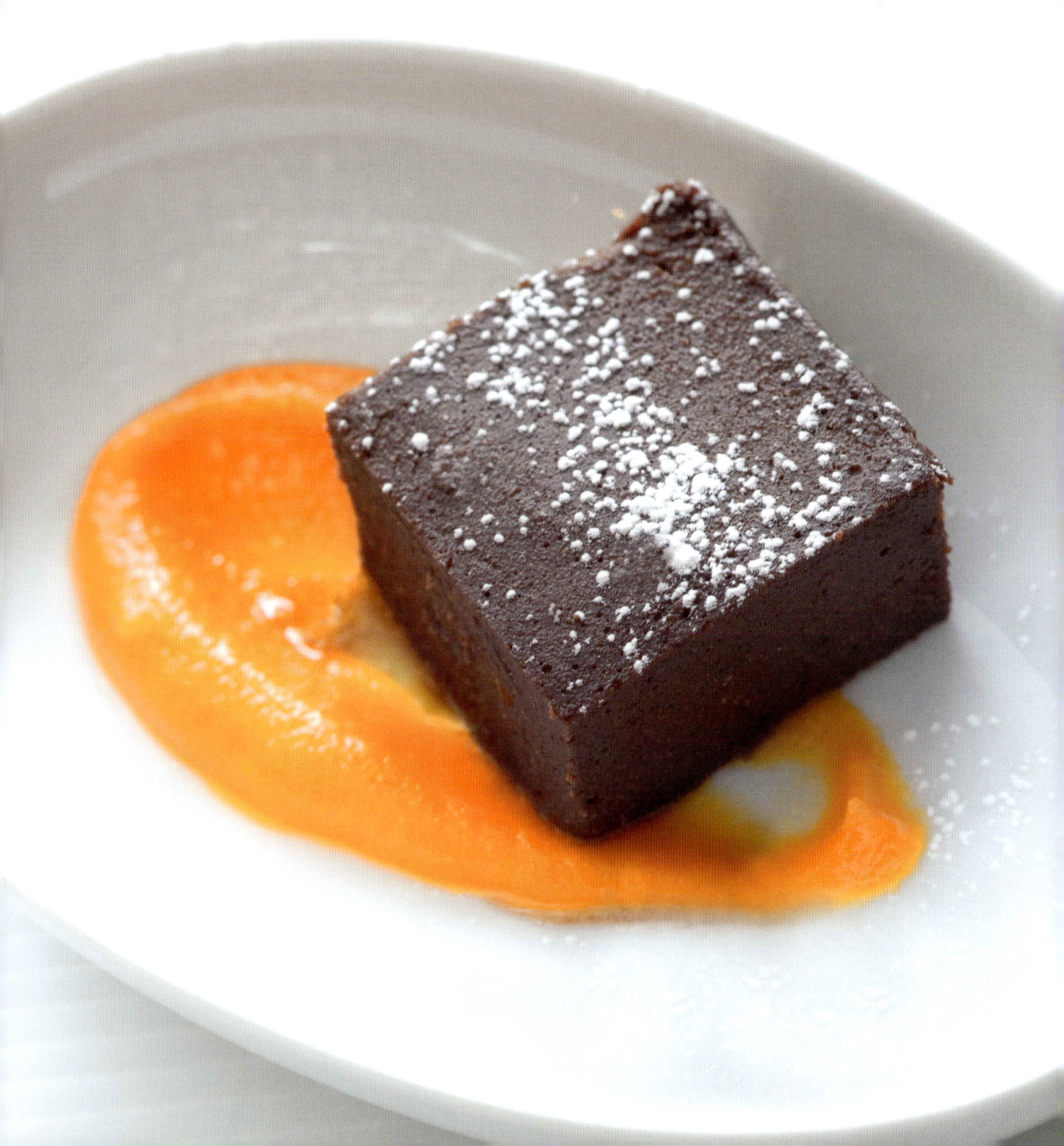

Creme queimado
com leite de coco
(10 PORÇÕES)

INGREDIENTES

Creme
Creme de leite fresco	1 l
Gemas	8 unid.
Açúcar em pó	180 g
Leite de coco	3,3 dl
Anis estrelado	1 estrela
Fava de baunilha	1 vagem
Açúcar mascavo	q.b.

PREPARO

Ferva o creme de leite e o leite de coco com a fava de baunilha, por 2 minutos depois de levantar fervura, e o anis estrelado. Passe por uma peneira. Incorpore as gemas e o açúcar. Preaqueça o forno a 100 ºC.
Coloque a mistura em forminhas refratárias e leve a assar ao forno por 25 minutos a 100 ºC. Retire do forno e polvilhe as taças com açúcar mascavado. Queime o açúcar com o auxílio de um ferro quente.

NOTA
Se tiver um maçarico de cozinha, use-o para queimar a superfície do creme. Um jeito simples é esquentar uma colher na chama do fogão (segurando com um pegador, para não se queimar) e depois passá-la sobre o creme até caramelizá-lo.

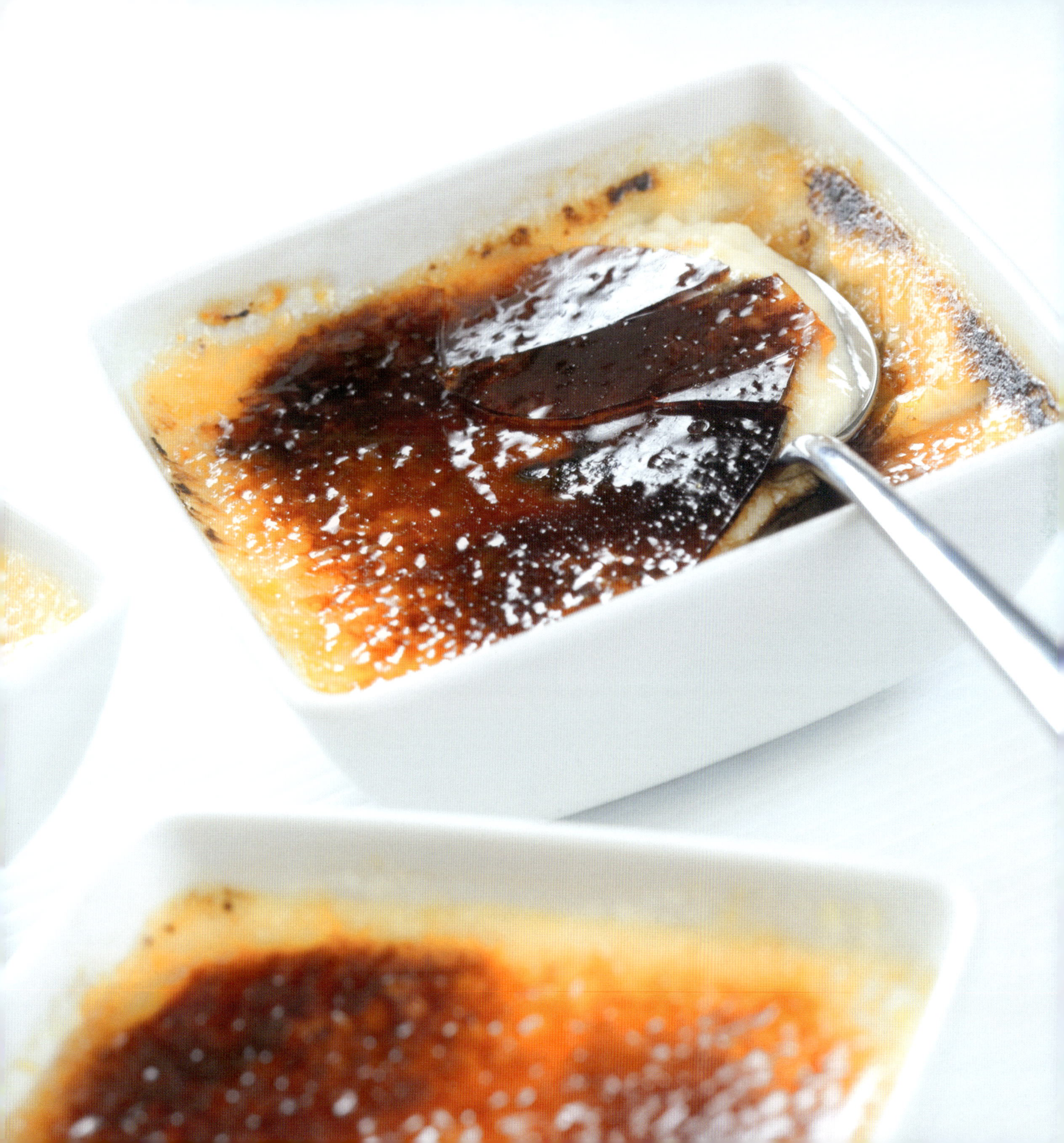

Mousse de chocolate
sopa de acerola
(10 PORÇÕES)

INGREDIENTES

Mousse
Chocolate escuro	625 g
Gemas	9 unid.
Creme de leite	4 dl
Ricota	200 g

Guarnição
Pinhões	150 g
Mel	1 c. sob.
Alecrim	q.b.

Sopa
Polpa de acerola	300 g
Açúcar	q.b.

PREPARO

Derreta o chocolate em banho-maria. Junte as gemas e a ricota e deixe esfriar.
Bata o creme de leite em chantilly e acrescente à mousse. Leve à geladeira.

Coloque o mel a caramelizar, junte os pinhões e perfume com alecrim.

Bata a polpa de acerola com o açúcar no liquidificador.

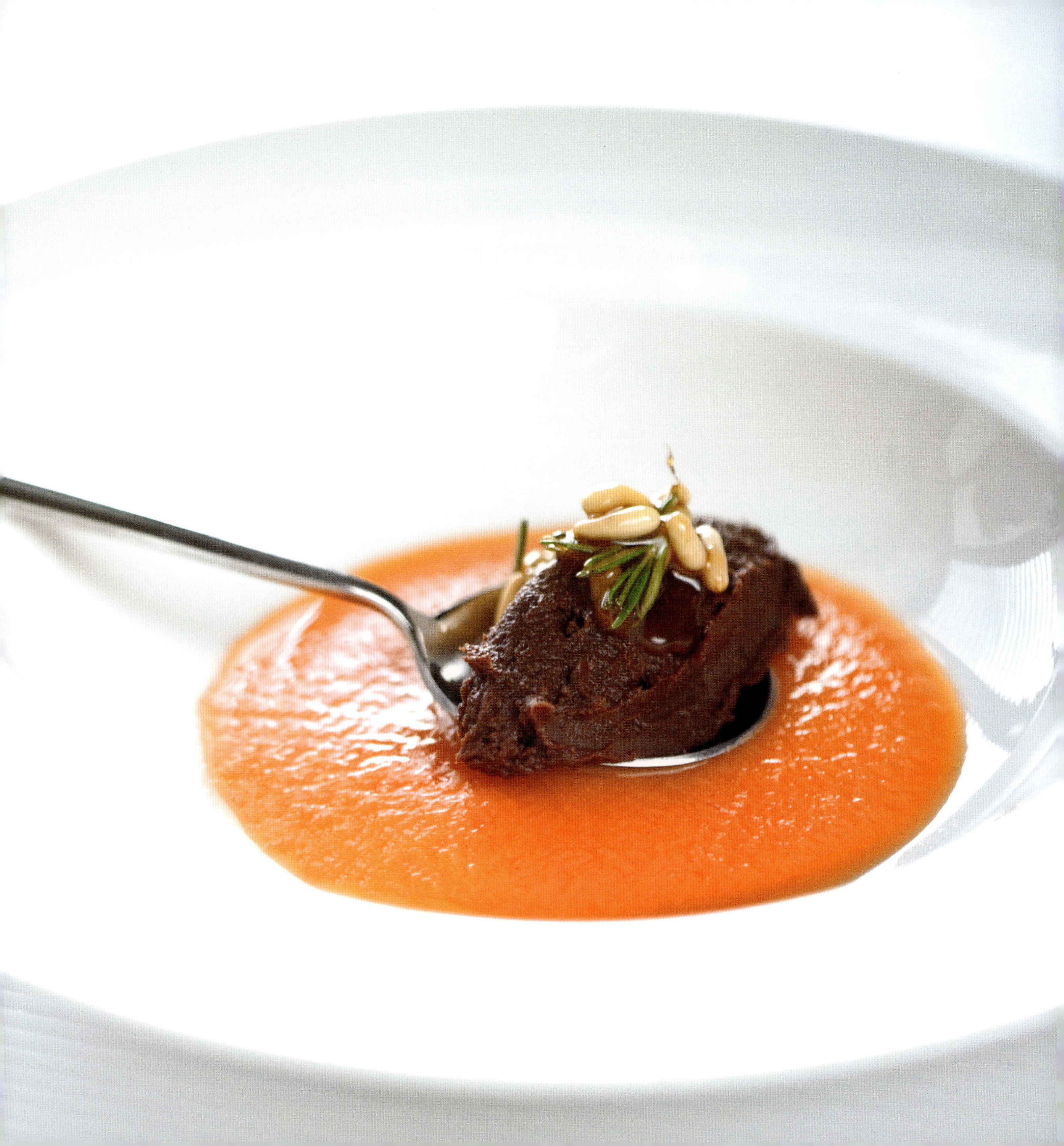

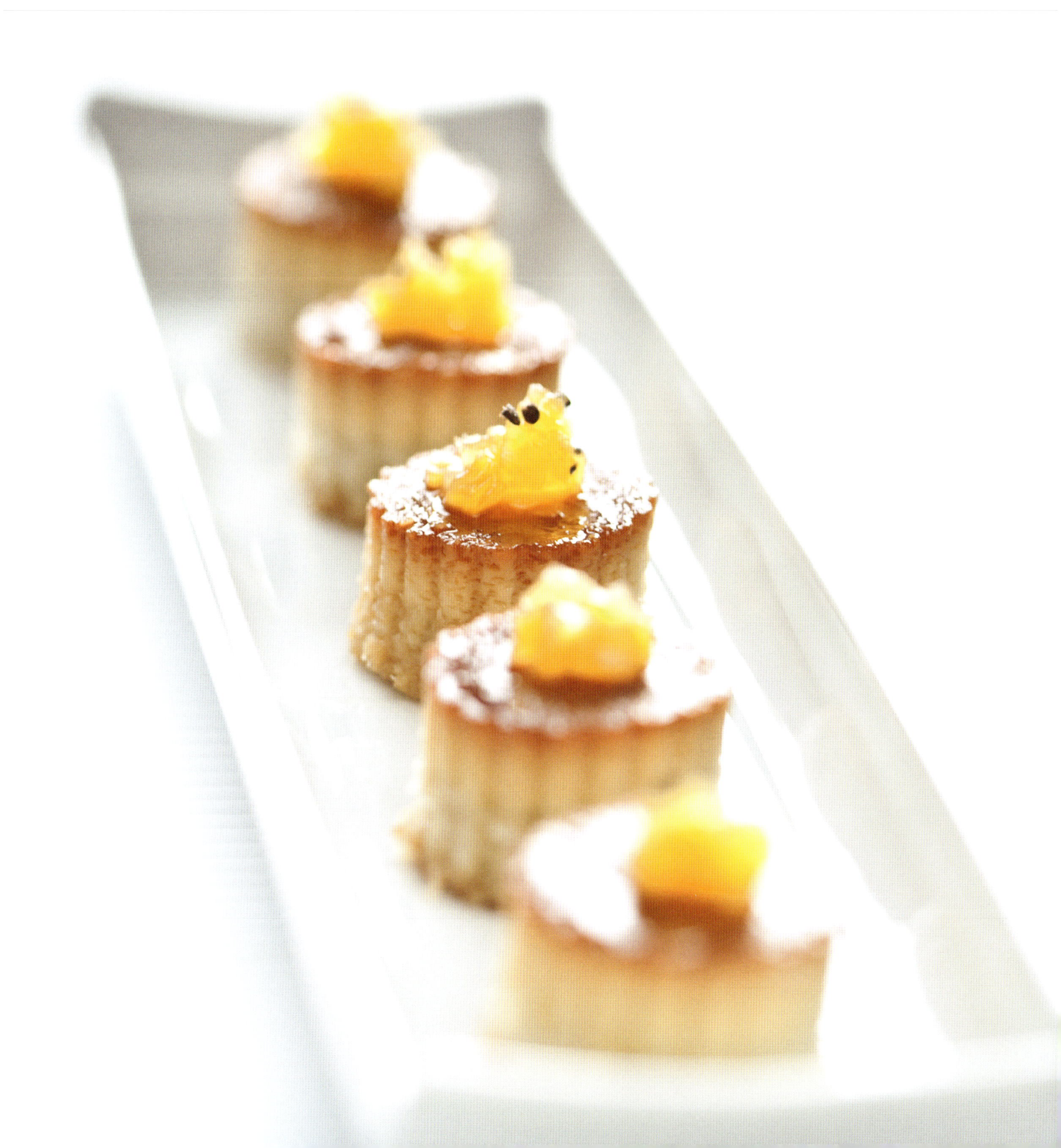

Pudim de coco
compota de abacaxi
(10 PORÇÕES)

INGREDIENTES

Leite de coco	2 dl
Coco ralado	100 g
Leite	6 dl
Ovos	8 unid.
Açúcar	300 g
Açúcar para caramelizar	q.b.

Compota

Abacaxi	250 g
Açúcar	50 g
Cardamomo	2 g
Sal marinho tradicional	1 g

PREPARO

Preaqueça o forno a 180 °C.
Ferva o leite de coco, o coco ralado e o leite, deixe esfriar.
Incorpore os ingredientes restantes e leve ao forno em banho-maria, em forma caramelizada, e deixe cozinhar durante 15 minutos.

Derreta o açúcar em fogo brando, adicione o abacaxi e o cardamomo, deixe ferver por 1 minuto e tempere com sal.

Pudim de limão
leite de coco e pistache
(10 PORÇÕES)

INGREDIENTES

Açúcar	400 g
Ovos	10 unid.
Suco de limão	1 dl
Água	1 dl
Raspa da casca do limão	1 unid.
Manteiga	140 g

Creme

Leite de coco	2 dl
Cardamomo (grão)	2 unid.
Abacaxi	800 g
Pistaches picados	2 c. sopa

PREPARO

Misture o açúcar com os ovos e bata, com as mãos, para que o calor delas derreta o açúcar. Adicione o suco de limão, a água, a manteiga derretida e a raspa do limão.
Misture tudo levemente e coloque numa forma caramelizada. Leve ao forno em banho-maria por 45 minutos a 160 ºC. Depois de assado, retire do forno e só desenforme depois de frio.

Num liquidificador bata o abacaxi com o leite de coco e as sementes de cardamomo.

Desenforme o pudim, salpique com pistaches picados e guarneça com o creme.

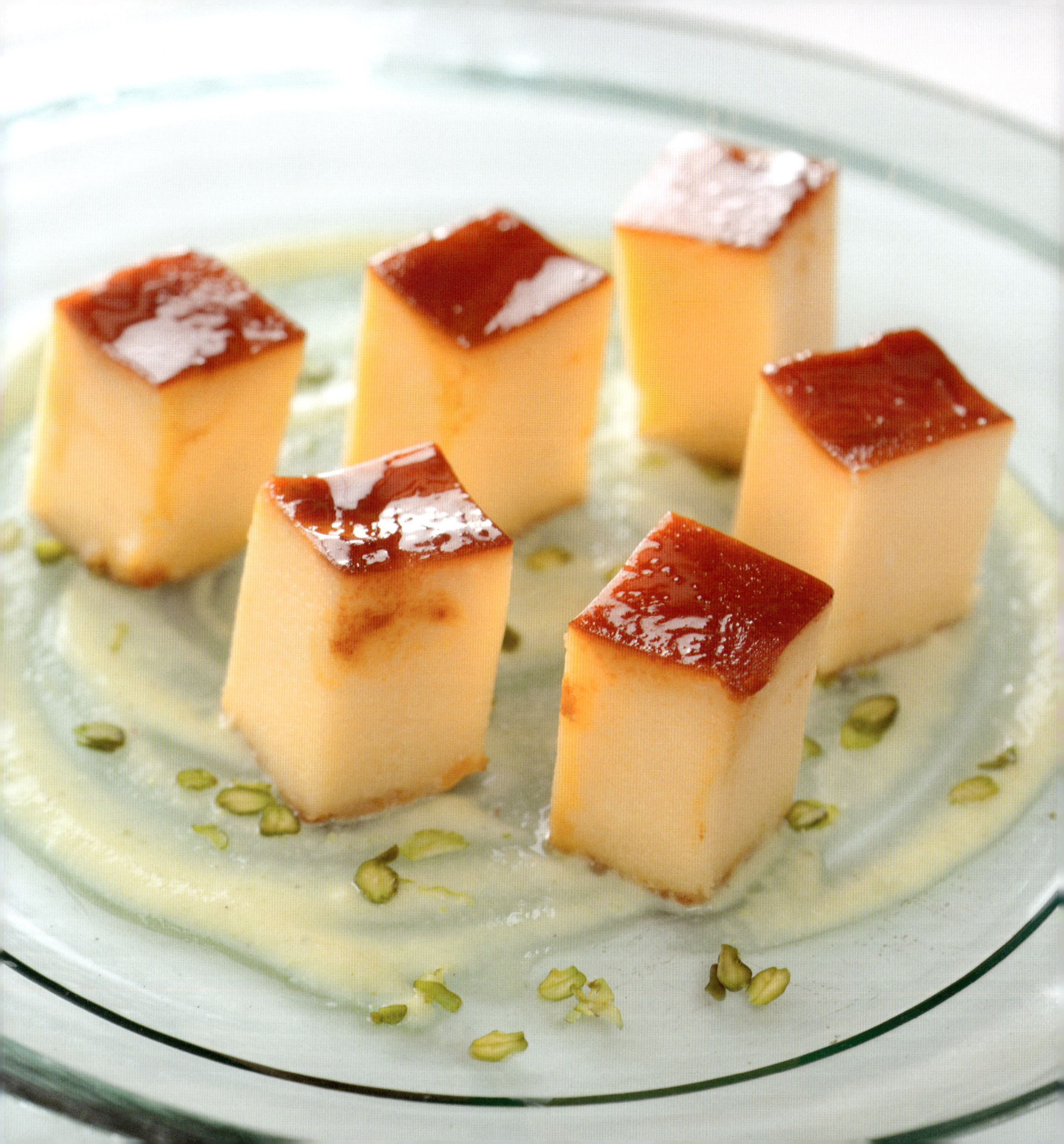

Sopa de bacuri
pudim Abade de Priscos
(10 PORÇÕES)

INGREDIENTES

Polpa de bacuri	500 g
Leite de coco	3 dl
Folhas de hortelã	10 unid.

Pudim

Água	0,5 l
Açúcar	0,5 kg
Zesta de limão	2
Bacon	50 g
Anis estrelado	1
Canela em pau	1
Gemas	16
Vinho do Porto	1 dl
Açúcar para caramelizar	100 g

PREPARO

Coloque tudo no liquidificador e triture até obter uma textura homogênea.

Prepare uma calda com água, açúcar, bacon, anis estrelado, o pau de canela e zesta de limão. Deixe reduzir a ½ litro de calda.
Retire do fogo, coe a calda e junte o vinho do Porto. Derrame a calda em fio sobre as gemas, mexendo sempre.
Despeje o preparado em formas individuais caramelizadas e cozinhe em banho-maria em forno aquecido a 160 ºC, durante 45 a 50 minutos.
Desenforme quando estiver frio.

NOTA
Opcional: Se preferir, decore com amor-
-perfeito.

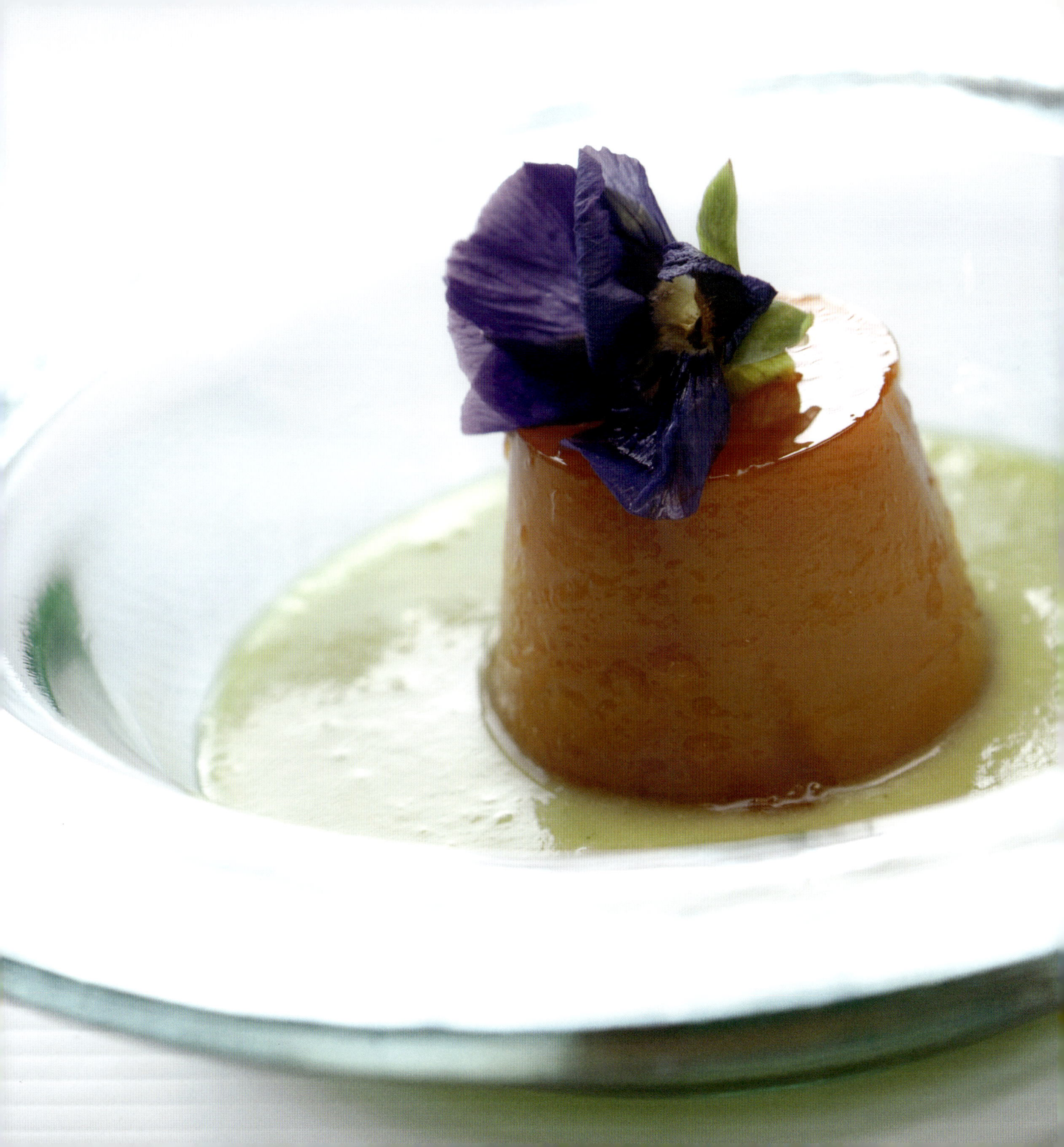

Sopa de pera e gengibre
farofa de amendoim

(10 PORÇÕES)

INGREDIENTES

Pera descascada	1,5 kg
Gengibre fresco	10 g
Vinho moscatel	2 dl
Sorvete de queijo	10 bolas

Farofa

Amendoim torrado	150 g
Farinha de mandioca torrada	70 g
Açúcar branco	50 g
Sal marinho tradicional	q.b.
Mirtilhos	60 g

PREPARO

Triture tudo no liquidificador até obter uma textura homogênea.

Aqueça a farinha junte o amendoim e o açúcar até o açúcar derreter e triture tudo no processador de alimentos, com o sal.

Guarneça com mirtilhos.

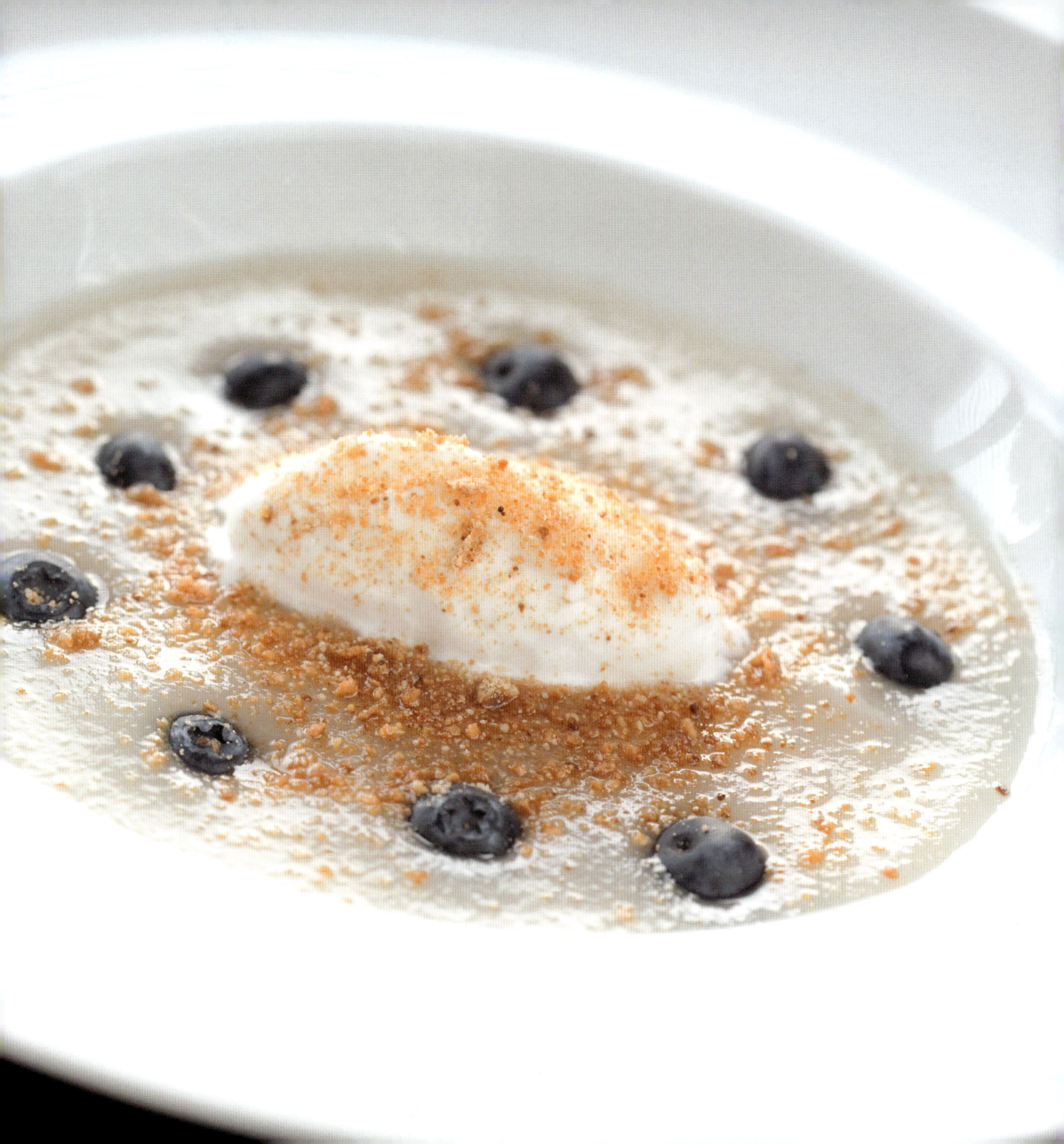

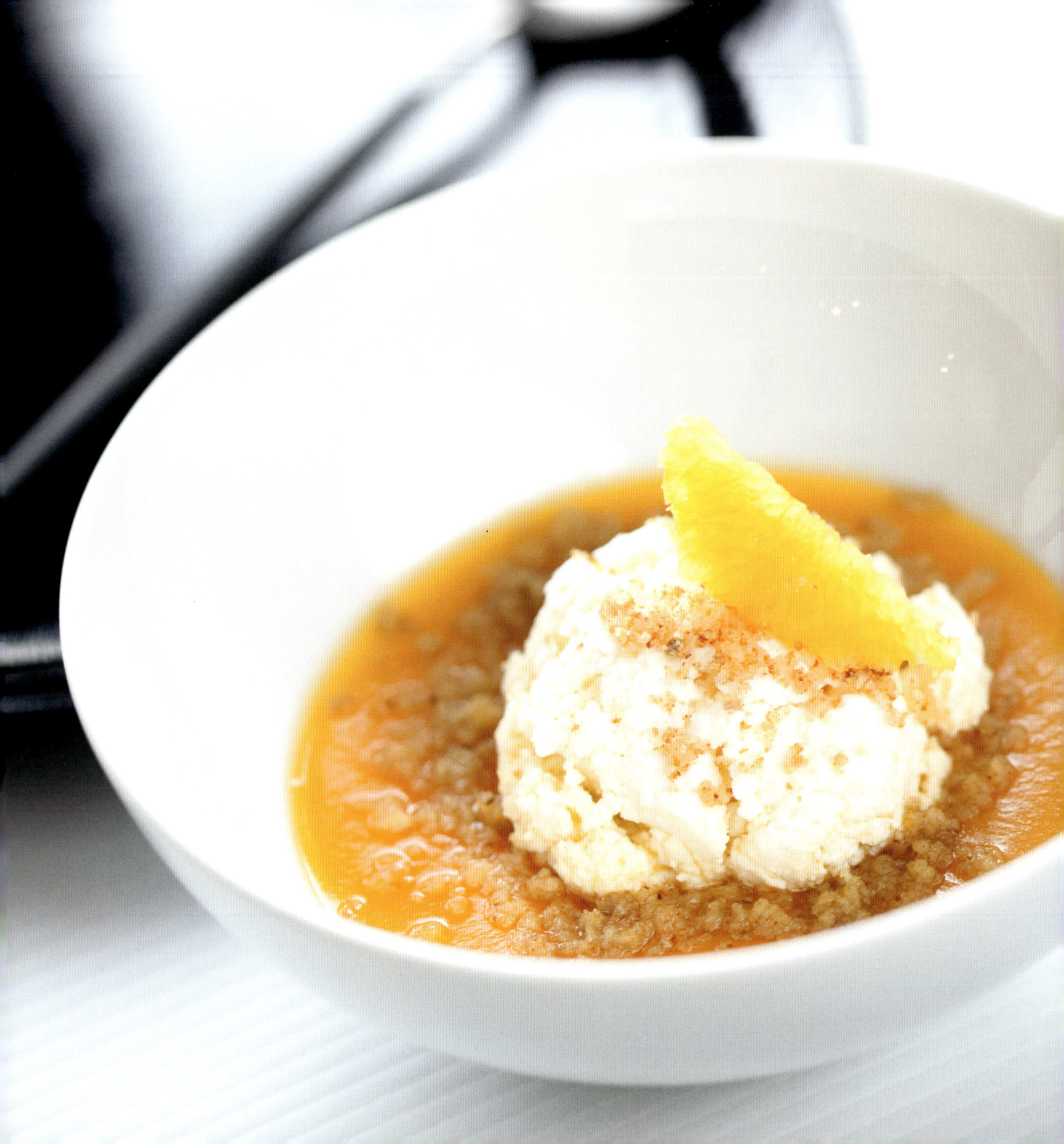

Sopa de abóbora e tangerina
requeijão e farofa doce de nozes
(10 PORÇÕES)

INGREDIENTES

Sopa

Abóbora em cubos	1 kg
Suco de tangerina	1 l
Calda de açúcar	2,5 dl
Sal marinho tradicional	q.b.
Erva-cidreira	q.b.

Requeijão

Requeijão sólido em cubos grandes	300 g
Mel de alecrim	2 c. sopa

Farofa

Nozes torradas	80 g
Farinha de mandioca torrada	80 g
Açúcar demerara	40 g
Laranja em gomos sem a pele	10 gomos

PREPARO

Cozinhe a abóbora em água temperada com sal e erva-cidreira a gosto, escorra e deixe esfriar.
Por fim, misture com os ingredientes restantes, passe no *chinois* e leve à geladeira.

Misture o requeijão com o mel e, com ajuda de um pano, dê-lhe o formato de uma bola.

Aqueça a farinha, junte as nozes e o açúcar e triture no processador de alimentos.

Os gomos da laranja servirão para guarnição.

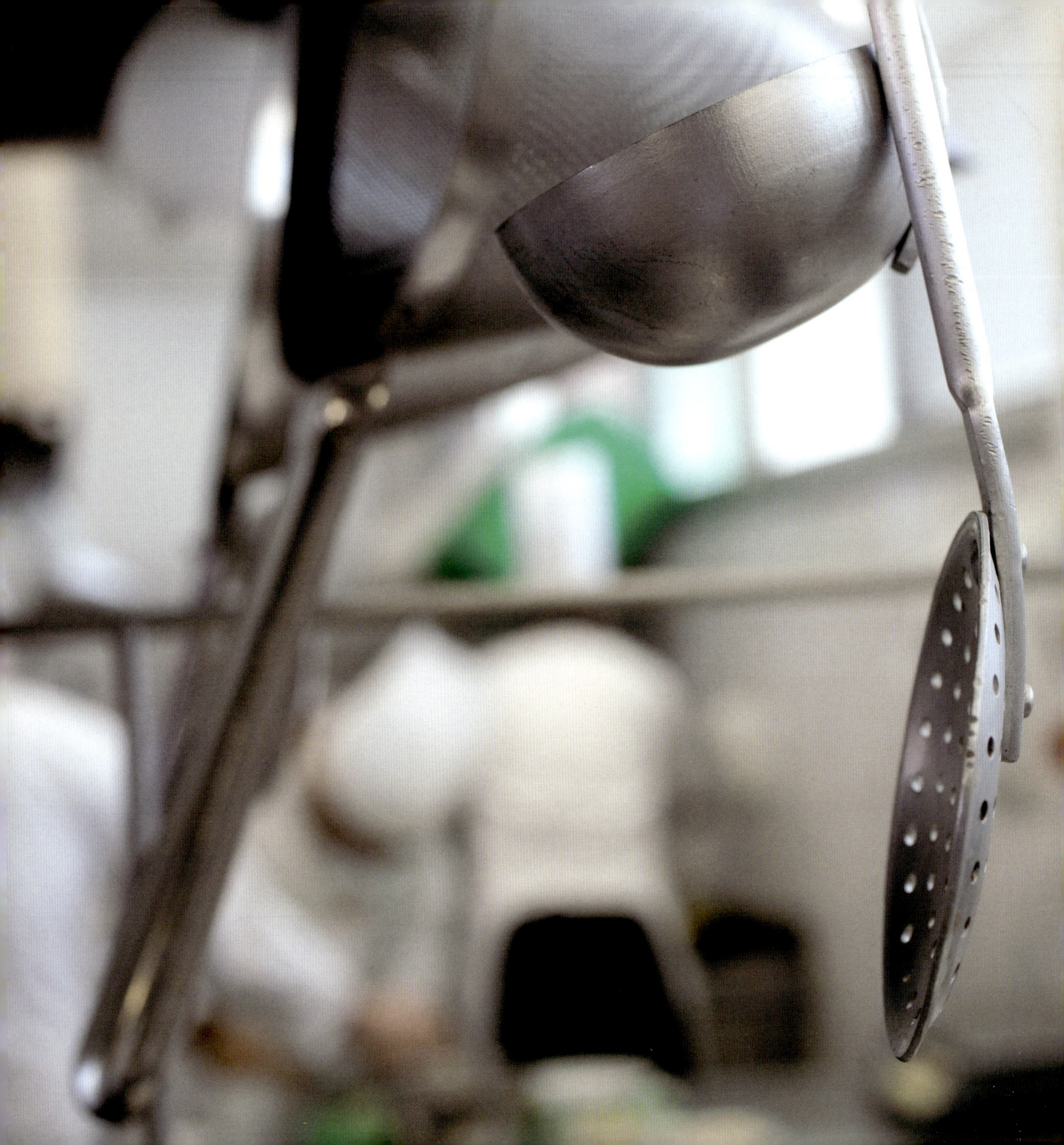

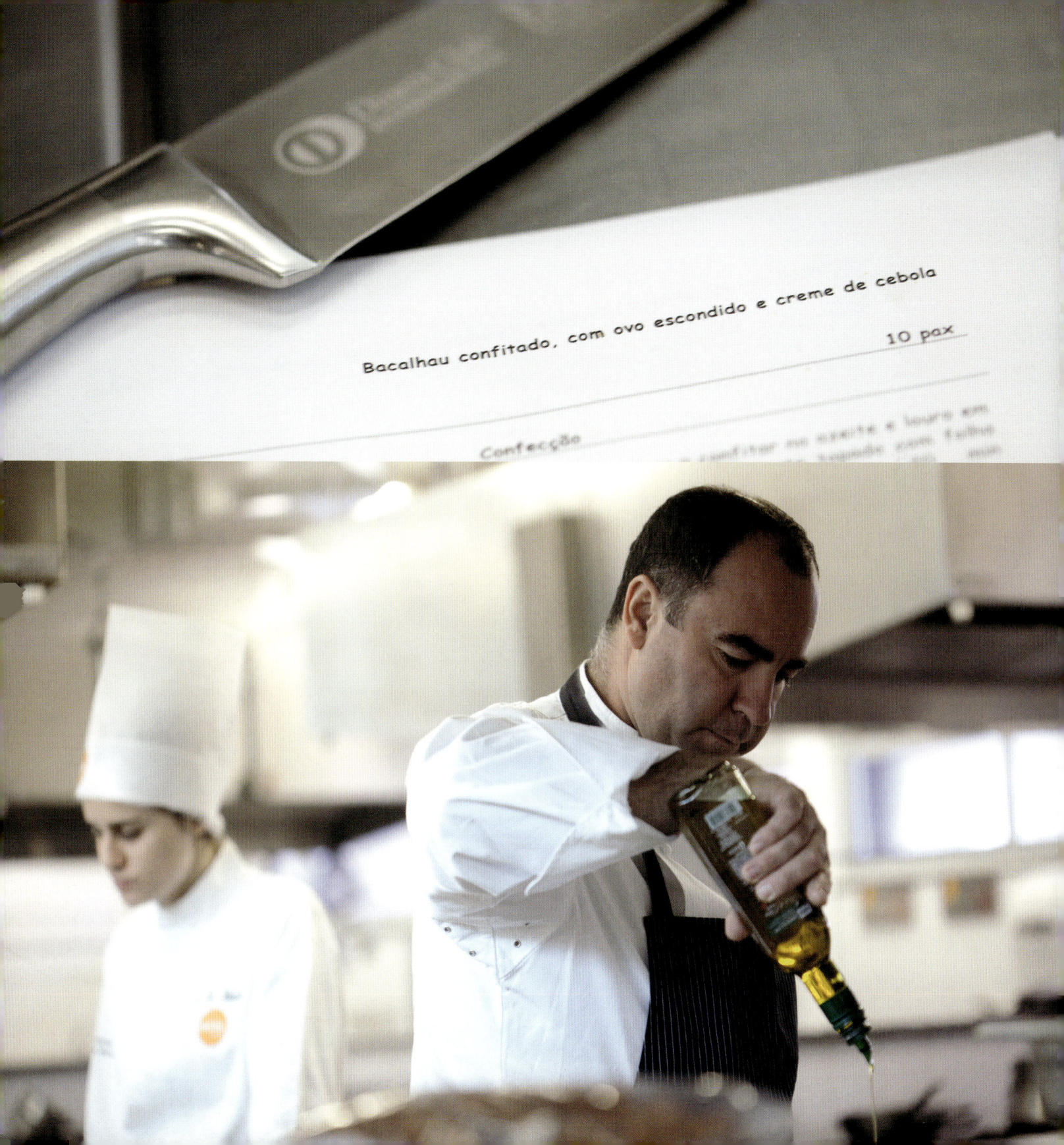

Bacalhau confitado, com ovo escondido e creme de cebola

10 pax

Confecção

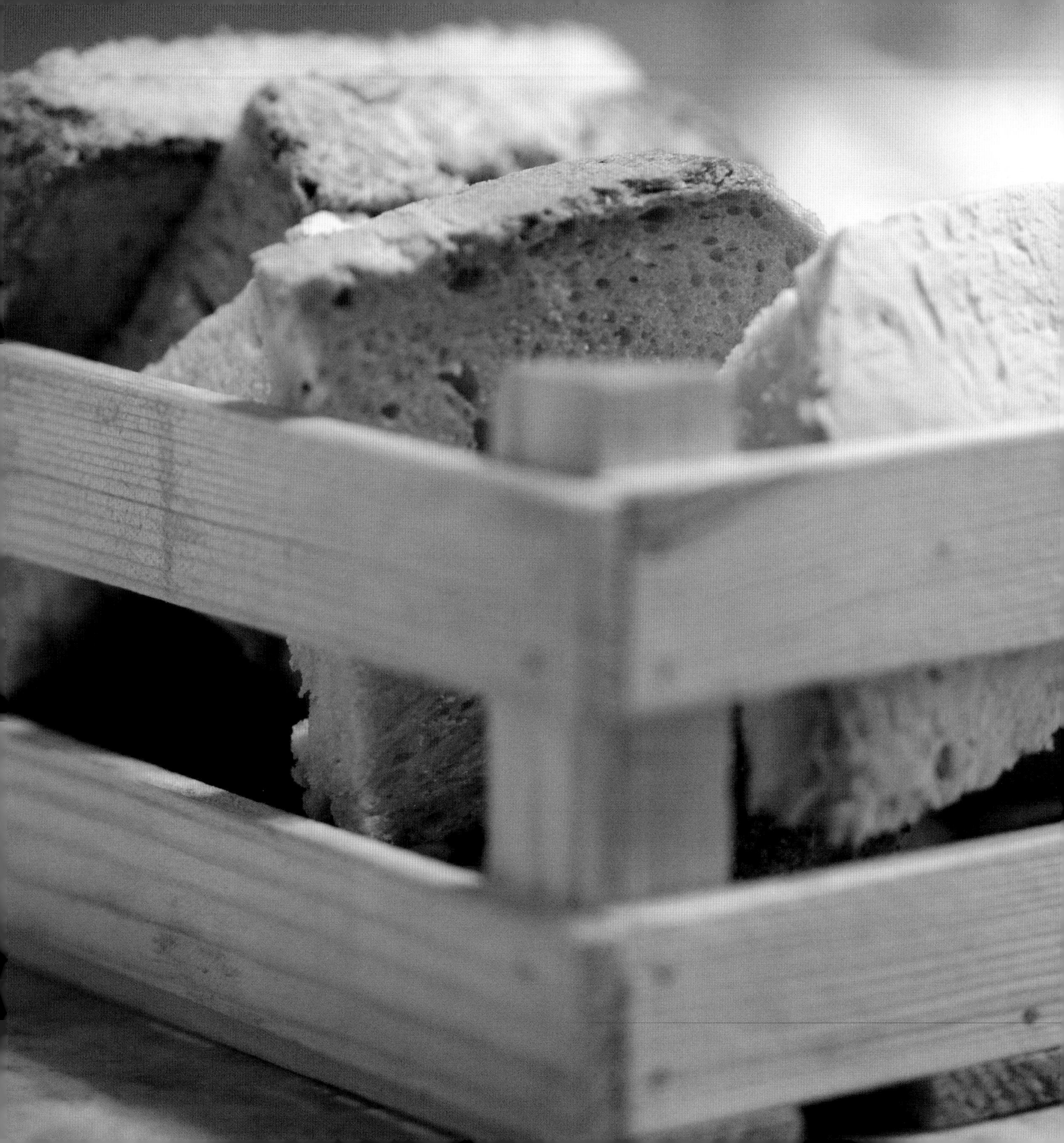

Receitas
Base

Azeite de salsa (base)
(10 PORÇÕES)

INGREDIENTES

2 dl de azeite virgem extra
150 g de ramos de salsa

PREPARO

Escolha as folhas mais tenras da salsa, mergulhe em água fervente e esfrie de imediato em água e gelo.
Em seguida, bata no liquidificador com azeite até obter uma textura homogênea.

NOTAS

Nunca devemos temperar um azeite de ervas aromáticas verdes. O sal come a cor. Caso a salsa não tenha água suficiente, ao misturar com o azeite, corre-se o risco de talhar, e esse é um cuidado que devemos ter. Nunca podemos esquecer que gordura em excesso não tem ligação. Quando há ausência de água, não se consegue emulsionar um óleo com o azeite se não houver uma parte líquida. O princípio dos azeites aromatizados, seja com legumes, frutas, ervas aromáticas ou especiarias, é o mesmo. Pode-se guardar por 5 dias na geladeira.

Caldo de bacalhau
(10 PORÇÕES)

INGREDIENTES

300 g de pele e espinhas de bacalhau cozido ou partes pouco nobres de bacalhau cru
2 dentes de alho
1 cebola
1 folha de louro
salsa
pimenta-do-reino em grão
2 dl de vinho branco
0,5 dl de azeite virgem extra
2 l de água

PREPARO

Prepare um fundo de azeite com alho e cebola. Junte o bacalhau, deixe suar por alguns minutos e refresque com vinho branco. Adicione o louro, a salsa, a pimenta-preta em grão e a água. Deixe ferver em fogo brando durante 25 minutos.
Passe o caldo pelo *chinois* e reserve.
Pode-se guardar por 5 dias na geladeira.

Caldo de camarão
(10 PORÇÕES)

INGREDIENTES

½ kg de cabeças de camarão
0,2 dl de azeite virgem extra
40 g de alho
100 g de cebola
80 g de alho-poró
3 dl de vinho branco
2 l de água quente
casca de 1 limão
pimenta em grão

PREPARO

Faça um puxado com azeite, alho, cebola, alho francês e as cabeças de camarão.
Refresque com vinho branco e adicione água quente, a casca de limão e pimenta a gosto.
Deixe ferver durante 25 min.
Passe pelo *chinois* e reserve.
Pode-se guardar por 5 dias na geladeira.

Caldo de carne
(10 PORÇÕES)

INGREDIENTES

1 kg de aparas de carne de vaca
0,2 dl de azeite virgem
20 g de alho
100 g de cebola
2 folhas de louro
3 dl de vinho tinto
2 l de água quente

PREPARO

Puxe em azeite a carne com o alho, a cebola e o louro. Refresque com vinho tinto e adicione a água quente. Deixe reduzir a dois terços do volume e passe pelo *chinois*.
Caso queira obter glacê de carne, deixe reduzir a 1/10.
Pode-se guardar por 5 dias na geladeira.

Caldo de galinha
(10 PORÇÕES)

INGREDIENTES

2 kg de asas de galinha
0,5 dl de azeite virgem extra
50 g de alho
100 g de cebola
80 g de alho-poró
2 l de água quente
50 g de ramos de salsa
20 g de pimenta-do-reino em grão

PREPARO

Leve ao fogo um caldeirão com azeite e puxe o alho, a cebola e o alho-poró. Junte as asas de galinha e deixe suar.
Adicione a água quente, a salsa, a pimenta em grão e deixe cozinhar até reduzir um terço do volume.
Passe pelo *chinois* e reserve.
Pode-se guardar por 5 dias na geladeira.

Caldo de legumes
(10 PORÇÕES)

INGREDIENTES

0,5 dl de azeite virgem extra
25 g de alho
250 g de cebola
150 g de alho-poró
100 g de cenoura
100 g de quiabo
300 g de tomate maduro
1 dl de vinho branco
2 l de água quente
ramos de salsa

PREPARO

Corte os legumes em pedaços. Puxe em azeite todos os legumes, pela seguinte ordem: alho, cebola, alho-poró, cenoura, quiabo e tomate maduro.
Molhe com o vinho branco. Junte a água quente ao preparado e deixe cozinhar.
Quando os legumes estiverem tenros, aromatize o caldo com salsa.
Quando reduzir a dois terços, passe pelo *chinois*.
Pode-se guardar por 5 dias na geladeira.

Caldo de peixe
(10 PORÇÕES)

INGREDIENTES

600-800 g de cabeça, espinhas de cherne ou garoupa
0,5 dl de azeite virgem extra
2 dentes de alho
1 cebola
1 alho-poró
2 dl de vinho branco
1 folha de louro
salsa
tomilho
pimenta-do-reino em grão
2 l de água quente

PREPARO

Prepare um fundo em azeite com o alho, a cebola e o alho-poró.
Junte a cabeça e as espinhas do peixe e deixe suar por momentos. Refresque com vinho branco.
Adicione o louro, a salsa, o tomilho, a pimenta-preta em grão e a água quente. Deixe ferver em fogo brando durante 15 minutos.
Passe o caldo pelo *chinois* e reserve.
Pode-se guardar por 5 dias na geladeira.

Emulsão de abobrinha-italiana e limão (base)
(10 PORÇÕES)

INGREDIENTES

300 g de miolo de abobrinha
2 dl de azeite virgem extra
1 dl de suco de limão
sal marinho tradicional
pimenta-do-reino moída na hora

PREPARO

Cozinhe o miolo de abobrinha num pouco de água. Bata a abobrinha no liquidificador com o azeite.
Tempere com o suco de limão, sal e pimenta moída na hora e triture até obter uma textura homogênea.

NOTAS

Normalmente, uma emulsão tem uma parte ácida, uma parte gorda e um ingrediente para dar textura. Podemos fazer emulsões do resultado de um assado, de um guisado, de um ensopado, com legumes, com frutas e até com peixe ou carne. É uma forma de fazer um molho com uma textura, utilizando sempre o sabor dos ingredientes básicos.

Vinagrete básico
(10 PORÇÕES)

INGREDIENTES

2,5 dl de azeite virgem extra
1 colher (chá) de mostarda de Dijon
0,5 dl de vinagre de vinho branco
3 g de sal marinho tradicional
1 g de pimenta em grão

PREPARO

Bater tudo no liquidificador.

Pimenta de macaco.

Lavagante.

Arroz carolino.

Quiabo escaldado.

Ameijoas. Pimenta seca.

Dicas

ALHO E CEBOLA
Parece um pormenor sem importância, mas o alho e a cebola, seja em que corte for, têm que ter sempre um tamanho uniforme, para que um não queime e o outro não fique cru. Cebola ou alho queimados estragam a melhor das preparações.

BACALHAU
Sempre que cozinhamos bacalhau, devemos fazê-lo com a pele e as espinhas, independentemente de o servirmos assim ou não. E nunca devemos cozinhá-lo demais, tanto no forno como na panela.

BATATAS
Sempre que as cozinhamos com pele, intensificamos o sabor.

CALDOS
Para mim, os caldos devem ter o gosto do ingrediente de base que definirmos. Por exemplo, num caldo de peixe, o sabor que eu quero mais genuíno é o do peixe. Por isso, nunca junto aos meus caldos muito mais que cebola e alho.

CAMARÃO
O camarão é um ingrediente adocicado. Sempre que o cozinhamos, temos que ter o cuidado de temperá-lo com alguma antecedência com uma salmoura líquida ou seca, para que perca o excesso de água e a sua carne se torne mais firme.

CONCHAS
Sempre que as cozinharmos, temos que ter o cuidado de não as deixar ferver em excesso. Caso percam a água que os compõe, os moluscos ficam muito fibrosos e duros.

CORTAR EM GOMOS
Consiste em retirar os gomos de um cítrico sem pele nem casca.

CROCANTES QUE ESTALAM E TORRADAS
São importantes na minha cozinha para criar texturas e despertar o sentido da audição. Sempre que comemos, analisamos em primeiro lugar com os olhos; em segundo vem o tato; em terceiro, o cheiro; em quarto, a audição, e por fim o sabor. O ciclo deve ser respeitado sempre que construímos uma receita, por isso as farofas são tão importantes para mim.

CRUSTÁCEOS
Sempre que cozinhamos crustáceos, a porção de sal para 1 l de água são 150 g.

ERVAS AROMÁTICAS
Geralmente adiciono as ervas aromáticas no final das minhas confecções, para que mantenham o aroma e a cor. O aroma é volátil, e se perde caso ferva.

ESCALDAR
Sempre que necessito suavizar um ingrediente ou despertar a clorofila, escaldo em água e sal e esfrio em gelo para interromper o cozimento.

ESPECIARIAS
Sempre que posso, utilizo especiarias em grão. Controlo melhor a qualidade, e no caso de moê-las na hora de utilizar, todo o sabor e o aroma são mais intensos.

FAROFAS
Em todas as farofas que faço de trigo, milho ou centeio, utilizo pão amanhecido.

FRUTOS SECOS
Castanhas-do-pará, pinhões, nozes, amêndoas, etc., em países quentes como o Brasil, devem ser guardados num frasco hermeticamente fechado ou na geladeira. Com o calor, o óleo que eles contêm acaba rançando.

INGREDIENTES GORDOS
Uma das técnicas para criar harmonia de sabores quando utilizo ingredientes gordos é recorrer ao amargo ou ao ácido. Por exemplo, se confecciono um foie gras e quero um contraste amargo, utilizo quiabo. Se quiser um contraste ácido, utilizo por exemplo maracujá.

LEITE DE COCO
Sempre que utilizamos leite de coco nas confecções, temos que ter o cuidado de não o deixar ferver muito para não evaporar a parte líquida da sua composição. Caso isso aconteça, talha o processo de gordura.

LIQUIDIFICADOR
É um utensílio de cozinha com muita rotatividade, apropriado para emulsionar sobretudo confecções líquidas.

PIMENTÃO
As razões para tirar a pele e as sementes do pimentão são as mesmas do tomate.

TEMPOS DE COZIMENTO
É fundamental respeitarmos os tempos de cozimento dos alimentos. Por exemplo, os legumes têm tempos de cozimento diferentes. Sempre que existam vários legumes na preparação, temos que ter o cuidado de adicioná-los um por um ao preparado, em função do seu tempo de cozimento.

TOMATE
Tirar a pele do tomate é importante por duas razões: além de facilitar a sua integração nas preparações cozidas, a pele do tomate e as sementes, quando fervidas, são altamente indigestas.

POLVO
Pode ser cozido na panela de pressão com pouca água, durante 20 minutos, a contar da altura em que a panela ferve, ou no forno a 150 ºC, com um fio de azeite e tampado com folha de alumínio, durante 2 ½ horas.

PROCESSADOR DE ALIMENTOS
É um utensílio de cozinha com uma rotação lenta, mais apropriado para triturar confecções sólidas.

UNIDADES DE MEDIDA
l = litro
cl = centilitro/ 100 partes de 1 l
dl = decilitro/ 10 partes de 1 l
ml = mililitro/ 1000 partes de 1 l

VINHOS
Sempre que cozinhamos com vinho, há dois cuidados importantes a tomar: o vinho não deve ter a madeira muito marcada para não passar esse sabor às preparações; e quanto maior for a qualidade, melhor será o resultado final.

Pimentões pelados. Tomates pelados.

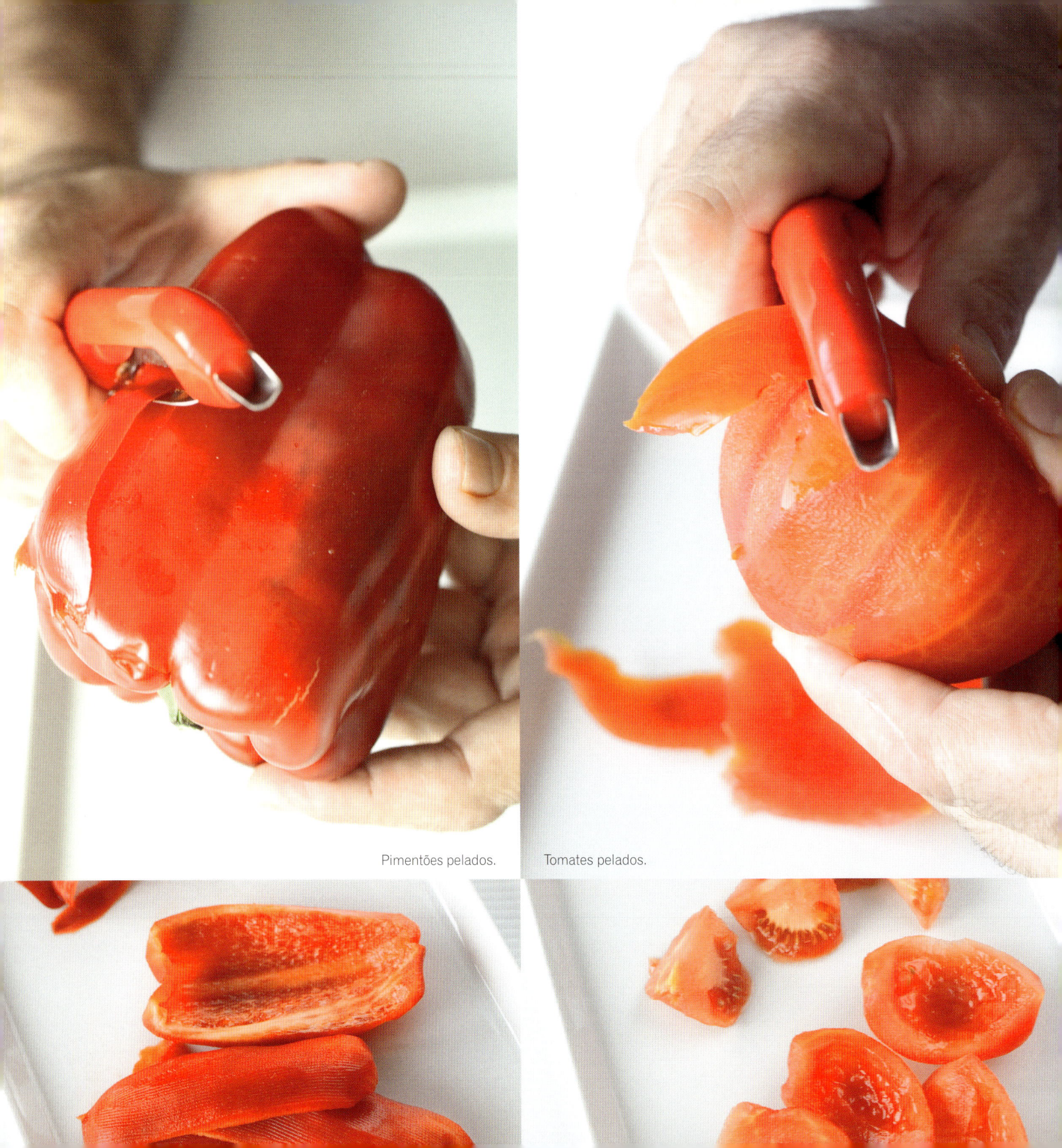

Cumaru.

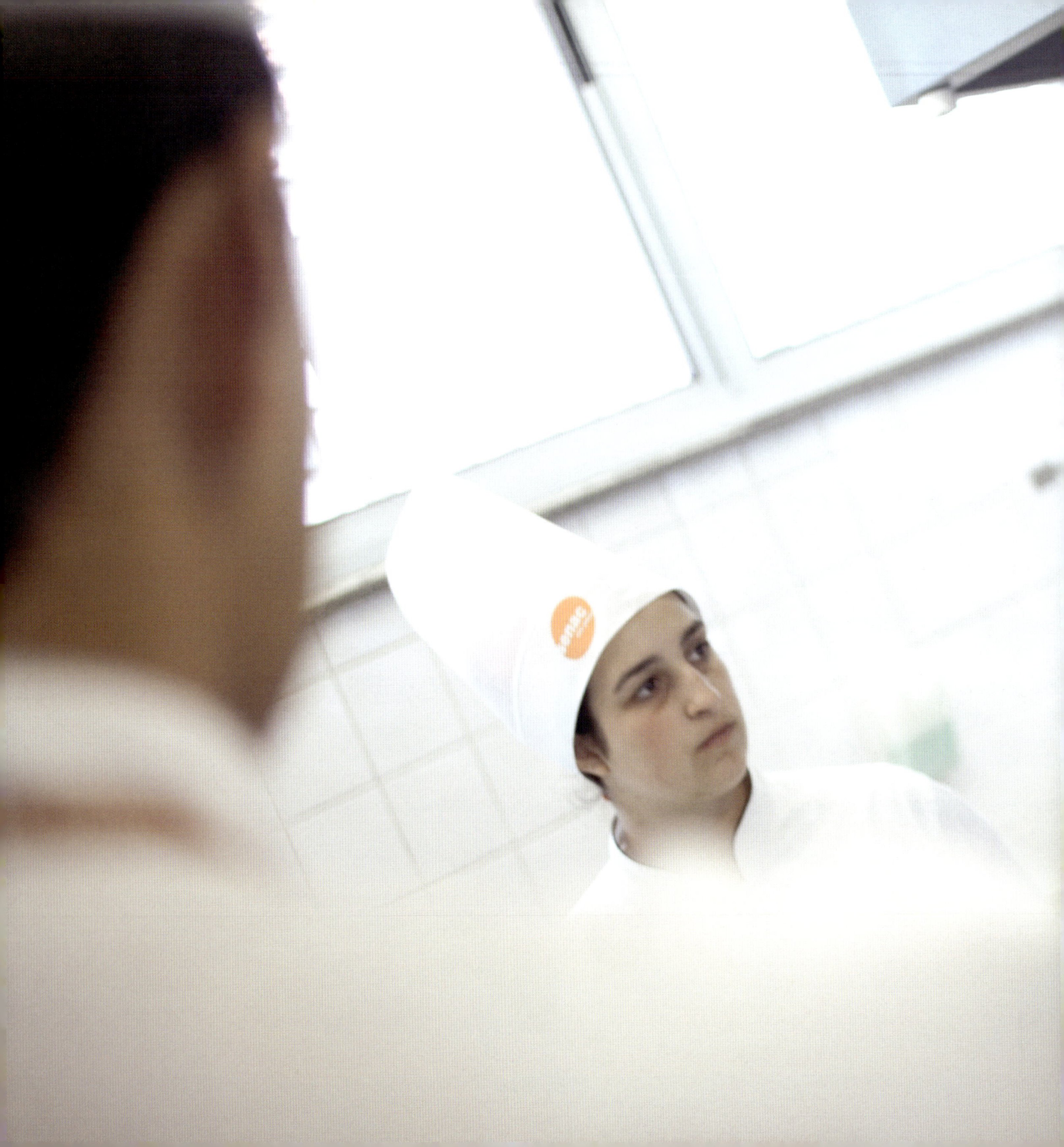

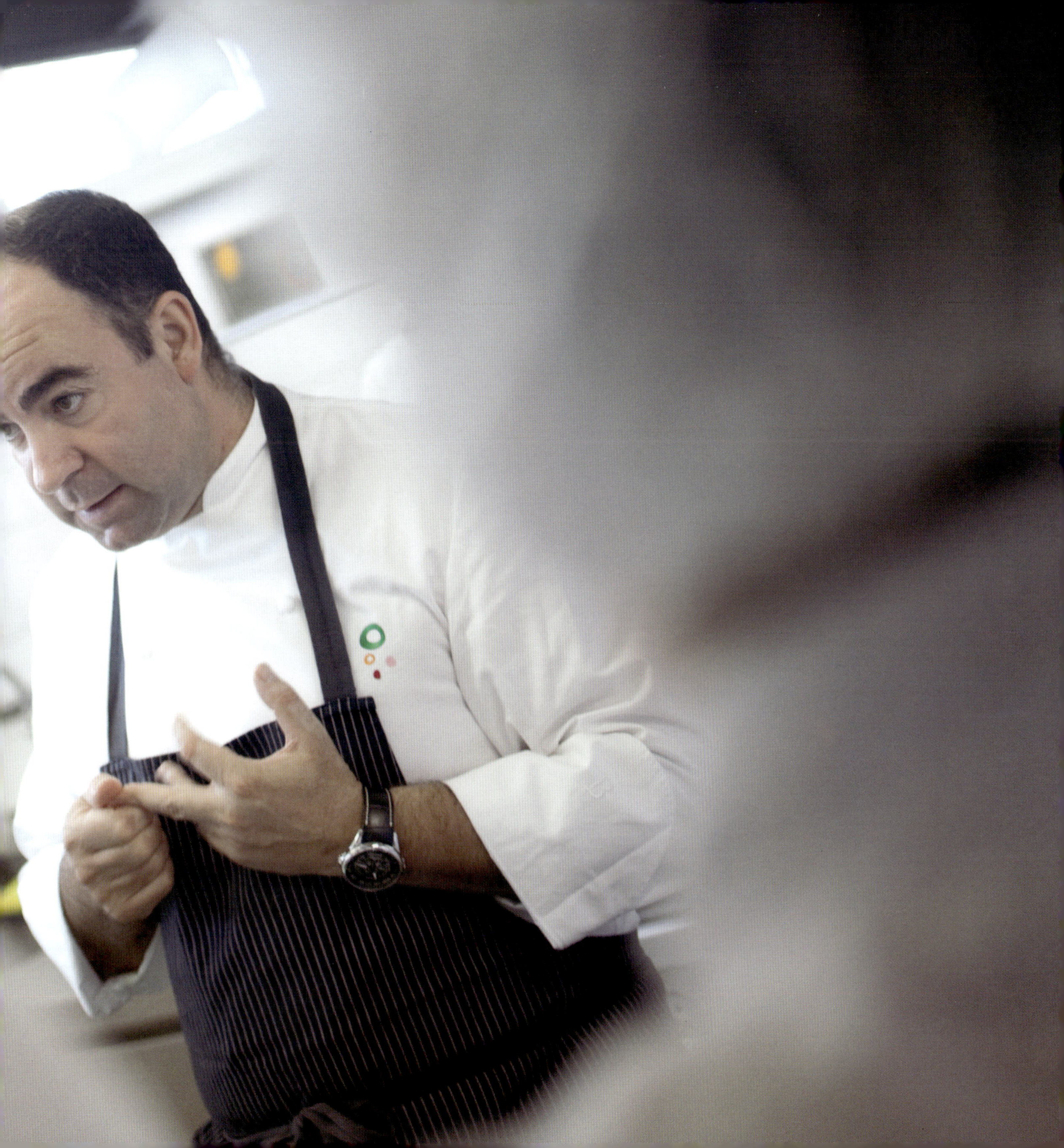

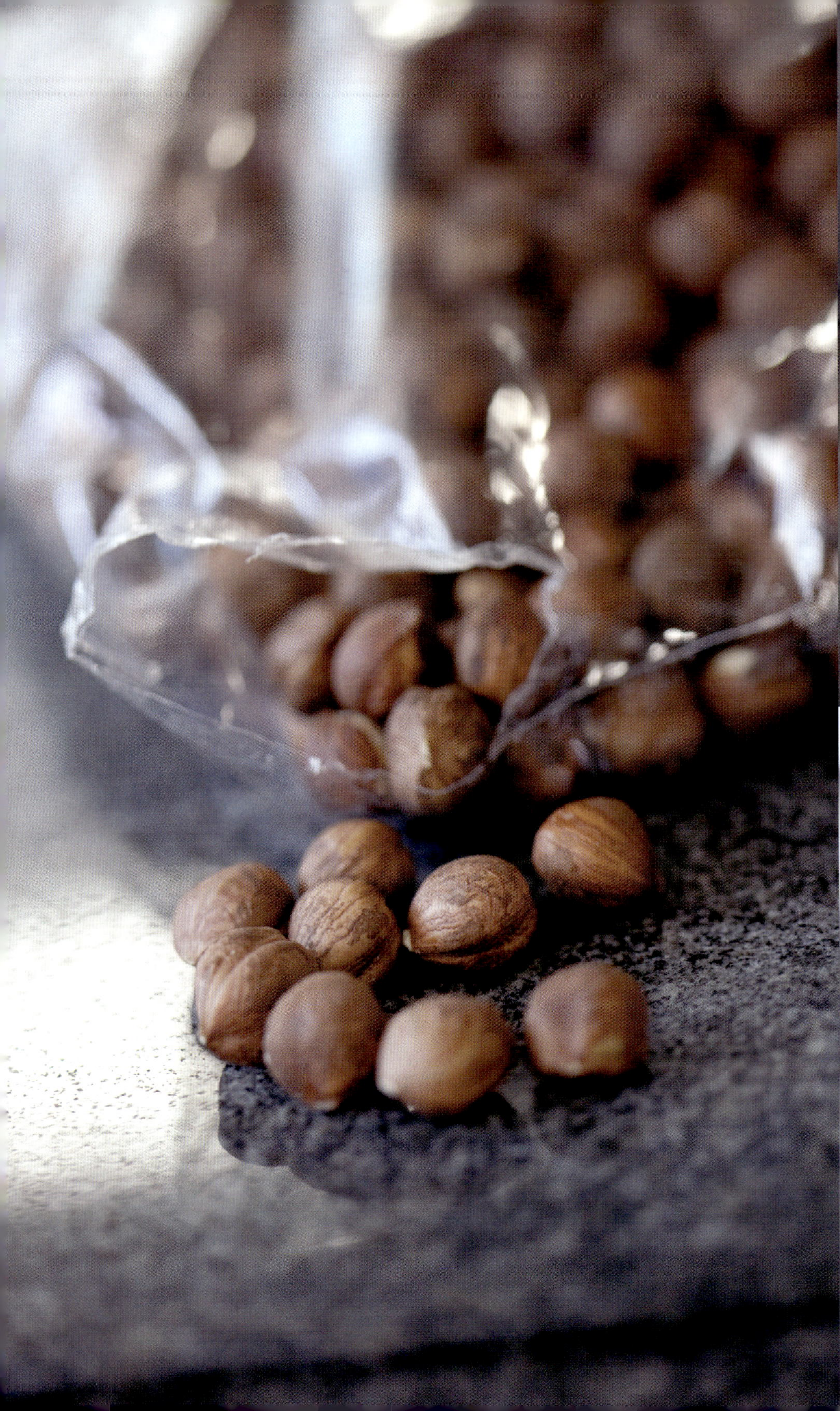

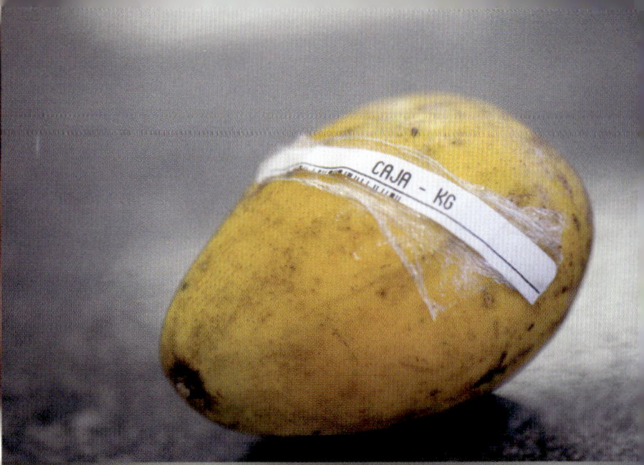
CAJA - KG

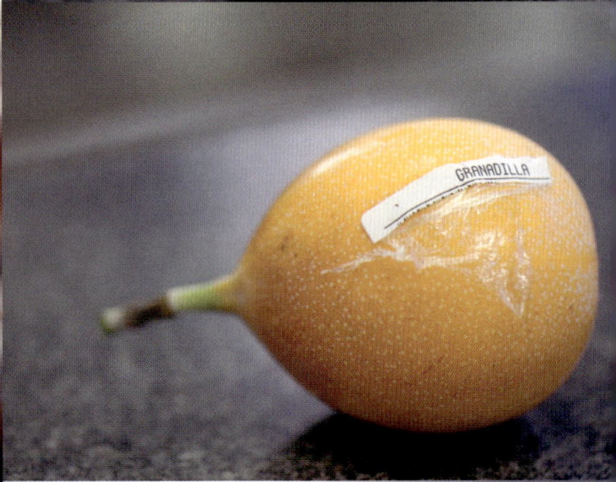
GRANADILLA

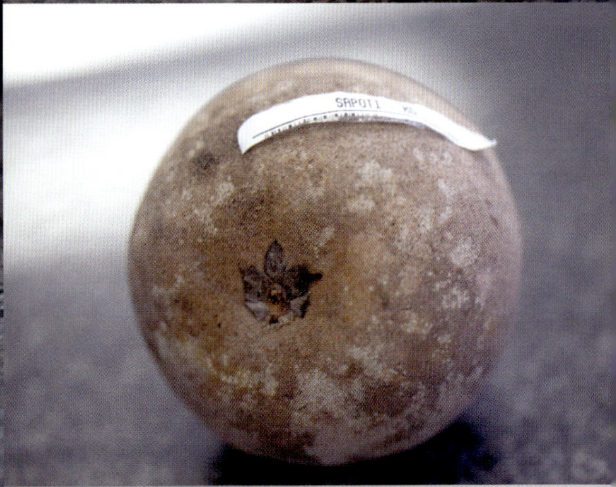
SAPOTI

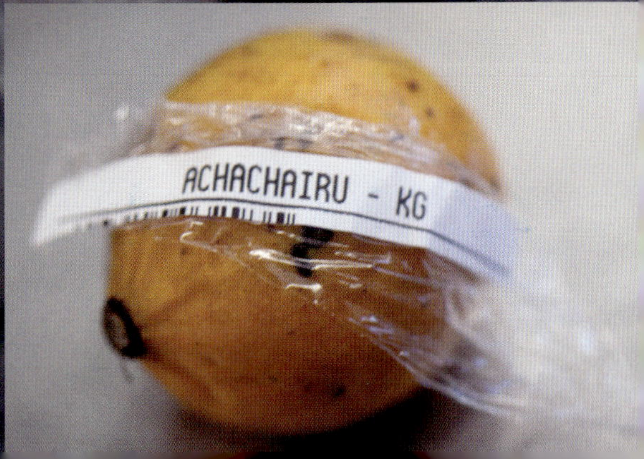
ACHACHAIRU - KG

Minha história no Brasil

Acredito que, nas últimas décadas, a maioria dos europeus, sobretudo os portugueses, viveu a primeira experiência no Brasil em férias. Comigo aconteceu o contrário. Tive a oportunidade de conhecer o Brasil através do meu trabalho. Aliás, penso que seja essa a melhor maneira de descobrir um país.

Encontro-me perto de completar duas décadas de viagens ao Brasil. Fazendo as contas, 90% delas foram a cozinhar. Fui convidado para dar aulas, participar de workshops, festivais, enfim, para realizar este livro.

Para um cozinheiro com a minha formação e convicção, um dos papéis mais importantes é transmitir os conhecimentos acumulados. Dar aulas a jovens, como fiz no Senac de Águas de São Pedro, mostrou ser uma experiência gratificante para mim e, acredito, também para os alunos.

A profissão de chef de cozinha está na moda no Brasil. Os meios de comunicação dão grande importância à gastronomia. Ela passou a ser uma atividade socialmente valorizada. O importante para o cozinheiro, porém, é dignificar a sua profissão, gostar de exercê-la e dar prazer aos outros.

Sem querer ser pretensioso, é muito fácil identificar, num grupo de alunos, aqueles que têm futuro e os que estão ali porque é fashion. Na primeira das minhas aulas no Senac de Águas de São Pedro, conheci Mateus. Ele trabalhou arduamente comigo e colegas, durante dois dias, na preparação de um jantar harmonizado com vinho. No final, como faço sempre, convidei toda a equipe da cozinha e do salão para jantar e provar o que havíamos feito em conjunto.

No dia seguinte, recebi um email do Mateus dizendo assim: "Chef, já passaram por aqui muitos cozinheiros a fazer eventos como o de ontem, mas nenhum me convidou para comer com ele. Não vou esquecê-lo". No momento, Mateus se encontra em Portugal, ainda em formação, e vai ser o responsável residente pelo meu restaurante Tasca da Esquina, em São Paulo.

Conto essa história para revelar uma convicção. Alunos e professores aprendem uns com os outros. Isso é extremamente importante. Para um aluno, em uma escola, ter contato dia a dia com um profissional experiente pode ser uma grande motivação no seu futuro.

Na última aula que ministrei em Águas de São Pedro, onde concluí este livro, falei sobre sal, azeite e ingredientes regionais brasileiros. O primeiro produto é essencial na cozinha contemporânea, apesar de ser muito polêmico, pela quantidade excessiva que usamos. Entretanto o sal se revela fundamental para ela. A solução é utilizá-lo pouco e de boa qualidade. Já o azeite, uma gordura vegetal fantástica, também é indispensável na culinária, mesmo não sendo acessível a todos.

Estou certo de que a maior riqueza de um país é a sua cozinha regional. O Brasil, pela sua extensão e mescla cultural, possui uma riqueza indescritível. Todo o jovem futuro chef deve conhecer os produtos do seu país, a sua cultura e se orgulhar dos seus sabores.

VÍTOR SOBRAL

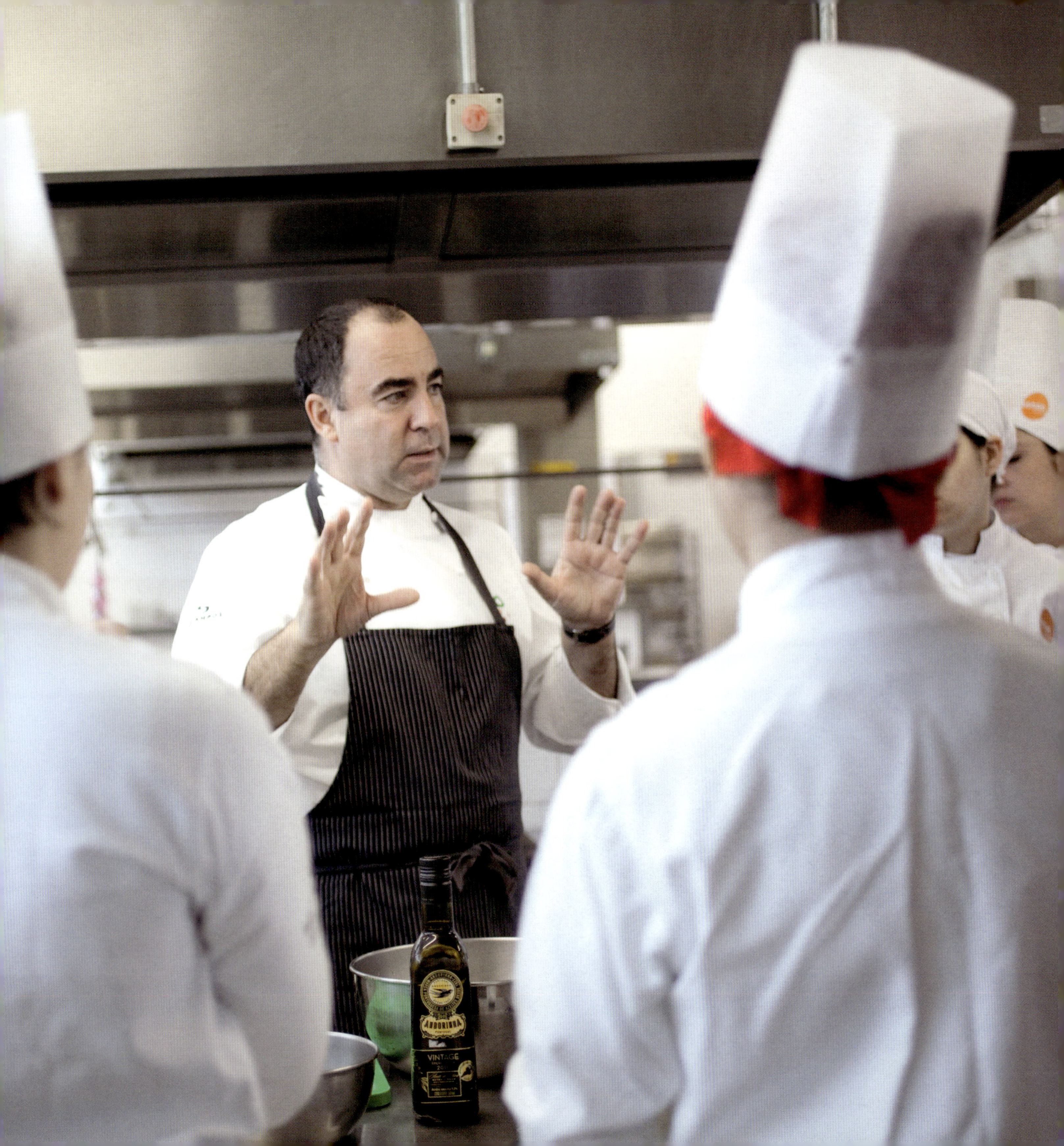
VINTAGE

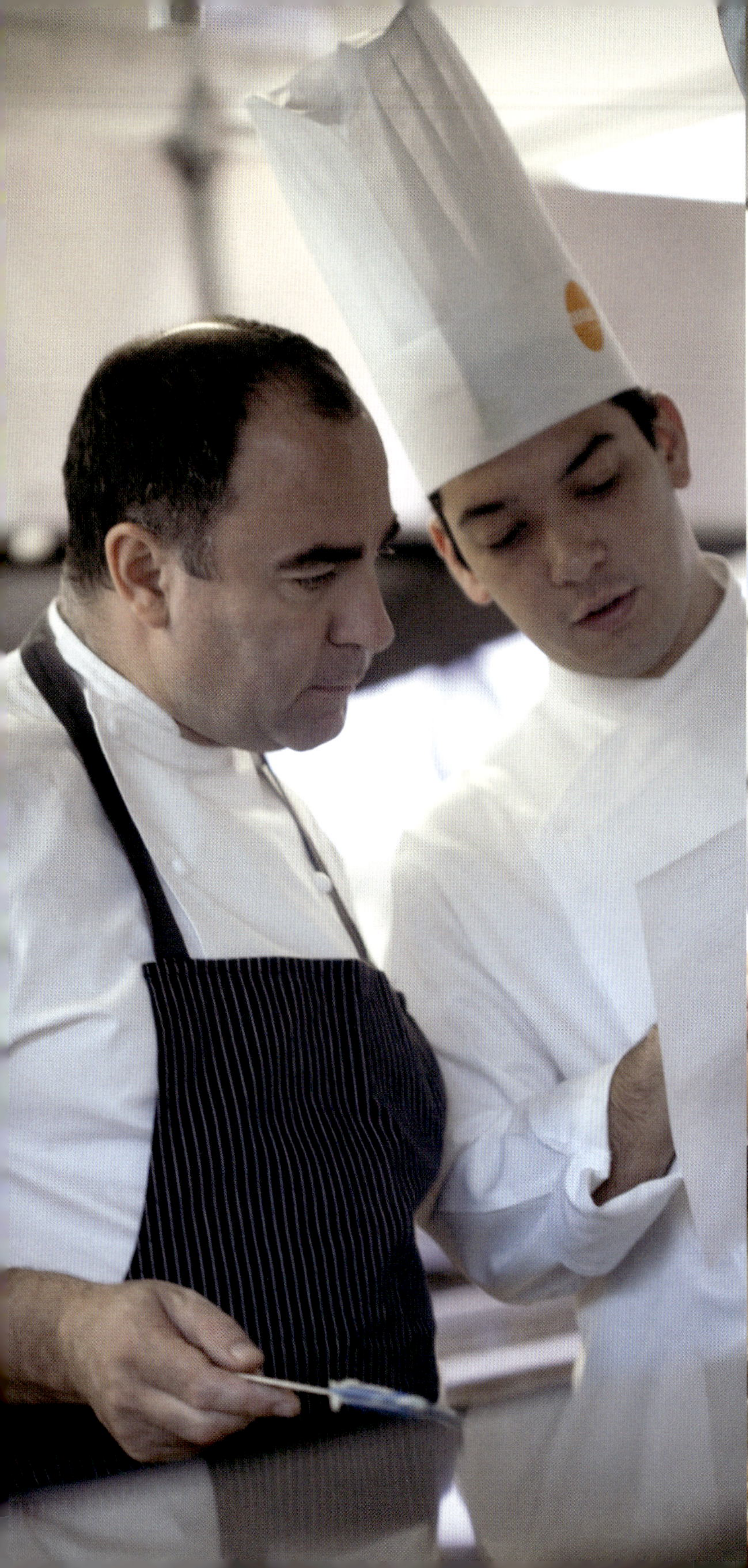
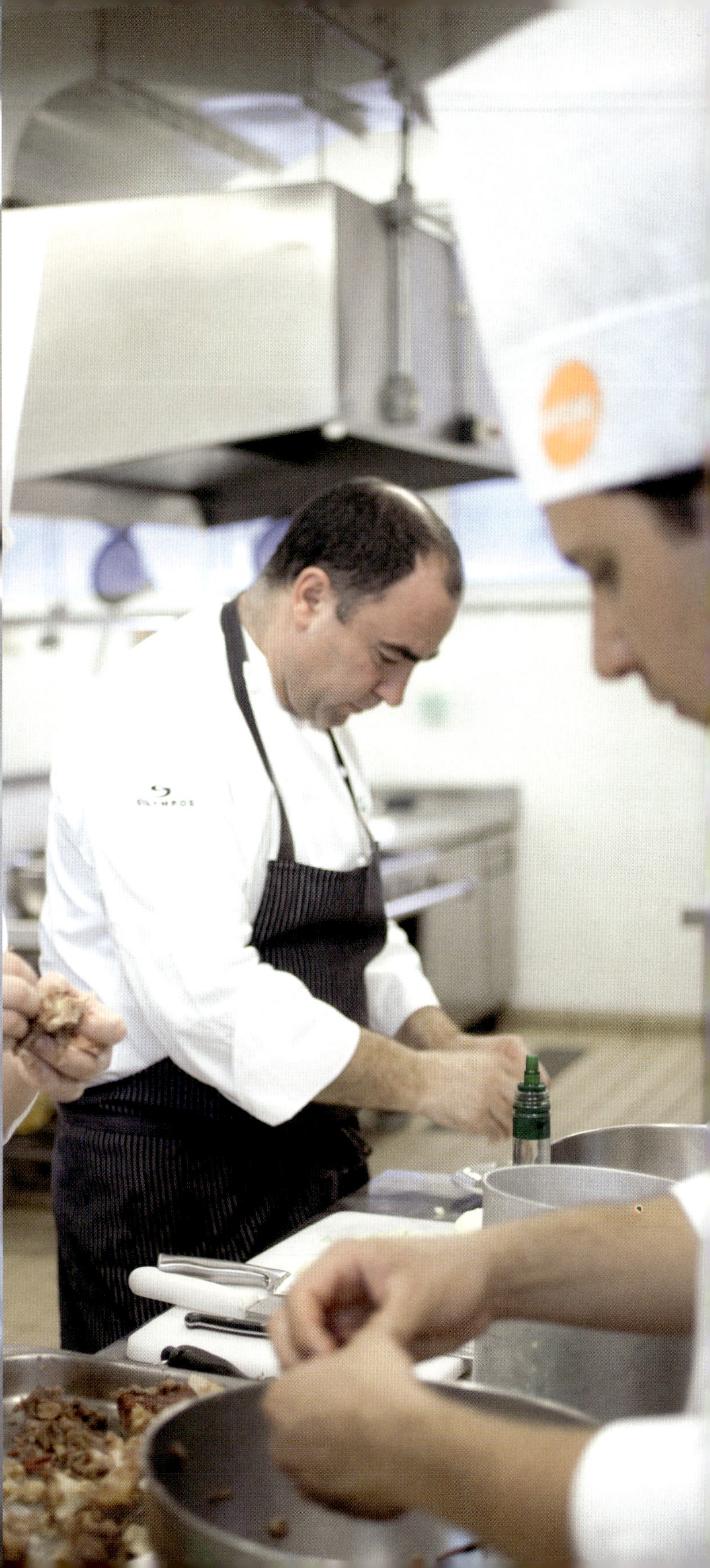

senac
são paulo

Centro Univer
Campus A

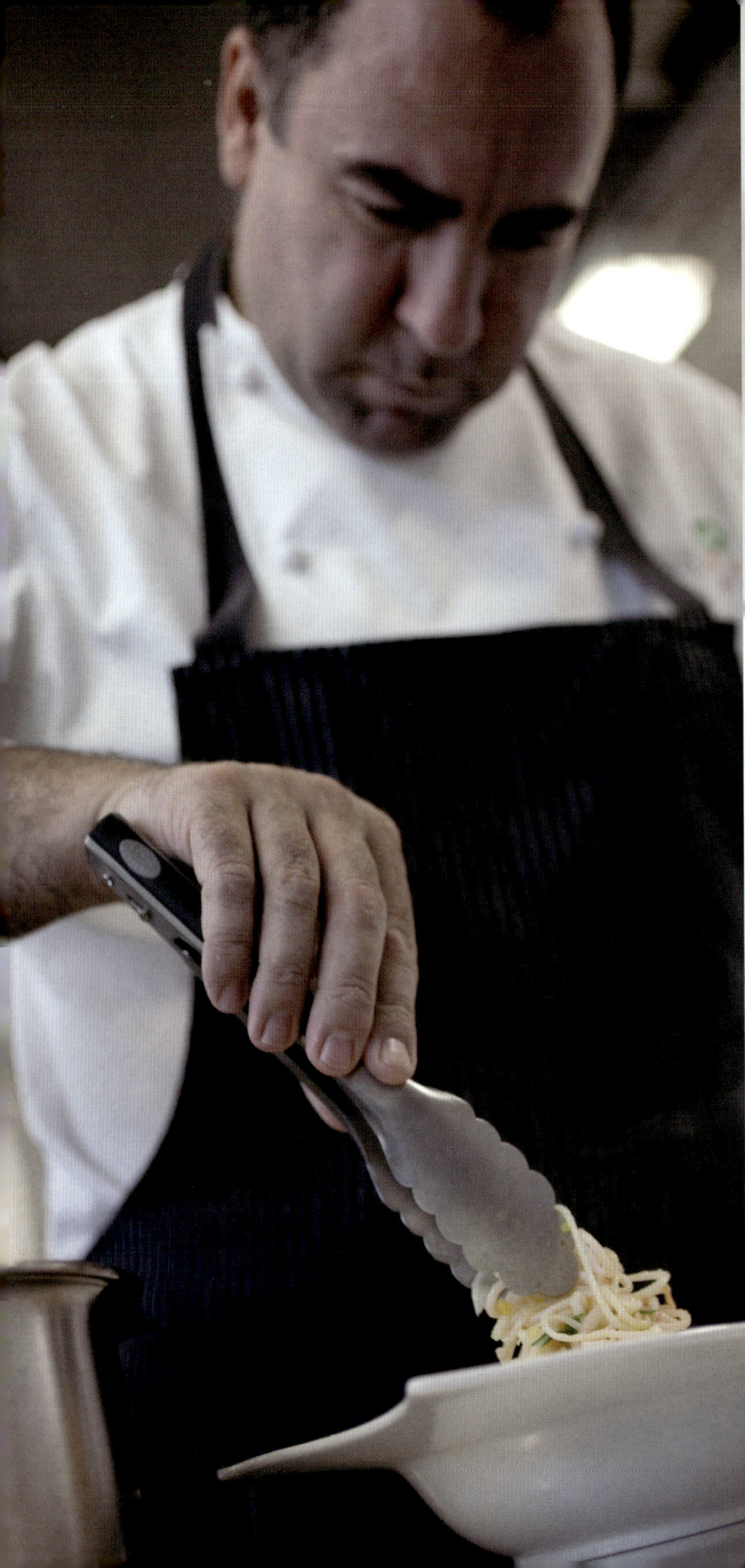
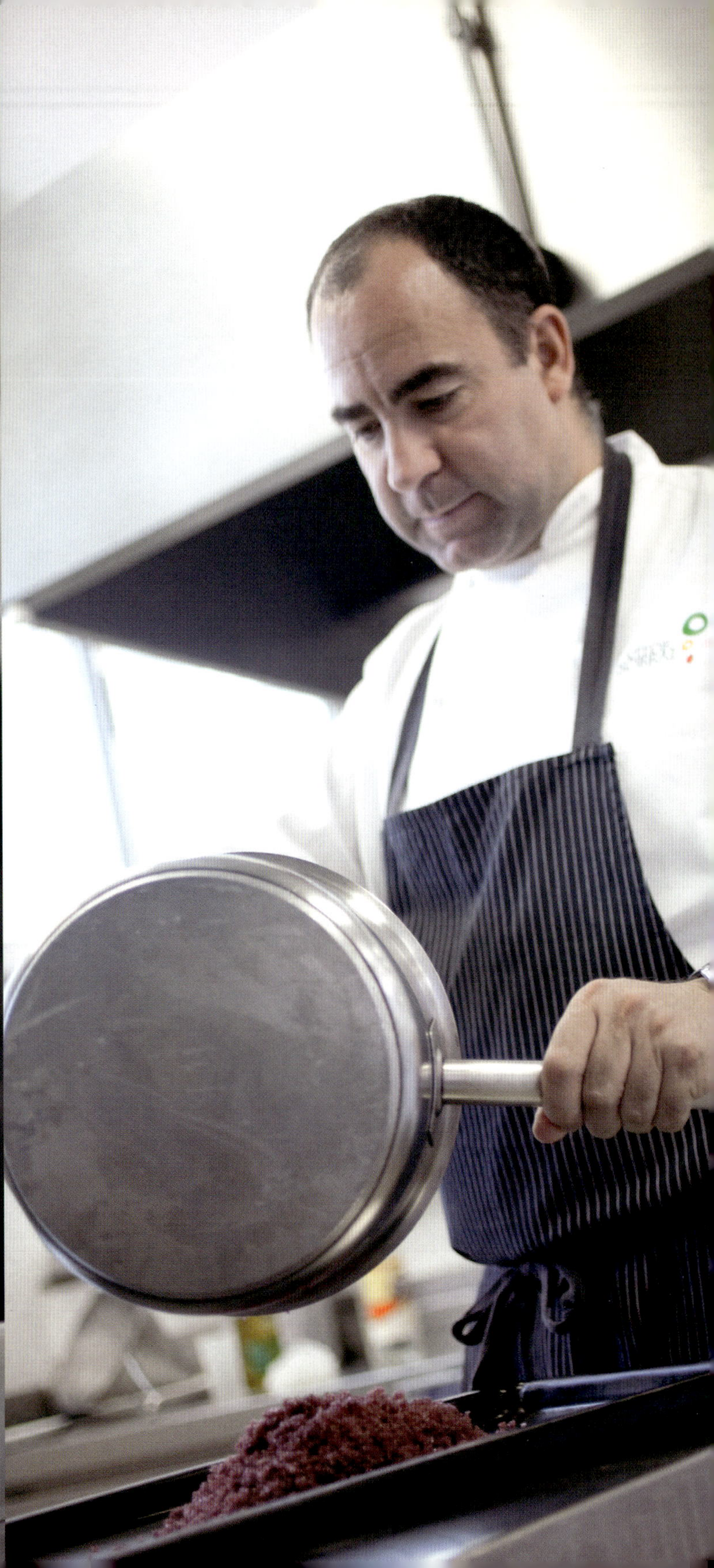

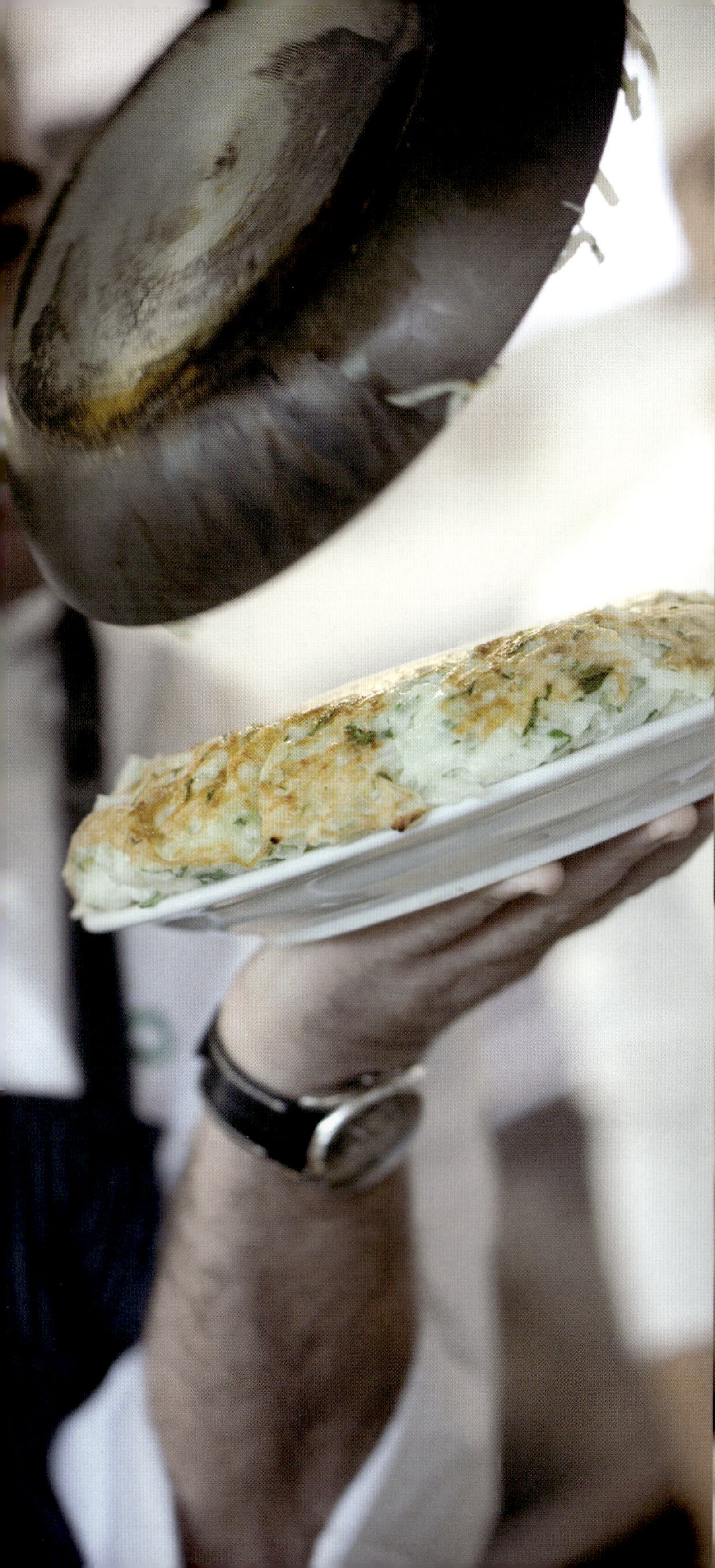
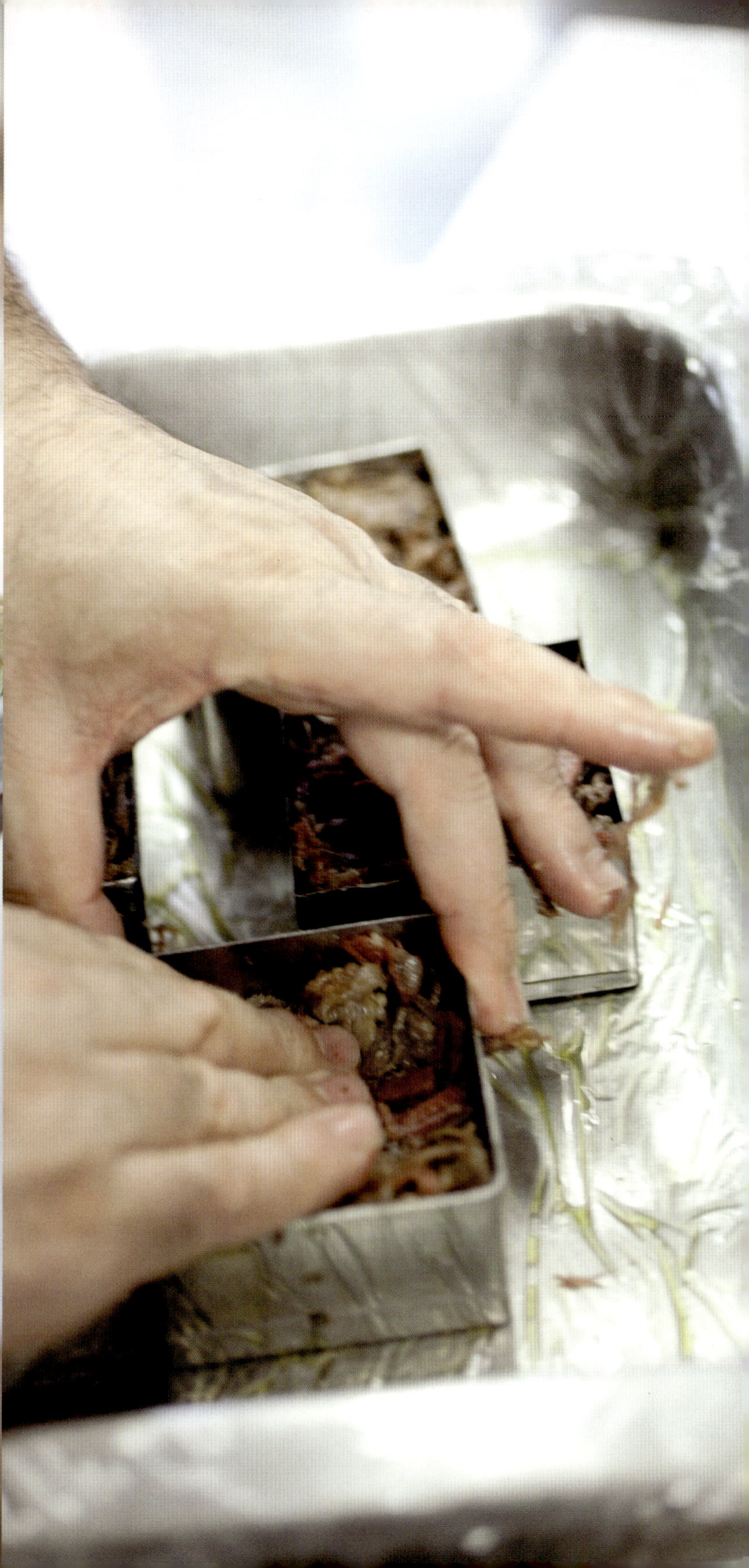

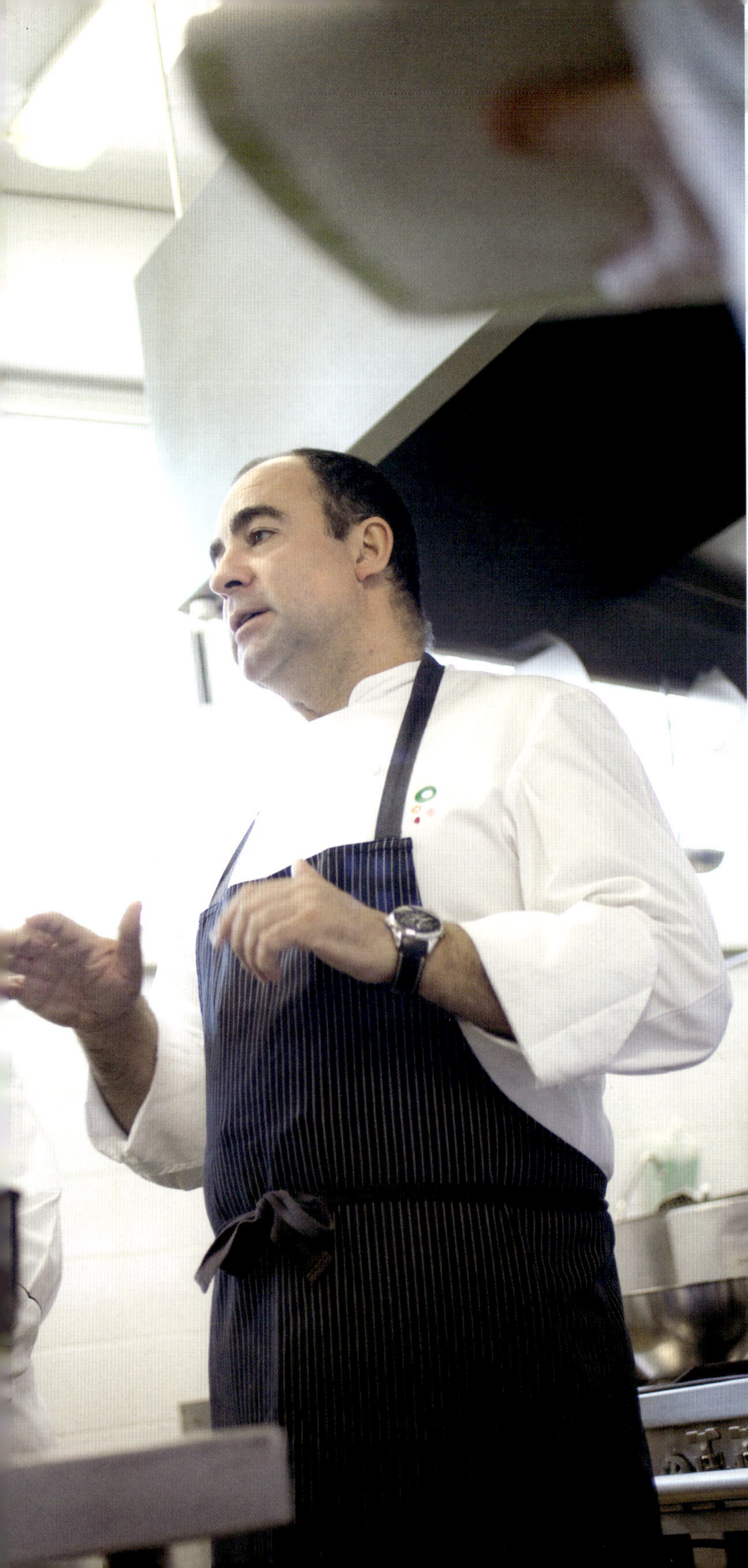
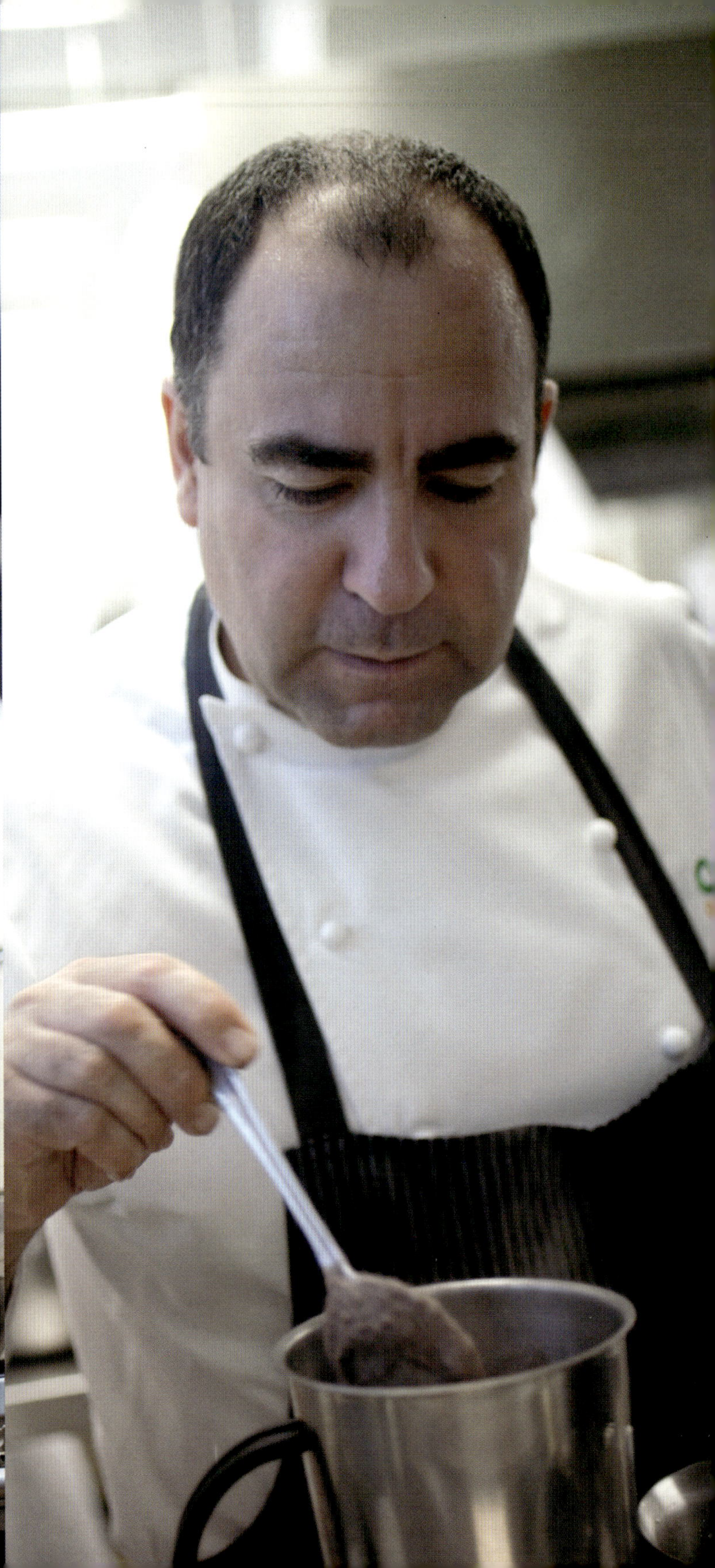

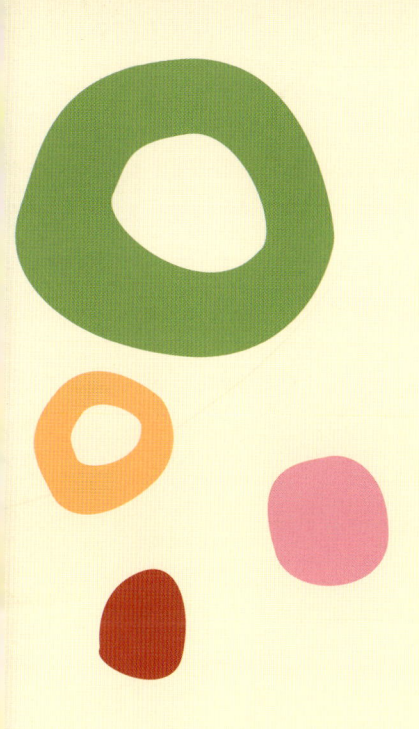

Índice de
Receitas

CALDOS, CREMES E SOPAS

Canja de galinha caipira, gengibre, ravióli de gema, 44
Caldo de mexilhão, gengibre, tomate seco e abobrinha, 47
Caldo de tucupi, garoupa e amêijoas, 48
Creme de espinafres, berbigão e mandioca, 50
Creme de feijão preto, abacate e tomate seco, 52
Creme de frango, coco e quiabos, 55
Creme de mandioca, coco e caviar, 56
Sopa fria de manga, iogurte e hortelã-pimenta, 59
Sopa fria de tomate, mandioquinha e coentro, 61

PRATOS PRINCIPAIS

Alhada de camarão, 62
Almôndegas de novilho, molho de tomate e goiaba, 64
Arroz de lagosta e caranguejo, perfumado com aviú, 65
Atum corado, batata-doce de forno, 67
Atum corado, coentro e abobrinha, 68
Bacalhau com gema de ovo, creme de cebola, 71
Bacalhau de forno, arroz de espinafres e palmito, 73
Bacalhau lascado, molho de moqueca, 74
Bife do lombo, farofa de manga, 76
Bife do lombo, molho de tomate e maracujá, 79
Bóbó de camarão, O meu bobó, 80
Bochecha de porco preto, farofa de espinafres, 82
Cação empanado com mandioca, compota de maçã e tomate, 85
Caldeirada de cordeiro, maçã e quiabos, 86
Camarão a vapor, vinagrete de maracujá, 89
Camarão marinado, mandioca crocante, 90
Camarão salteado, creme de manga e poejos, 93
Cataplana de camarão, leite de amêndoa, 94
Cavaquinha grelhada, creme de sapoti, 96
Cherne corado, farofa de alho, 98
Codorna corada, purê de batata-doce, 101

Ensopado de cordeiro, mandioca e hortelã-da-ribeira, 102
Farinheira frita em vinagre, salada de laranja, 104
Filetes de polvo empanados, agrião e creme de goiaba, 106
Foie gras fresco caramelizado, tartare de manga, abacaxi e pera, 109
Foie gras macerado, quiabos, caviar de hortelã, 110
Frango caipira, farofa de trigo com frutos secos, 112
Fricassé de frango caipira, tangerina e maracujá, 115
Galinha caipira, com banana-da-terra, 116
Garoupa confitada, emulsão de bacuri, 119
Lavagante salteado, creme de banana, 120
Línguas de bacalhau, e creme de maracujá, 122
Lombinhos de porco, chips de quiabo e abobrinha, 125
Manta tostada, esparregado e farofa de laranja, 126
Mexilhão, em vinagrete de castanha-do-pará, 127
Morcela com pistaccios, abacaxi caramelizado, 129
Mousse de atum, farofa de castanha-do-pará, 130
Mousse de tamboril, palmito corado, 133
Nhoque, creme de banana, abacate e coentro, 134
Ostras, purê de beringela assada e abacate, 136
Panela exótica, de mariscos, 139
Pargo em salmoura, erva príncipe e maçã verde, 141
Pargo no forno, batata-doce e mandioca, 142
Peixe-galo empanado, castanhas-do-pará, açorda de tomate e ovas, 143
Picanha de salmoura, no forno com feijão preto, 144
Picanha no tacho, 146
Picanha, raspas de citrinos, vinagrete picante de papaia, 148
Polvo confitado, creme de legumes assados, 150
Rabo de boi, carne-de-sol, com cogumelos e tomate, 153
Robalo marinado, creme de feijão-preto, 154
Rosbife tépido, salada de pepino, 157
Salada crocante de legumes, emulsão de gema, 158
Salada de codorna, avelãs e vinagrete de chocolate, 161
Salada de presuntos, manga e avelã, 162
Saladinha de lulas, palmito e manjericão, 165
Tagliatelli e camarão, molho de coco, limão e coentros, 166
Tamboril corado, com laranja e cenoura, 169
Tártare de carapau, flor de sal de frutos tropicais, 170
Terrina de coelho, compota de limão e gengibre, 172
Vieiras coradas, arroz de abóbora e maracujá, 174

SOBREMESAS

Abacaxi corado, sorvete de coco, 177
Azevias, mandioca e gengibre, 179
Creme de laranja e manga, bolo de chocolate, 180
Creme queimado, com leite de coco, 182
Mousse de chocolate, sopa de acerola, 184
Pudim de coco, compota de abacaxi, 187
Pudim de limão, leite de coco e pistache, 188
Sopa de bacuri, pudim Abade de Priscos, 190
Sopa de pera e gengibre, farofa de amendoim, 192
Sopa de abóbora e tangerina, requeijão e farofa doce de nozes, 195

RECEITAS BASE

Azeite de salsa (base), 200
Caldo de bacalhau, 200
Caldo de camarão, 200
Caldo de carne, 201
Caldo de galinha, 201
Caldo de legumes, 201
Caldo de peixe, 202
Emulsão de abobrinha-italiana e limão (base), 202
Vinagrete básico, 202